U0475468

国家自然科学基金“基于机器学习的分析师观点信度评估与集成方法研究”（71974031）资助

郭艳红　蒋帅　◎　著

中国证券分析师与证券公司评价研究报告（2022）
——荐股评级可信度的视角

RESEARCH REPORT ON CHINA SECURITIES ANALYSTS AND SECURITIES COMPANIES EVALUATION(2022)
From the perspective of credibility of stock recommendation rating

中国财经出版传媒集团

经济科学出版社
Economic Science Press
·北　京·

图书在版编目（CIP）数据

中国证券分析师与证券公司评价研究报告：荐股评级可信度的视角．2022/郭艳红，蒋帅著．--北京：经济科学出版社，2024.1
（大连理工大学管理论丛）
ISBN 978－7－5218－5618－7

Ⅰ．①中…　Ⅱ．①郭…②蒋…　Ⅲ．①证券投资－投资分析－研究报告－中国－2022　Ⅳ．①F832.51

中国国家版本馆 CIP 数据核字（2024）第 043894 号

责任编辑：刘　莎
责任校对：刘　昕
责任印制：邱　天

中国证券分析师与证券公司评价研究报告（2022）
——荐股评级可信度的视角
ZHONGGUO ZHENGQUAN FENXISHI YU ZHENGQUAN GONGSI
PINGJIA YANJIU BAOGAO（2022）
——JIANGU PINGJI KEXINDU DE SHIJIAO
郭艳红　蒋　帅　著
经济科学出版社出版、发行　新华书店经销
社址：北京市海淀区阜成路甲 28 号　邮编：100142
总编部电话：010－88191217　发行部电话：010－88191522
网址：www.esp.com.cn
电子邮箱：esp@esp.com.cn
天猫网店：经济科学出版社旗舰店
网址：http://jjkxcbs.tmall.com
固安华明印业有限公司印装
710×1000　16 开　18.5 印张　290000 字
2024 年 1 月第 1 版　2024 年 1 月第 1 次印刷
ISBN 978－7－5218－5618－7　定价：92.00 元

目录 Contents

第1章　行业概述

1.1　中国证券市场

1.1.1　证券发行

中国资本市场经过30多年的发展，从上市公司数量、融资金额、投资者数量等方面来看已具备相当的规模，其在中国经济的发展中发挥越来越重要的作用。中国证券登记结算有限公司披露的数据显示①：截至2023年7月，中国结算登记存管的沪深证券交易所证券为34 385只，存管证券总市值达1 066 534.44亿元。其中，股票为5 123只，总市值为850 565.38亿元；债券为21 496只，总市值为176 128.21亿元；基金为1 348只，总市值为20 890.92亿元；资产证券化产品为6 418只，总市值为18 949.93亿元，2023年各种登记存管证券数量及市值占比情况见图1－1。

具体到股票市场，截至2023年7月，中国沪深两市共有A股上市公司为5 037家，总市值达到约849 270.75亿元，其中市值超过5 000亿元的有17家，处于1 000亿元至5 000亿元的有123家，处于500亿元至1 000亿元的有142家。

---

① 中国结算登记有限公司官网．证券存管业务统计．http：//www.chinaclear.cn/zdjs/tjyb4/center_tjbg.shtml，2023－12－31.

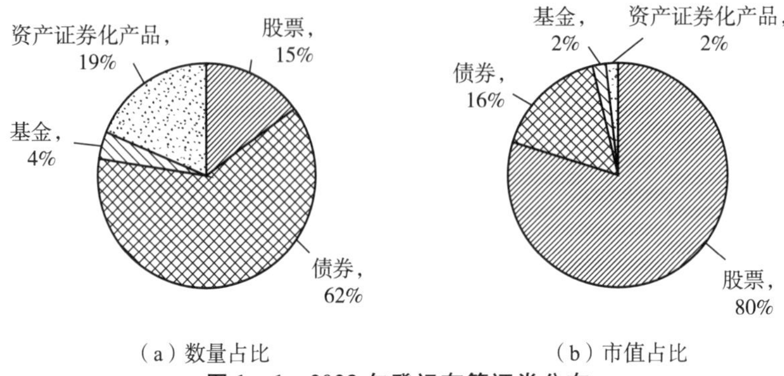

图1－1　2023年登记存管证券分布

1.1.2　证券投资者

中国证券登记结算有限公司披露的数据显示[①]：截至2023年7月，中国证券市场投资者数量达到22 042.00万人，其中自然人投资者（亦称散户）有21 988.73万人。具体地，已开立A股账户的自然人投资者有21 931.37万人，已开立A股账户非自然人投资者有51.24万人。中国证券市场投资者数量近5年的详细增长情况见图1－2，因此，有越来越多的投资者参与我国的证券市场中，投资者规模日益壮大[②]。

图1－2　中国证券市场投资者数量增长曲线

① 中国结算登记有限公司官网．投资者统计．http：//www. chinaclear. cn/zdjs/tjyb2/center_tjbg. shtml，2023－12.

② 东方财富网．股票账户统计一览．http：//data. eastmoney. com/cjsj/gpkhsj. html，2023.

上海证券交易所发布的统计年鉴2022年显示①：截至2019年末，上交所自然人账户数量为4 609. 28万人，占上交所所有投资者的比例超过99%，其持股市值为106 456亿元，占比达24. 48%。自然人投资者中持股金额在10万元以下的占比达到51. 07%，持股金额超过100万元的自然人投资者仅占9. 59%。相较于非自然人投资者，自然人投资者的持股金额普遍较少。

为反映我国股票市场投资者状况，有针对性地开展投资者保护工作，中国证券投资者保护基金有限责任公司以2019年12月30日至2020年1月17日为调查周期，通过投保基金公司投资者固定样本库、68家入样证券公司合作调查渠道以及中国证券报、证券日报、上海证券报、中国财富网等合作媒体渠道组织开展了“2019年度全国股票市场投资者状况调查”，编制形成《2019年度全国股票市场投资者状况调查报告》②。

该报告显示我国证券市场中投资者的证券知识水平有显著提升的趋势，半数投资者对证券投资有基本的认识。调查结果如图1－3所示，相关数据显示：属于“新手上路”的占比为15. 3%，较2018年下降13个百分点；48. 6%的人“对投资有基本认知”，占比最高，较2018年提高1. 5%；“对投资产品较为熟悉”的人占比明显提高，2019年占比为28%，较2018年增加9. 1%；“对投资较为专业”的投资者占比为8. 1%。

此外，自然人投资者的年龄越大，证券知识水平越高，持股时间越长，同时越倾向于长线价值投资；自然人投资者的学历越高，风险偏好程度越高，越倾向于高收益高风险的投资。

进一步地，调查报告显示2019年66%的自然人投资者用来买股票的钱不超过家庭年收入的30%。不过与2018年相比，股票投资比重低于10%的家庭比例下降了13个百分点，而比重为10%～30%、30%～50%、50%～70%的则有不同程度的上升。表明投资者进一步加大股票

① 上海证券交易所官网．上海证券交易所发布的统计年鉴2022年．http：//www. sse. com. cn/aboutus/publication/yearly/，2022.

② 中国证券投资者保护基金有限责任公司．2019年度全国股票市场投资者状况调查报告．http：//finance. sipf. com. cn/finance/app/zhuanTi/dcbg/20200327－pc－index，2020－03－28.

投资在家庭年收入中的比重（见图1－4）。

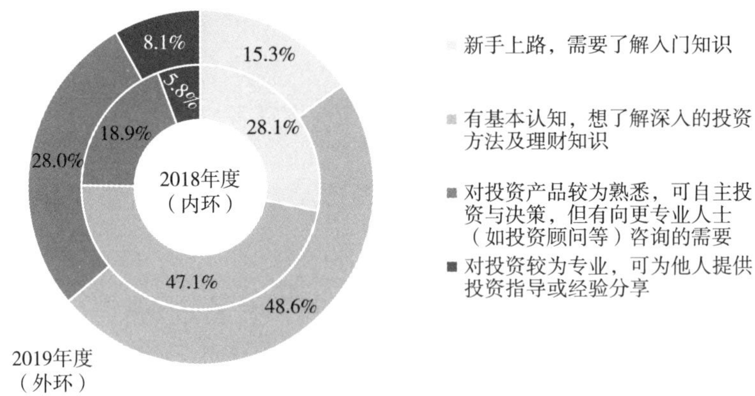

图1－3 受调查投资者对证券投资知识的了解程度

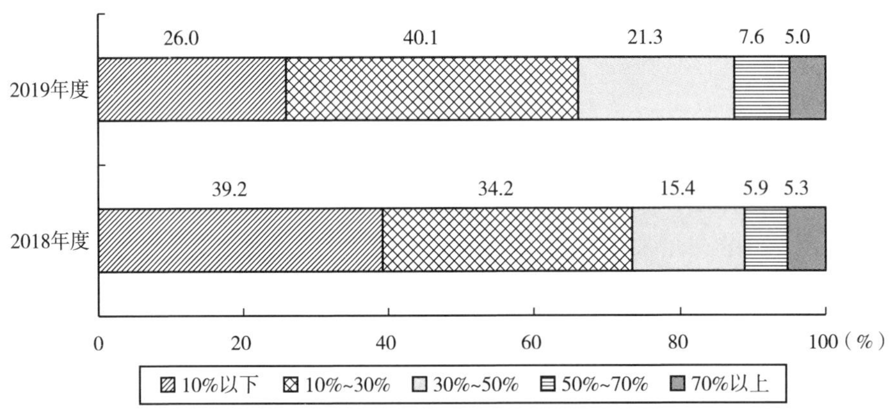

图1－4 受调查投资者股票投资金额占家庭年收入比重的分布

2019年股票投资获利的专业机构投资者、一般机构投资者和自然人投资者比例分别为91.4%、68.9%和55.2%，专业机构投资者的盈利情况显著好于其他两类投资者。自然人投资者中盈亏持平的占比为17.6%，亏损的合计占比为27.2%。盈亏区间上，“盈利10%～30%”的投资者最多，占比为23.6%；其次是“盈亏持平”的投资者，占比为17.6%；“盈利10%以内”的投资者占比次之，为16.6%（见图1－5）。

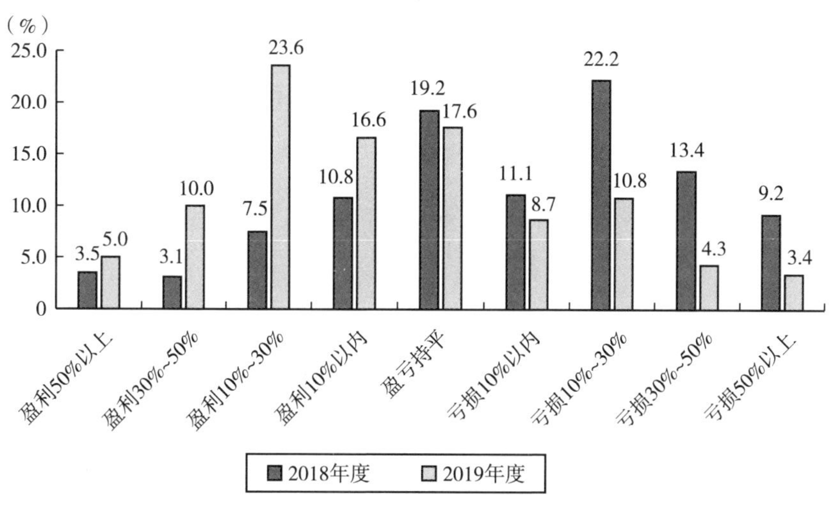

图1-5 2019年投资者盈亏情况调查结果

一般机构投资者在投资金融产品时最关注产品的风险，而自然人投资者最关注收益率，行业基本面变化和上市公司基本面则为专业机构投资者配置行业和个股时参考的首要因素。一般机构投资者买卖股票的操作风格以长线为主，而自然人投资者以中长线为主；一般机构投资者在投资板块上没有固定倾向，自然人投资者在2019年更多偏好投资主板和中小板。受调查自然人投资者认为在2019年里自身证券知识储备及对市场的理解是决定其股票投资盈亏的最主要因素，认为政策因素决定其投资盈亏的投资者比例有所降低。

因此，投资者认为信息披露是投资者关系管理最重要的工作内容，“优秀”的投资者关系管理工作标准是维持公司市值长期稳定，投资者关系管理工作的进步需要上市公司与监管部门共同推动。自然人投资者主要通过交易所互动平台与上市公司沟通，倾向于了解上市公司业绩及股价变动情况，机构投资者还通过现场调研或参观访问的方式与上市公司互动，同时希望了解公司股权变动情况。

1.2 中国证券公司

我国证券公司起源 20 世纪 80 年代银行、信托下属的证券网点。1990 年，上海证券交易所和深圳证券交易所相继成立，标志着新中国集中交易的证券市场正式诞生。30 年来，伴随着经济体制改革和市场经济发展，我国证券市场制度不断健全、体系不断完善、规模不断扩大，已经成为我国经济体系的重要组成部分；同时，我国证券公司也经历了不断规范和发展壮大的历程。

我国证券市场发展初期不够成熟，证券公司经营不够规范，2001 年下半年以后股市持续低迷，部分证券公司经营困难、风险集中暴露。因此，2004 年开始，中国证监会根据国务院部署，对证券公司进行了为期 3 年的综合治理工作，关闭、重组一批高风险公司，证券公司长期积累的风险和历史遗留问题得以平稳化解，证券公司合规经营和风险控制意识显著增强，财务信息真实性普遍提高，行业格局开始优化。证券市场投资者规模日益壮大，其结构也在不断优化。根据证券业协会统计，截至 2022 年底，中国共有证券公司 141 家①。

2007 年 7 月，为有效实施证券公司常规监管，合理配置监管资源，提高监管效率，促进证券公司持续规范发展，降低行业系统性风险，中国证监会颁布了《证券公司分类监管工作指引（试行）》②，该指引将证券公司划分为 A（AAA、AA、A）、B（BBB、BB、B）、C（CCC、CC、C）、D、E 5 大类 11 个级别。中国证券投资者保护基金有限责任公司于

① 中国证券业协会官网．证券公司信息公示．https：//jg. sac. net. cn/pages/publicity/securities - list. html，2022.

② 中国证券业协会官网．证监会发布〈证券公司分类监管规定〉．https：//www. sac. net. cn/hyfw/hydt/200906/t20090601_43135. html，2009 - 06 - 01.

2020 年 12 月披露的统计报告数据显示[①]：评级 A 类的证券公司为 79 家，评级 B 类的证券公司为 40 家，评级 C 类的证券公司为 12 家。

2022 年是我国进入全面建设社会主义现代化国家，向第二个百年奋斗目标进军新征程的重要一年。一年来，证券行业坚持和加强党的全面领导，积极主动融入国家发展大局，充分发挥资本市场在促进资本形成、价格发现、资源配置、风险管理等方面的重要功能，进一步提升服务实体经济和投资者能力，有力支持科技创新和国家重大战略实施。中国证券业协会对证券公司 2022 年度未审计经营数据进行了统计[②]，结果显示：

（1）2022 年，作为连接资本市场与实体经济的桥梁纽带，证券行业坚持服务实体经济的天职和使命，用好、用足、用活股票、债券、资产支持证券等金融工具，服务实体经济实现直接融资 5.92 万亿元，为稳定宏观经济大盘积极贡献力量。其中，服务 428 家企业实现境内上市，融资金额为 5 868.86 亿元，同比增长 8.15%；服务上市公司再融资为 7 844.50 亿元，支持上市公司在稳定增长、促进创新、增加就业、改善民生等方面发挥重要作用。服务 357 家科技创新企业通过注册制登录科创板、创业板、北交所，实现融资 4 481.58 亿元，融资家数及规模分别占全市场的 83.41%、76.36%，充分彰显资本市场对科技创新企业的支持力度持续加大。证券公司通过跟投积极参与科创板、创业板 IPO 战略配售，助力高水平科技自立自强。此外，证券公司通过公司债、资产支持证券、REITs 等实现融资 4.54 万亿元，引导金融资源流向绿色发展、民营经济等重点领域和薄弱环节。

（2）截至 2022 年末，证券公司服务投资者数量达到 2.1 亿，较上年末增长 7.46%，服务经纪业务客户资金余额为 1.88 万亿元。证券行业持续提升信息技术投入，推进数字化转型，为投资者提供更便捷、高效、

---

① 中国证券投资者保护基金有限责任公司 . 2020 年 12 月统计月报 . http：//www.sipf.com.cn/zjjk/tjsj/tjyb/2021/02/13398.shtml，2021 - 02 - 09.

② 中国证券业协会官网 . 中国证券业协会发布证券公司 2022 年度经营数据 . https：//www.sac.net.cn/hysj/zqgsjysj/202102/t20210223_145587.html，2023 - 02 - 23.

安全的交易服务。2022 年，证券公司代理客户证券交易额为 733.25 万亿元，其中代理机构客户证券交易额占比为 31.81%，近年来持续提升。证券公司作为市场中介机构、专业机构投资者等多样化角色，促进了资本市场发挥价格发现和价值培育功能。截至 2022 年末，证券公司代理销售金融产品保有规模 2.75 万亿元，受托管理客户资产规模 9.76 万亿元。证券公司通过积极进行财富管理转型和资管业务主动转型，着力为投资者提供更为丰富的投资理财产品，满足客户多元化资产配置需求。

（3）2022 年，证券行业牢牢把握资本市场互联互通重大机遇，持续优化全球业务布局，提升跨境金融服务能力和国际竞争力。证券行业积极服务境外机构和资金更广泛、更深入地参与我国资本市场。截至 2022 年末，境外机构和个人持有 A 股市值 3.20 万亿元。2022 年，证券公司代理客户港股通交易金额为 7.24 万亿港元，通过香港子公司积极服务沪深股通交易金额 23.28 万亿元人民币。通过香港子公司服务企业在中国香港市场 IPO 融资 1 019.31 亿港元，占香港全市场的 97.43%；服务 10 家 A 股上市公司在伦敦、瑞士证券交易所成功发行并上市全球存托凭证（GDR），助力中国企业拓宽国际融资渠道，用好两个市场、两种资源，提升国际市场竞争力和品牌影响力。

（4）2022 年，证券公司持续夯实资本实力，行业风险管控能力持续增强。截至 2022 年末，行业总资产为 11.06 万亿元，净资产为 2.79 万亿元，净资本为 2.09 万亿元，分别较上年末增长 4.41%、8.52%、4.69%。行业整体风控指标均优于监管标准，合规风控水平健康稳定。2022 年，受多重超预期因素冲击，证券行业经营业绩短期承压。全行业 140 家证券公司实现营业收入 3 949.73 亿元，实现净利润 1 423.01 亿元。聚焦高质量发展，持续提升资产质量增强抵御风险能力。

（5）2022 年，证券行业秉承巩固拓展脱贫攻坚成果，全面推进乡村振兴的使命担当，积极履行社会责任，服务国家战略。立足“一司一县”，证券行业进一步发挥专业优势，积极开展助学、助老、助残、助医、助困等公益行动，为全面推进乡村振兴、推动绿色发展、促进共同富裕贡献力量。2022 年，证券公司承销发行乡村振兴债券 305.21 亿元，同比增长 42.77%；承销（管理）发行绿色公司债券（含 ABS）152 只，融资金额为 1 716.58 亿元，同比增长 24.71%，为乡村振兴、绿色发展注入源源不断的金融活水。截至 2022 年末，共有 103 家证券公司结对帮扶 357 个脱贫县，60 家公司结对帮扶 83 个国家乡村振兴重点帮扶县，65 家证券公司参与“证券行业促进乡村振兴公益行动”，承诺出资 3.5 亿元。证券行业围绕志愿者服务、课题研究、培训交流、项目展示四个平台，积极开展系列公益活动，探索普惠金融新模式，为脱贫县域经济可持续发展“架天线”，日渐形成具有证券行业特色的公益生态和帮扶合力。

1.3　证券分析师

1.3.1　证券分析师规模

中国证券业协会官网披露的数据显示：截至 2023 年 8 月，中金证券、中信证券、国泰君安证券、广发证券、兴业证券、长江证券、海通证券、华泰证券、中信建投证券、国信证券、招商证券 11 家券商分析师人数均在 100 名以上。其中，中金公司是业内目前唯一分析师超过 200 名的券商，达到 224 名，中信证券紧随其后，也有 170 名分析师。券商分析师具体人数情况如表 1－1 所示[①]。

① 中国证券业协会官网．证券公司信息公示．https：//gs.sac.net.cn/pages/registration/sac－publicity－report.html.

表 1－1　　　　券商分析师人数情况

公司名称	分析师数量	公司名称	分析师数量	公司名称	分析师数量
中金证券	224	开源证券	60	中航证券	26
中信证券	170	瑞银证券	58	摩根大道证券	26
国泰君安证券	151	民生证券	57	国元证券	25
广发证券	132	国海证券	52	汇丰前海证券	24
兴业证券	129	方正证券	49	高盛高华证券	23
长江证券	128	西南证券	48	财信证券	23
海通证券	124	中银证券	47	中原证券	23
华泰证券	115	西部证券	47	东莞证券	22
中信建设证券	111	平安证券	46	东海证券	22
国信证券	102	红塔证券	44	南京证券	22
招商证券	101	信达证券	44	华龙证券	19
国金证券	92	山西证券	43	野村东方国际	18
天风证券	90	德邦证券	41	华宝证券	17
国盛证券	80	财通证券	39	中天证券	16
浙商证券	76	太平洋证券	37	湘财证券	16
中泰证券	75	国联证券	35	东方财富证券	15
东方证券	75	东兴证券	34	国新证券	15
东吴证券	74	华富证券	33	渤海证券	14
光大证券	73	华安证券	33	华金证券	13
华创证券	72	中邮证券	30	万联证券	12
安信证券	67	华鑫证券	30	东亚前海证券	11
银河证券	66	长城证券	29	五矿证券	10
华西证券	64	上海证券	29	国开证券	10
东北证券	63	首创证券	28	川财证券	10

由于很多券商自家的统计口径与中证协的公布数据口径并不完全一致，往往券商投研团队的实际人数更高，涵盖机构销售人员等重要角色。

据专业媒体报道[①]：分析师人数目前最多的中金公司整体研究业务条线人员已超过500人，也是业内目前研究团队人数配置最多的券商，而中信证券、中信建投证券等研究条线人员配置也超过了300名。

除11家分析师超过百名的券商之外，国金证券、天风证券、国盛证券、浙商证券、中泰证券、东方证券、东吴证券、光大证券、华创证券、安信证券、银河证券、华西证券、东北证券、开源证券、瑞银证券、民生证券、国海证券17家券商分析师人数在50～100名。其中，国金证券、天风证券、国盛证券等人数较为靠前，规模逐渐向百名靠拢。

整体来看，头部券商分析师群体数量明显占优，且出现了数量级别上的断层，分析师仅有个位数的券商达到30家，占券商总数的近3成。大同证券、申港证券、长城国瑞证券、麦高证券（网信证券）、金圆统一证券、第一创业、九州证券、华林证券、宏信证券、银泰证券、恒泰证券等券商分析师人数在业内排在末尾，而这与公司轻研究的业务定位、战略规划有关。

1.3.2 证券分析师声誉评价

证券分析师在金融市场上扮演着重要的角色，分析师凭借自身专业能力收集、解读市场信息，并通过撰写股评报告向市场参与者传递与上市公司相关的价值信息，在证券市场中扮演重要的信息中介角色。一方面，证券分析师通过研究证券市场走势和证券品种走势，提供专业的投资建议，帮助投资者更好地了解市场情况，提高投资决策的准确性和科学性；另一方面，高质量的分析师报告可以有效地提高市场信息效率，促进行业的发展和进步，推动中国证券市场的健康稳定发展；此外，证券分析师可以帮助监管部门更好地了解市场情况和风险，提供风险管控的参考建议，为监管部门制定科学有效的政策和措施提供重要帮助，对

---

① 券商分析师迈入4000+时代，研究力量梯队渐次拉开，不再仅仅是卖方角色. https://finance.sina.com.cn/jjxw/2023-03-09/doc-imykhrwr3163492.shtml.

中国金融市场的健康稳定发展起到积极的推动作用。

高质量的分析师产出成果具有很高的效益，但由于分析师个体之间的能力差异与利益冲突，荐股报告的信息质量并不能得到保证。而低质量的分析师股评报告不仅无法促进市场的有效性，还会对投资者产生误导，损害其利益。因此，如何提高分析师股评质量成为了该领域实践中的重要课题。针对该课题，一方面自然要从提高分析师自身能力做起，分析师要注重修炼内功，加强自身专业素质，提高信息收集、处理能力，增强独立自主性与客观性；另一方面，也需要建立完善的外部激励机制来促进分析师提高股评质量。

完善的分析师评价机制通过对分析师的产出成果进行评价，首先，可以激励证券分析师提高自身证券分析师的专业水平和分析能力，为投资者提供更优质的服务；其次，有助于促进证券分析师行业的良性发展，优秀的证券分析师经评价结果的认可，树立良好形象和声誉，从而得到更多的关注与回报，正向的反馈机制则会吸引更多的人才加入证券分析师行业，进一步促进行业的良性发展；最后，监管部门可以通过客观的评价评价，掌握证券分析师的执业水平和素质，及时发现和分析存在的风险和问题。

完善的分析师评价机制对于行业发展至关重要，但如今大多数的评价机制都存在着不同程度的弊端，如评价标准不透明带来的评价结果缺乏公正、客观性；评价方法不科学带来的评价结果不准确、不可信；分析师薪酬、晋升等利益冲突带来的评价结果失真；评价过程缺乏独立性与客观性使得评价结果极易在利益相关者的干预下丧失公平性；信息披露不足导致难以对评价机制进行监督与审查等。为了完善证券分析师评价机制，需要建立更加透明、科学的评价标准，采用科学、合理的评价方法，充分披露评价信息，减少利益冲突，确保独立性和客观性。

基于该目标，本书旨在构建一套客观、科学的分析师评价方案。首先以分析师报告中荐股评级为依据，构建分析师荐股评级档案。其次，以此为基础，进一步构建评价分析师荐股评级能力的指标体系，并分别从分析师层面与证券公司层面，全面评价证券分析师行业的荐股评级能力。从理论构建到实践应用，为完善客观的分析师评价方案的构建及推广提供可行路径。

第2章　分析师评价概述

2.1　现有证券分析师评价方案

对分析师进行评价作为构建外部激励机制的核心要素之一，自从证券分析师这一职业诞生以来便受到包括投资者在内的众多市场参与者的推崇与关注。业界对分析师进行评价时，常见的做法是评选出表现优异的分析师并授予“明星分析师”“最佳分析师”等荣誉头衔。分析师评选活动通常由权威专业的金融杂志主办，在国外市场中比较著名的是《机构投资者》（*Institutional Investor*）杂志主办的全美分析师评选（all-america analyst election）[①]，在国内市场中比较著名的是《新财富》[②]杂志主办的最佳分析师评选。

现今中国市场对于分析师的评价方法多种多样，以买方市场主观投票的主观方式为主；也有部分机构采取主观与客观相结合的方式，即主观投票占总成绩的一定比例，其他客观指标占一定比例的评选方式，同时有少数机构引入模型进行客观分数的评判；少数机构采用完全客观的评价指标如预测准确率与超额回报率等进行评判。

① Institutional Investor 杂志官网. https://www.institutionalinvestor.com/, 2023.

② 新财富官网. http://www.xcf.cn/s/index.html, 2023.

（1）机构投资者[①]

《机构投资者》于 1967 年创刊，是一份在美国出版、全球发行的著名金融类杂志，主要探讨基金、银行或其他企业的投资、融资等问题。该杂志从 20 世纪七八十年代开始，以年度为单位对美国本土的证券分析师进行评价，评选出表现优异的证券分析师，并授予 All - America（AA）分析师的头衔，所有 AA 分析师组成当年的全美研究团队（all-america research team）。具体地，该杂志会在每年春天（通常是在 4 月或 5 月）对机构投资者（例如，全球最大的养老基金、对冲基金和共同基金的投资组合经理，研究总监和首席投资官）进行大规模调查，要求他们从四个方面对卖方分析师的股评表现进行评价：个股选择（stock picking）、盈利预测（earnings forecasts）、报告撰写（written reports）和整体服务（overall service）。

2020 年 10 月 20 日，《机构投资者》公布了第 49 届全美研究团队的评选结果。在本次评选中，为了挑选全美研究团队的成员，《机构投资者》向受委托（commission）/至少拥有 25 万美元研究钱包（research wallet）且被公认为使用卖方研究咨询服务的资产管理公司的研究和投资专业人士征求了意见，要求受访者对 60 个行业和宏观经济领域中的分析师和研究公司进行排名。具体地，受访者首先对每个行业中的研究公司进行投票，然后分别对这些公司中的分析师进行投票。最终的评选分数则是根据机构投资者的佣金以及管理的资产等信息对投票进行加权得到的。在评选过程中，选民必须符合严格的资格要求，获奖者必须满足最低的得票数，所有选票均须经过研究运营小组的审查。最终，《机构投资者》收集到了来自 1 446 家公司的 3 667 位受访者的投票回复。

在每次评选中，AA 头衔被授予 60 多个行业的顶级分析师，并有四种排名，由高到低依次是：First Place、Second Place、Third Place 和 Run-

① Institutional Investor 杂志官网 . In a Disastrous Year, the All - America Research Team Shines. https: //www. institutionalinvestor. com/article/b1nwg3bk4rghmw/In - a - Disastrous - Year - the - All - America - Research - Team - Shines, 2020 - 12 - 20.

ner-up。其中被评为 First Place 和 Second Place 的分析师约占所有 AA 分析师的 1/3，因为在每年的每个行业中，都会有 3 名分析师被分别授予 First Place、Second Place 和 Third Place 这三个奖项，而 Runner-up 奖项则通常由多名分析师共同分享。分析师的 AA 头衔通常从评选年度的 10 月持续至次年的 9 月。

（2）新财富①

中国的证券分析师评选活动相较于美国起步较晚，“新财富最佳分析师评选”是中国本土第一份市场化分析师排名。该评选旨在挖掘中国最优秀的证券分析师和研究机构，传播行业正能量，促进中国证券研究行业水平提升，为推进资本市场稳定健康发展积极贡献力量。“新财富最佳分析师评选”由《新财富》杂志主办，该杂志成立于 2001 年，定位以评价和研究引领的金融服务平台，致力于成为中国资本市场的标准提供者，通过主观与客观相结合的方式，对资本市场的重要参与主体进行透明、独立的专业评价，并提供基于这些评价的资本市场数据和分析，为市场各方提供投资、融资、执业等方面的参考，促进资本市场更有效率地配置资源。

2003 年 1 月，《新财富》杂志借鉴美国《机构投资者》杂志的做法，首次推出由国内机构投资者票选中国内地资本市场最出色分析师的活动，评选以基金经理直接提名分析师并为其打分的方式进行。截至 2003 年 3 月，主办方开始回收选票、计票，并最终评选出 26 个研究方向的“最佳分析师”。6 月，新财富以《探寻真实价值》为题，刊登了首届“最佳分析师”评选结果及分析文章。这一开创性评选获得投资界人士的广泛关注和普遍认可，上榜的“最佳分析师”获得公司的奖励与重用。《证券时报》《上海证券报》和新浪网、中新网等媒体对评选进行了专题推荐与报道。

一般地，新财富的“最佳分析师”评选流程主要包括三个步骤：

①参评分析师报名。分析师作为参评候选方，在每年的评选活动中

① 第二十一届新财富最佳分析师评选 . https：//www. xcf. cn/zhuanti/2023/fxs/rule. html.

需要主动向主办方提交报名参与的材料信息。新财富作为主办方会依据评审细则对报名分析师的资质进行审查，对不符合要求的分析师，会取消其参评资格。新财富对分析师根据其团队所属的细分行业来进行划分，各个券商的分析师都可以选择报名参加其覆盖行业的评选。

②机构投资者投票。评选活动的投票方主要是机构投资者，主办方会适时开启投票人征集活动。在征集投票人期间，包括公募基金公司、保险资产管理公司以及证券公司资产管理部等在内机构投资者可以按照规定向主办方申请投票人资格。主办方对申请者的资质进行合规性审查，最终确定参与最佳分析师评选的投票者。

③计算分析师得分。投票者遵照评选流程在规定时间内登录投票系统通过填写问卷的方式对参评分析师进行投票，以此完成对分析师的评价。主办方会依据投票者的类别、资产规模等客观指标来赋予不同机构投资者以不同的“选票数”和“权重”。最后，新财富收集所有机构投资者的选票进行统计，将选票按照预先设定好的算法换算成统一的分数，并按照得分的高低给隶属于同行业的分析师进行排名，从而评选出“最佳分析师”。

（3）东方财富①

“Choice 最佳分析师”评选由 Choice 数据自 2013 年正式发起，每年举办一次。该评选采用完全客观的分析师指数作为评选依据，该指数以个股研报中的客观数据为依据。依据《东方财富中国分析师指数编制规则》进行编制，提取第一作者、研究标的、个股评级等核心信息，通过指数化处理得到每位分析师的实时指数值，将研报内容与市场真实表现相结合，无主观投票环节。安永华明会计师事务所（特殊普通合伙）作为专业审计机构，对评选过程中的材料、数据、计算过程、评选结果等执行商定程序。

① 2022 年“第十届 Choice 最佳分析师”评选规则_财富号_东方财富网 . https：//caifuhao.eastmoney. com/news/20221028072713488816500.

（4）郑商所①

为加强郑州商品交易所已上市品种分析师队伍建设，选拔优秀研发人员，助力行业稳健发展，郑商所决定开展2023年度高级分析师评选活动。其报名方式为自主报名与公司推荐相结合，同时若公司所推荐的分析师获得高级分析师的称号，则推荐公司可获得郑商所2023年度会员表彰加分。

其评分组成分为三部分：研究成果占比为45%，工作案例占比为15%，专家评审占比为40%。研究成果按照既定的评分细则对分析师要求时间区间内的研究报告予以分数；对于工作案例，每名分析师限上传3个案例，每个案例原始得分最高10分，并根据具体评分要求赋予最终分数；对于专家评审，根据研究成果和工作案例两项得分之和排名，各品种最多12名分析师进入专家评审环节，评审专家由郑商所工作人员、现货行业专家、权威媒体和期货行业有知名度的研究专家组成，每个品种形成单独的评审团各评委根据分析师的表达能力、逻辑思维能力等综合素质进行百分制打分。

研究成果累计得分排名第一的为45分，其他名次依次减45/N分（N为参评分析师数量，下同）。工作案例与专家评审部分同理，依照名次从满分依次递减15/N、40/N。分析师最终得分为研究成果、工作案例、专家评审三个最终得分之和，依据最终分数的排名确定各个领域相应的优秀分析师。

（5）第一财经②

第一财经采用主客观结合的评价方式，开始引入为客观的模型因素，同时启用全球GICS行业分类标准，与国际接轨。

其中，客观部分将通过建立数字模型跟踪卖方分析师研究报告中的预测数据（EPS、评级、目标价等），考察研究报告的预测准确性、前瞻

① 关于开展2023年度高级分析师评选活动的通知_手机新浪网. https://finance.sina.cn/futuremarket/qszx/2023-08-04/detail-imzeyvmi6001428.d.html.

② 第一财经最佳分析师评选：模式创新打造权威榜单_新浪财经_新浪网. http://finance.sina.com.cn/roll/2016-12-08/doc-ifxypipt0508608.shtml.

性和全面性，客观考量分析师的研究能力及选股能力。主观部分，通过买方投票的方式，考量分析师研究报告的前瞻性、及时性以及分析师及其所在证券研究机构为买方提供综合服务的能力。整体上力求精准、全方位反映证券研究机构与分析师的研究与服务质量。

在主观打分的环节，本次评选向资产管理规模位列行业前 100 位的投资机构发送了选票，投票方覆盖公募基金、保险基金资产管理公司、QFII、券商资产管理部、信托公司、财务公司、私募基金等，同时依据资产值确定不同机构所持选票的权重。评选力保主观打分环节的独立性，多维度考核卖方机构的服务能力和研究水平。

（6）中国证券业分析师金牛奖①

“中国证券业分析师金牛奖”由中国证券报自 2010 年正式发起，每年举办 1 次。主办方坚持以“金牛”选“金牛”的评选宗旨，由“金牛基金”“金牛保险”和“金牛理财”评选出中国证券研究领域处于尖端水平的证券分析师和研究机构。

本项评选通过综合客观量化指标和主观评价指标，以更全面、科学、合理的方式来评估卖方分析师的表现。其中，客观量化指标包括超额收益、预测的信息含量、预测准确性以及勤勉程度。对于超额收益的能力的衡量，采取计算分析师推荐的股票与所覆盖行业的表现差异的方法进行，即计算同期内每位分析师推荐个股的表现与所覆盖行业的表现，用其差值代表超额收益的能力，并据此进行排名。具体来说，首先基于每一位分析师的推荐，为其创造一个各自的投资组合，计算该投资组合在该时期的收益；对于预测的信息含量的衡量，从与当前股价的差异、预测及时性以及分析师预测的市场反应三个方面进行；预测的准确性则从分析师的绝对预测误差（|公司实际盈利 - 分析师预测盈利|/公司实际盈利），预测的误差的方差以及预测的稳定性来进行衡量，其中，预测的稳定性通过分析师对于预测结果更改的频率进行衡量；勤勉程度将从撰

① “2022 中国证券业分析师金牛奖”评选启动 . https：//baijiahao. baidu. com/s？ id = 1744415744578348097&wfr = spider&for = pc.

写报告的数量以及对股票进行跟踪研究的持续性两个方面评价。

主观评价指标包括服务过程、服务结果以及综合评价三部分。不同之处在于该公司主观评价投票主体为金牛基金公司、金牛基金、中国保险业投资金牛奖和中国银行业理财金牛奖相关获奖者，而非传统的资本买方市场。对于不同的投票主体同样分配以不同的权重。

（7）《财经》研究今榜①

2020 年度“《财经》研究今榜”共设立 7 个独立奖项：“行业最佳选股分析师”“行业盈利预测最准确分析师”“年度明星分析师”“最佳独立见解分析师”“连续三年、五年的五星级分析师”“最佳策略分析师”“最佳研究机构”。其所有奖项采取客观的评选办法，依据今日投资分析师数据库中数据，基于分析师投资评级建议的超额回报率和盈利预测的准确性进行评选。其中行业最佳选股分析师的评价中，首先根据分析师给出的投资评级构建组合，计算组合对行业指数的超额收益。行业前三名获得“行业最佳选股分析师”称号。

行业超额收益的计算方法为：首先，对分析师评级所包含的单只股票进行涨跌幅计算，根据分析师评级的结果并结合对应股票在评级结果的股价表现对每个评级结果进行回报率（涨跌幅）进行计算；然后按照同样的方法对该分析师所有评级股票的合计涨跌幅及进行计算加和；最终得到该奖项的排名，并根据排名对分析师进行百分制打分，得到分析师的投资评级行业单项得分。

对于行业盈利预测最准确分析师的评价，其基本指标则为相对误差率，即盈利预测误差与盈利公布值的百分比率，实际操作中每天计算盈利预测的准确性得分，年度按均值进行排名，进而得到最终结果。

对于年度明星分析师的评选，首先计算出有 3 个以上分析师进行过投资评级或盈利预测市场回报率前 50 名的股票，再从对这 50 只股票进行过投资评级以及盈利预测的分析师中筛选明星分析师。然后计算每位

① 2020 年度“《财经》研究今榜”评选规则_财经网 . http：//magazine. caijing. com. cn/20201124/4717169. shtml.

分析师的投资评级单项得分和盈利预测单项得分，进而得到两个单项得分加权平均后的综合得分，最后进行排名筛选。

2.2　现有方案分析

结合现有证券分析师评价方案以及可以进一步看出，如今市场上分析师发布的荐股评级良莠不齐，一方面是由于分析师的专业知识、背景领域与职业道德等的差异，另一方面则是因为一些证券公司宽容的审查流程和疏松的管理制度。因此，对于分析师发布的研究报告的客观评价是迫切需求的，对于证券公司的严格监管也是必不可少的。但目前我国证券市场中分析师的评价机制并不完善。根据上一节中展示的多个机构的明星分析师的评价规范与评选标准，可以发现如今的分析师评选中或多或少含有主观的评价过程，难以客观评价分析师荐股评级的真实价值和满足科学评价分析师表现的需求，造成分析师评价机制模糊性强、量化程度低的局面。因此，如何构建完善的分析师评价体系依然是分析师实践中重要且亟须解决的问题。

此外，不难看出，科学、透明、客观的证券分析师评价方案是证券分析师行业未来发展的必然之路：东方财富有关分析师评选的项目虽未公布明确、健全的指标体系，但其已经去除主观投票的环节；郑商所采取的评价方案中将业界常用的主观投票替换为专家评审；第一财经在主观评分部分虽沿用主观投票制度，但其客观得分部分使用模型来进行计算衡量，有效保证该评价过程的独立性；《财经》研究今榜则以其构建的客观评价指标对分析师进行大规模筛选，在最终通过主观投票确定获得相应称号的分析师，对于行业盈利预测最准确分析师的评价，则完全采用客观指标进行评选。总的来说，建立更加科学、透明、独立的评价体系，高效的评价指标，并采用透明公开评价方法，提高评价结果的准确性和公正性，促进行业的良性发展是证券分析师评价方案发展的必然趋势。

本书以分析师发布的荐股评级为研究对象，以分析师荐股评级可信度为抓手，以最大化实现评价结果对决策实践的指导借鉴作用为目标，提出分析师荐股评级可信度及其量化方法，构建基于荐股评级可信度的科学评价指标体系与评价方案，并从多评价期、多行业、多指标实现对分析师和证券公司两个层面的客观评价，为健全行业评价体系提供了新思路，为分析师评价方案的发展提供了有效助力。

第3章 基于荐股评级可信度的评价方案设计

3.1 证券分析师荐股评级可信度

分析师荐股评级是其研究报告的重要内容之一，由股票评级和评级标准两个部分组成。股票评级反映分析师对股票未来收益走势的综合性预判，而评级标准则是对股票评级对应的预期收益水平进行详细的解释。例如，来自西南证券的分析师商某于2017年1月2日对上市公司时代新材（股票代码：600458）发表“买入”的股票评级，而该评级对应的标准如表3-1所示。

表3-1 荐股评级标准样例

荐股评级	收益预期
买入	未来6个月内，个股相对沪深300指数涨幅在20%以上[①]
增持	未来6个月内，个股相对沪深300指数涨幅介于10%～20%
中性	未来6个月内，个股相对沪深300指数涨幅介于-10%～10%
回避	未来6个月内，个股相对沪深300指数涨幅在-10%以下

根据分析师给出的“买入”股票评级以及上述评级发布标准可以得

① 区间仅取左包含，全书同。

出，该分析师本次评级的预期是被评价股票在未来6个月内相对沪深300指数的涨幅在20%以上。如果在申明的有效期内该股票的收益表现达到本次评级的预期，则本次荐股评级是可信的，反之则是不可信的。

不失一般性地，通过上述样例可以归纳发现：根据分析师发布的股票评级及其发布标准，分析师对被评股票的预期收益可以用三元组｛*period*，*indexBench*，［min*Value*，max*Value*）｝表示，其中：*period* 表示评级申明的有效期限；*indexBench* 表示被评价股票收益表现所要对比的收益标尺，通常是沪深300指数等大盘指数；［min*Value*，max*Value*）表示分析师对股票未来收益表现的预测区间。表3－1中"买入"评级的收益预期可以表示为｛6个月，沪深300指数，［20%，+∞）｝，"增持"评级为｛6个月，沪深300指数，［10%，20%）｝，"中性"评级为｛6个月，沪深300指数，［－10%，10%）｝，"回避"评级则为｛6个月，沪深300指数，（－∞，－10%）｝。

分析师荐股评级标准中包括的各种收益对比标尺的占比分布如图3－1所示，可以看到常用的收益对比标尺有六种：沪深300指数、股票价格、中信标普300指数、深证成指、深证100指数和上证综指，其中沪深300指数和股票价格是最常用的标尺。

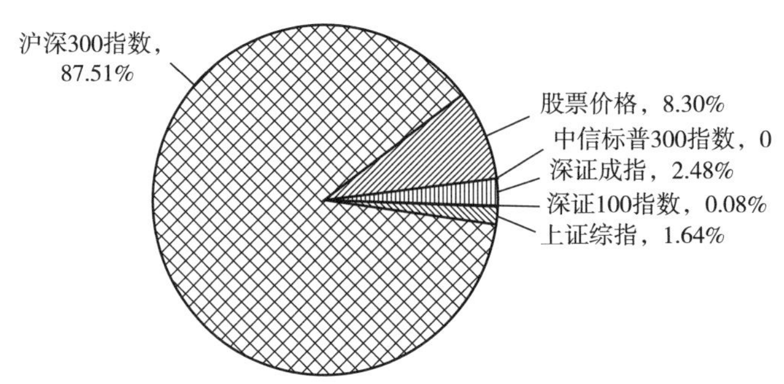

图3－1　收益对比标尺占比分布

为了确定分析师荐股评级的可信度，需要查验荐股评级的预期收益表现是否符合实际。当荐股评级声明的收益对比标尺是股票价格时，只需要计算被评价股票在预测有效期内的累计收益率即可。具体地，被评价股票自评级之日起到第 t 天的累计收益率为：

$$CR_{[0,t]}^{stock} = \prod_{i=1}^{t}\left(1 + \frac{p_i^{stock} - p_{i-1}^{stock}}{p_{i-1}^{stock}}\right) - 1 \tag{3-1}$$

式（3-1）中，p_i^{stock} 是被评价股票 $stock$ 在评级日后第 i 天的收盘价，p_{i-1}^{stock}是被评价股票 $stock$ 在评级日后第 $i-1$ 天的收盘价。

而当荐股评级声明的收益对比标尺是其他大盘指数时，分析师荐股评级的实际收益表现需要计算股票收益相对于标尺的超额收益。此时需要同时计算被评价股票和收益对比标尺在预测有效期内的累计收益率。类似式（3-1），荐股评级中的收益对比标尺自评级之日起到第 t 天的累计收益率为：

$$CR_{[0,t]}^{bench} = \prod_{i=1}^{t}\left(1 + \frac{p_i^{bench} - p_{i-1}^{bench}}{p_{i-1}^{bench}}\right) - 1 \tag{3-2}$$

式（3-2）中，p_i^{bench} 是收益对比标尺 $bench$ 在评级日后第 i 天的收盘价，p_{i-1}^{bench}是收益对比标尺 $bench$ 在评级日后第 $i-1$ 天的收盘价。相对于收益对比标尺 $bench$，股票 $stock$ 自评级之日起第 t 天的累计超额收益率为：

$$CAR_{[0,t]}^{stock} = CR_{[0,t]}^{stock} - CR_{[0,t]}^{bench} \tag{3-3}$$

假设评级有效期为 $period = \{t \mid t = 1, 2, \cdots, T\}$，那么分析师荐股评级在有效期内的实际收益表现为：

$$AP = \begin{cases} \{CR_{[0,t]}^{stock} \mid t = 1, 2, \cdots, T\} & if\ indexBench = \text{“股票价格”} \\ \{CAR_{[0,t]}^{stock} \mid t = 1, 2, \cdots, T\} & if\ indexBench \neq \text{“股票价格”} \end{cases} \tag{3-4}$$

因各证券公司股票分级类别及级数各有不同，证券分析师行业内将证券公司荐股评级标准化为5级，即买入、增持、中性、减持和卖出。其中买入和增持属于正向评级，对被评价股票持看涨观点；而减持和卖出属于负向评级，对被评价股票持看跌观点。

可信度定义：对于正向的分析师荐股评级，若 $\min Value \leqslant \max(AP) <$

$\max Value$，则该荐股评级是可信的，否则是不可信的；对于负向的分析师荐股评级，若 $\min Value \leqslant \min(AP) < \max Value$，则该荐股评级是可信的，否则是不可信的；对于中性的分析师荐股评级，若 $\min Value \leqslant \min(AP) \leqslant \max(AP) < \max Value$，则该荐股评级是可信的，否则是不可信的。

3.2 证券分析师荐股评级可信度的统计分析

在本小节中，将对中国证券市场中的分析师荐股评级数据进行统计分析。根据 2.1 中对可信度的定义，本节分别使用 0（不可信）和 1（可信）表示荐股评级的可信度。

3.2.1 数据采集及处理

本节选取 2011～2021 年中国 A 股市场中证券分析师对上市公司发布的荐股评级报告为初始样本，该数据来自国泰安 CSMAR 数据库。对初始样本剔除主要变量数据缺失的样本，最终得到 2011～2021 年共计 327 118 条中国证券分析师荐股评级观测样本，该样本数据囊括了来自 81 个行业的 4 459 只股票和 3 547 名分析师。本数据集中分析师荐股评级数量的历年分布如图 3－2 所示，可以看出，随着互联网信息渠道的不断拓宽，分析师发布荐股评级的数量从 2016 年开始比之前要有显著的增加。

为构建本研究相关的必要变量，本书还从国泰安 CSMAR 数据库中提取了上市公司的部分财务指标数据，从 Wind 金融数据库中提取 2011～2022 年 A 股上市公司的估值指标数据。为了计算分析师荐股评级的可信度，本书从 Wind 金融数据库中收集了 2011～2022 年中国 A 股市场中所有股票以及相关大盘指数的日股票价格数据。图 3－3 展示了沪深 300 指数（实线），上证综指（虚线）和深证成指（点虚线）这三个中国 A 股市场中代表性的指数在 2011 ~ 2022 年的详细变动情况，可以看出三个指数的相关性较高，均可代表 A 股市场的平均收益变动水平。而且本节可以从市场指数的变动中看出在样本期内的 2014 年下半年至 2015 年上半年，中国股市迎来大牛市，而随后半年则进入显著的下行市态。

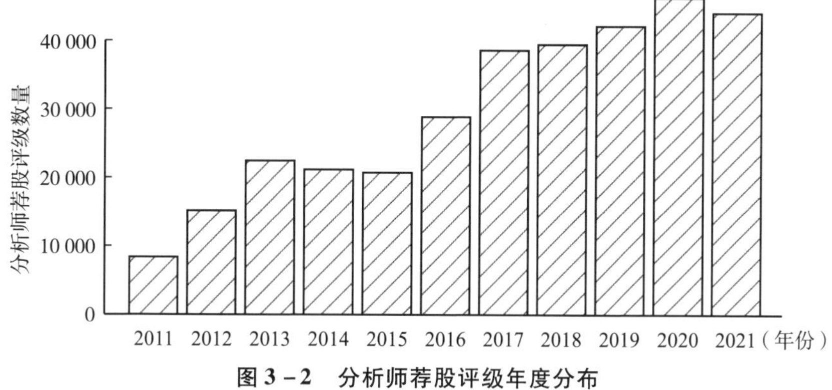

图 3－2　分析师荐股评级年度分布

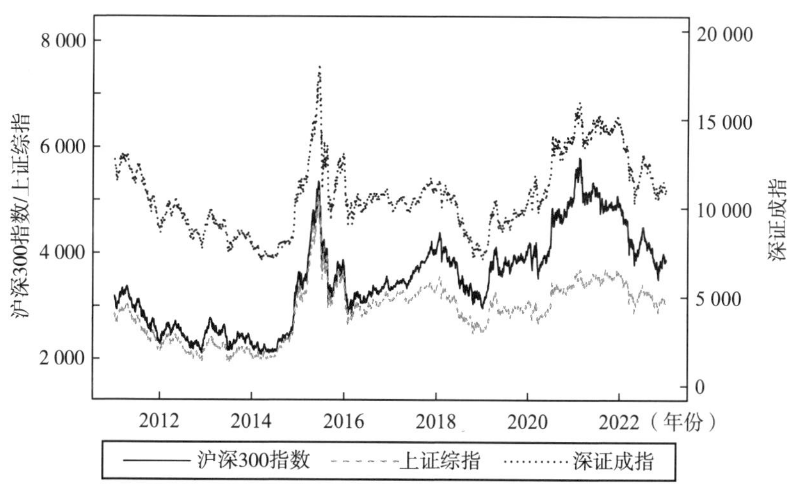

图 3－3　2011 ~ 2022 年代表性大盘指数

3.2.2 评级发布标准

不同的证券公司或分析师个体发布荐股评级的标准是不统一的，其中一个主要的差异就体现在划分等级的数量：有的分析师发布荐股评级采用划分三个等级的标准，有的采用划分四个等级的标准，而有的则采用划分五个等级的标准。分析师荐股评级标准中采用的等级划分数量的占比分布如图 3－4 所示，采用四等级划分制的标准是最多的，占比达到 73.25%，而采用三等级划分制的标准是最少的，数量仅占 0.97%，采用五等级划分制的评级发布标准的荐股评级数量处于两者之间，占比为 25.78%。

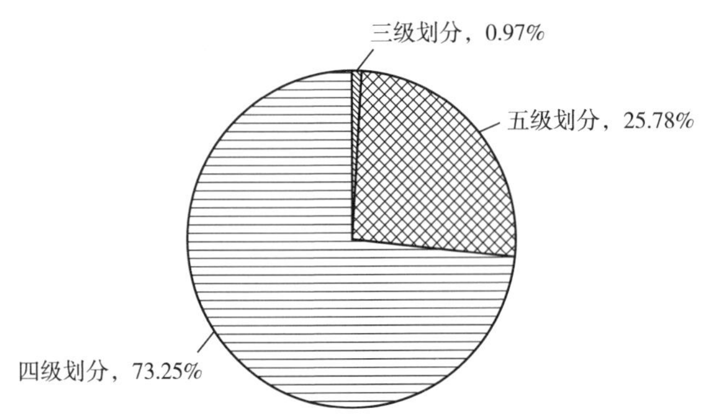

图 3－4　分析师评级发布标准等级划分分布

虽然各个荐股评级发布标准中所划分的等级数量有所差异，但各划分等级基本上可以归纳为三个类别：①最高评级——该类评级代表的是发布标准中对目标个股看涨程度最高的评级，如“买入”和“推荐”评级；②最低评级——该类评级代表的是评级发布标准中对目标个股看跌程度最高的评级，如“回避”“卖出”和“减持”评级；③中间评级——该类评级代表的则是处于最高评级和最低评级之间的评级，如“增持”“中性”和“减持”评级。

由于评级发布标准的差异，不同类型的评级通常表示分析师对目标个股不同的收益预期，在最高评级中，分析师通常采用“在未来一段时间内，目标个股的上涨幅度超过某一收益阈值”这一表述，因而其对应的预期收益区间通常表示为（$\bar{R}_{min}$，$+\infty$），其中$\bar{R}_{min}$为最低收益阈值。为了探究各评级划分中最高评级类的荐股评级的预期收益之间的差异，本节根据$\bar{R}_{min}$的高低将属于最高评级类型的分析师荐股评级按照下面的式（3-5）将其划分为三类：

$$class(\bar{R}_{min}) = \begin{cases} 1 & \bar{R}_{min} < 15\% \\ 2 & 15\% \leqslant \bar{R}_{min} < 20\% \\ 3 & \bar{R}_{min} \geqslant 20\% \end{cases} \tag{3-5}$$

根据式（3-5）可以看出，对于最高评级，其预期收益越高则其收益等级越高。各种评级划分方法中最高评级对应的预期收益类别的分布如图3-5所示。

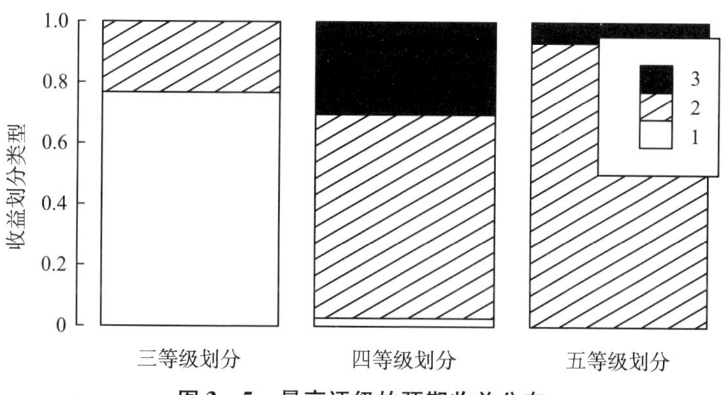

图3-5　最高评级的预期收益分布

图3-5的结果表明：（1）采用三等级划分制的评级发布标准中，最高评级的预期收益主要集中在第一类（76.7%）和第二类（23.3%）预期收益类型，第三类的占比极小（0.1%）；（2）采用四等级划分制的评级发布标准中，最高评级的预期收益主要集中在第二类预期收益类型（66.8%），第一类的占比最小（2.6%）；（3）采用五等级划分制的评

级发布标准中，最高评级的预期收益主要集中在第二类预期收益类型（93.2%），接下来是占比相对较小的第三类（6.7%），而第一类预期收益则不存在；（4）横向对比不同的评级划分方法可以看出，随着等级划分的精细度越来越高（五等级划分的精细度最高），最高评级对应的预期收益为第一类的占比越来越少，而第三类预期收益的占比则越来越多，这表明分析师荐股评级发布标准中采用的等级划分越精细，其最高评级表明的分析师对目标个股收益表现水平的看涨程度就越高。

在最低评级中，分析师通常采用“在未来一段时间内，目标个股的下跌幅度超过某一收益阈值”这一表述，因而其对应的预期收益区间通常表示为（$-\infty$，$\bar{R}_{max}$），其中 $\bar{R}_{max}$ 为最低收益阈值。为了探究各评级划分中最低评级类别的荐股评级的预期收益之间的差异，本节根据 $\bar{R}_{max}$ 的高低将属于最低评级类型的分析师荐股评级按照下面的式（3-6）将其划分为三类：

$$class(\bar{R}_{max}) = \begin{cases} 1 & \bar{R}_{max} \geqslant -10\% \\ 2 & -15\% \leqslant \bar{R}_{max} < -10\% \\ 3 & \bar{R}_{max} < -15\% \end{cases} \tag{3-6}$$

根据式（3-6）可以看出，对于最低评级其预期的收益越低则其收益划分等级越高。各种评级划分方法中最低评级对应的预期收益类别的分布如图3-6所示。图3-6的结果表明：（1）采用三等级划分制的评级发布标准中，最低评级的预期收益主要集中在第一类预期收益中（83.2%），第二类和第三类的占比极小；（2）采用四等级划分制的评级发布标准中，最低评级的预期收益也主要集中在第一类预期收益类型（73.9%），第三类的占比最小（4.5%）；（3）采用五等级划分制的评级发布标准中，最低评级的预期收益主要集中在第三类（87.5%）和第二类（12.3%）预期收益类型，而第一类预期收益则占比最少（0.2%）；（4）横向对比不同的评级划分方法可以看出，随着等级划分的精细度越来越高（五等级划分的精细度最高），最低评级对应的预期收益为第一类的占比越来越少，而第二类和第三类预期收益的占比则越来越多，这表明分析师荐股评级发布标准中采用的等级划分越精细，其最低评级表明的分析师对目标个股收益表现水平的看跌程度就越高。

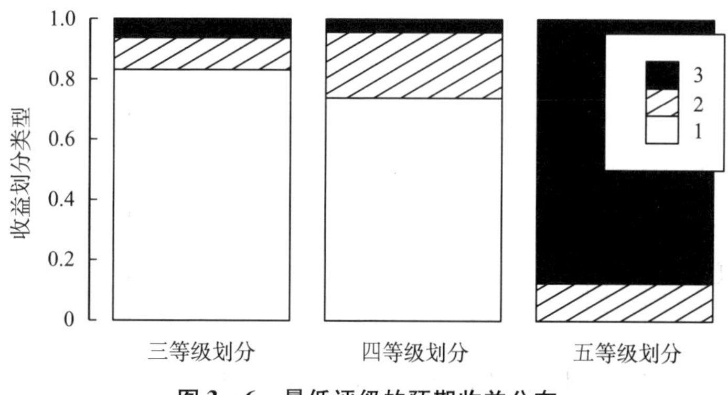

图 3－6　最低评级的预期收益分布

3.2.3　评级发布数量分布

在本小节，本节对分析师、证券公司以及目标个股相关的荐股评级发布数量进行分析。

3.2.3.1　分析师数量及经验

根据本节从国泰安 CSMAR 数据库中收集整理的数据显示，2011～2021 年这一时间段内共有来自 86 家证券公司的 3 547 位分析师做出了 327 118 条荐股评级观测，平均每年发布荐股评级超过三万条，其中在各个年份发布了荐股评级的分析师数量如图 3－7 中的灰色条形图所示。

图 3－7 数据显示样本期内平均每年发布荐股评级的分析师数量为 1 207 位，其中在 2020 年是 2011～2021 年这十一年间中活跃分析师数量最多的一年，发布荐股评级的分析师有 1 275 位；相反地，在 2016 年仅有 793 位分析师发布了荐股评级，是十一年样本期内活跃分析师数量较少的，而且 2015 年活跃分析师的数量同样较少的，可能的原因是 2015～2016 年，中国 A 股市场处于大熊市时期，大幅下跌的市场行情对分析师

的活跃程度起到了较为显著的抑制作用。图 3-7 不仅展示各年度活跃分析师的数量，还通过黑色折线展示了样本期内各年度累计出现的分析师数量，可以看到折线整体处于平稳上升的状态，即使在市场下行状态下，分析师行业也不断地有新鲜血液注入。结合图中的条形图和折线图可以看出中国证券市场中的分析师群体新老交替较为频繁，为了佐证这一点，本节还统计了分析师的经验分布，结果如图 3-8 所示。

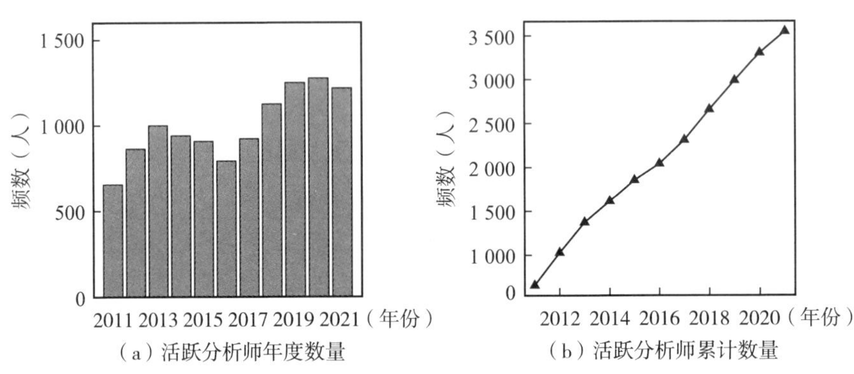

图 3-7　证券分析师数量

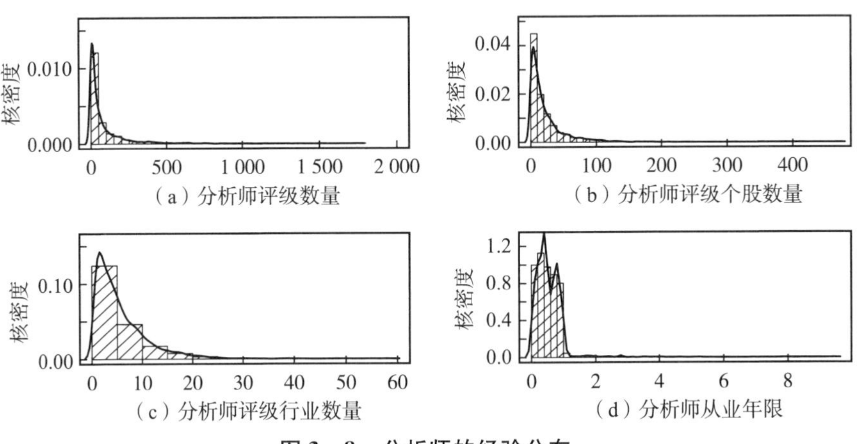

图 3-8　分析师的经验分布

本节首先使用分析师发布的荐股评级数量作为度量分析师经验的第一个维度，分析师发布的荐股评级数量越多，其经验越丰富。样本数据中分析师荐股评级数量的分布如图3－8（a）所示，可以看出，如预期所想一致，分析师群体发布的荐股评级数量呈现明显的幂律分布，明显右偏，只有少量分析师发布较多的荐股评级；类似地，本节分别使用分析师评级的个股数量和个股行业数量作为度量分析师经验的第二个维度和第三个维度，这两个变量与分析师经验也是正向相关的关系，其分布如图3－8（b）和图3－8（c）所示，可以看到两者的分布与图3－8（a）类似，也呈现出类似幂律分布的形态；最后，本节使用分析师发布荐股评级的从业年限作为量化其经验的最后一个维度，分析师从业年限的分布结果如图3－8（d）所示，可以看出分析师的从业年限也呈现出显著的右偏分布，数据显示超过40%的分析师从业年限不超过2年。以上数据结果佐证了分析师行业新老交替较频繁的特点。

3.2.3.2　证券公司数量及经验

数据显示十一年样本期内平均每年发布荐股评级的活跃证券公司有54家，在各个年份发布了荐股评级的活跃证券公司数量如图3－9所示。与图3－7显示出2016年活跃分析师数量较少这一现象一致，在十一年样本期内，2016年也是活跃证券公司数量较少的年份，受市场下行状态的影响；相反的，2019年发布了荐股评级的证券公司的数量高达62家，是十一年样本期内活跃证券公司数量最多的一年。

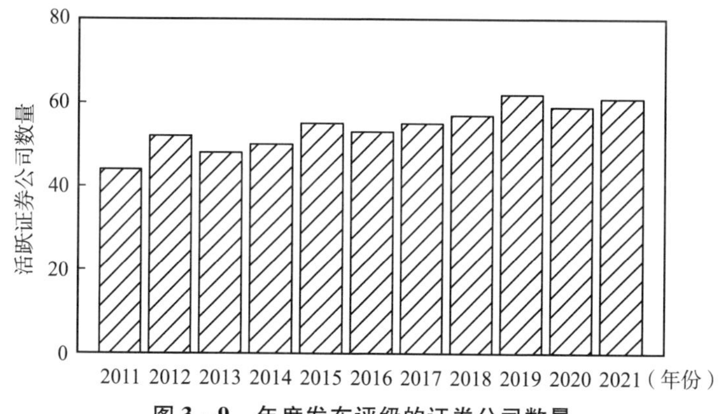

图3－9　年度发布评级的证券公司数量

本节统计样本中涉及的86家证券公司各自包含的分析师数量，该变量可用于度量证券公司的规模：隶属于证券公司的分析师数量越多，该证券公司的规模就越大。样本数据显示平均每家证券公司有53位分析师发布了荐股评级，其中隶属于华泰证券股份有限公司的分析师达到204位，是所有证券公司中最多的，而河北财达证券经纪有限责任公司是最少的，样本中只有该公司的一位分析师发布的一条荐股评级记录在内。各个证券公司所拥有的分析师数量的分布如图3－10（a）所示，可以看出，各个证券公司所拥有的分析师数量呈现明显的右偏分布，只有少部分的证券公司规模较大。进一步地，本节分别使用证券公司发布的评级数量以及评级的个股数量作为度量证券公司经验的两个不同维度，其分布如图3－10（b）和图3－10（c）所示。从图中可以看到，证券公司评级数量和评级个股的数量的分布与图3－10（a）类似，也呈现出明显右偏的态势，表明经验丰富的证券公司占比较少；最后，本节使用证券公司发布评级所涉及的个股所属的行业数量作为量化其经验的最后一个维度，该变量的分布结果如图3－10（d）所示，可以看出，证券公司评级的行业数量呈现出显著的左偏分布，数据显示超过72%的证券公司评级的行业不少于10个，说明多数证券公司评级行业的多样性较高。

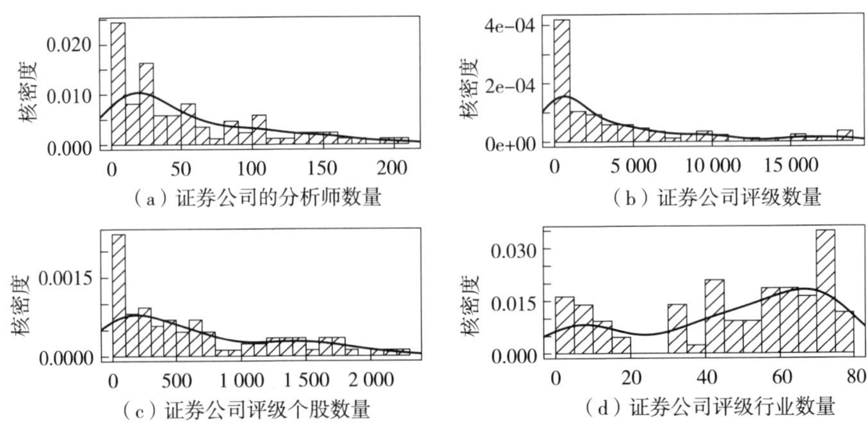

图3－10　证券公司的规模与经验分布

3.2.3.3　目标个股

在本节收集的十一年期样本数据中一共有 4 459 只 A 股的股票被证券分析师所评级，其中：各个年份被评级的目标个股的数量如图 3－11（a）所示。其中：2017 年共有 2 543 只股票被分析师评级，是十一年样本期内目标个股数量最多的一年，而 2011 年共有 825 只股票被分析师评级，是十一年样本期内目标个股数量最少的一年。图 3－11（b）是各目标个股被评级的数量分布，可以看到该分布呈现明显右偏，只有少部分个股被评级的次数偏多，其中股票 600519（贵州茅台）被分析师评级的次数最多，共计有 1 198 条荐股评级与其相关。图 3－11（c）是各目标个股的分析师数量的分布，可以看到该分布也呈现明显右偏，只有少部分个股受到众多分析师的评级，其中股票 000063（中兴通讯）先后被 137 位分析师所评级，是所有目标个股中最多的。这 137 位评级股票 000063（中兴通讯）的分析师来自 64 家证券公司，该数据也是所有目标个股中最多的。所有目标个股的证券公司数量的分布如图 3－11（d）所示，可以看到该分布呈现明显右偏，少部分个股受到较少多证券公司的评级。

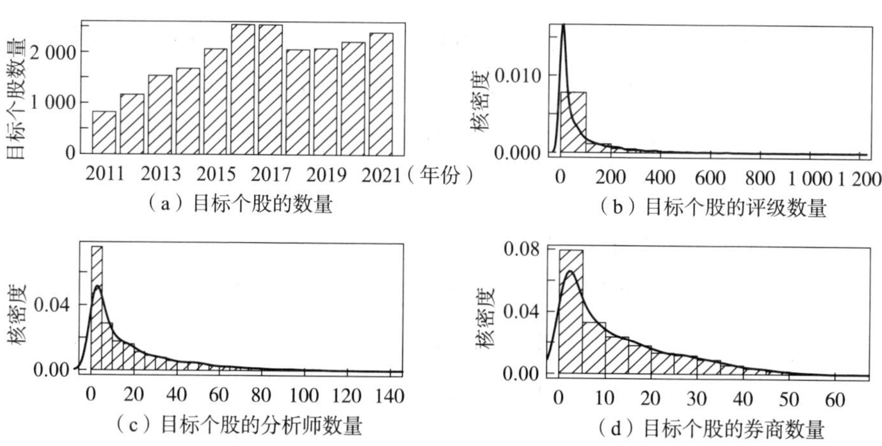

图 3－11　目标个股的荐股评级

3.2.4 评级与可信度

在本小节中，本节将从不同的角度对分析师荐股评级的可信度进行统计分析。

3.2.4.1 荐股评级可信度年度分布

根据2.1节中介绍的分析师荐股评级可信度计算方法，本节对收集到的发布于2011～2021年的327 118条分析师荐股评级样本的可信度进行计算。其中，可信的荐股评级样本数量为128 099条，占比为39.16%，不可信的荐股评级样本数量为199 019条，占比为60.84%。可以看出，从整体来说我国证券市场中的分析师荐股评级的可信度偏低，不可信的荐股评级占了很大比例。

图3－12统计十一年样本期内各年度内分析师荐股评级可信度分布的示意图。从图3－12中可以看出，我国证券分析师于2017年内共发布荐股评级38 586条，其中可信的分析师荐股评级占32%，是十一年样本期内平均可信度最低的一年；相反地，我国证券分析师于2015年内发布的20 711条荐股评级中有47%是可信的，是十一年样本期内平均可信度最高的一年。整体来看，各个年份发布的荐股评级中可信的样本比例均显著少于不可信的样本，说明我国证券分析师荐股评级的可信度水平有待提高，投资者直接无差别地利用分析师荐股评级进行投资决策的风险较高。但需要指出的是，分析师荐股评级中可信样本的数量依旧不可忽略，设计恰当的方法来对分析师荐股评级的可信度进行甄别是有必要的。

3.2.4.2 标准评级、评级变动与可信度

如3.1节中所述，因为各证券公司股票分级类别及级数各有不同，证券分析师行业内通常根据分析师对目标个股未来收益走势预测的涨跌程度将其发布的荐股评级标准化为5个等级，即卖出、减持、中性、增持

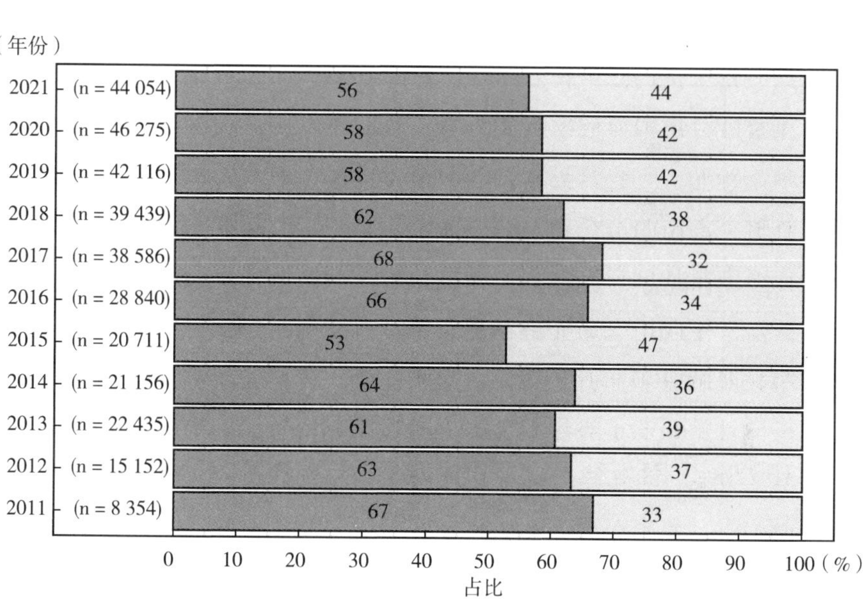

图3－12　各年度分析师荐股评级可信度分布

和买入，可以使用数值1～5来对上述标准化评级进行表示，评级数值越高，分析师对目标个股的看涨程度越高。同时，由于分析师在对目标个股进行追踪时，通常会根据市场的即时状态对同一目标个股进行连续的多次评级，本节将相邻两次评级之间的变化称为评级变动。一般情况下，每条荐股评级对应的评级变动属于首次、上调、维持和下调这四种状态中的一种。其中，“首次”表明分析师是第一次对目标个股进行评级，“上调（下调）”表示分析师对目标个股的本次评级相比上次评级是提高（降低）的，比如分析师上次的标准化评级是4—增持，而本次标准化评级为5—买入；最后，评级变动为“维持”则表示本次评级与上次评级是相同的。分析师荐股评级的标准化评级及其评级变动的分布如表3－2所示。

表 3－2　　标准化评级与评级变动频数分布

标准化评级	评级变动				合计	占比（%）
	首次	上调	维持	下调		
1—卖出	2	0	62	33	97	0.03
2—减持	4	0	31	11	46	0.01
3—中性	1 030	35	3 438	927	5 430	1.66
4—增持	22 803	1 552	106 068	3 353	133 776	40.90
5—买入	19 912	6 170	161 687	0	187 769	57.40
合计	43 751	7 757	271 286	4 324	327 118	100
占比（%）	13.37	2.37	82.93	1.32	100	—

表 3－2 中的数据显示：（1）我国证券分析师发布的荐股评级中，正面评级（4—增持，5—买入）占比超过 95%，而负面评级（1—卖出，2—减持）的占比不到 1%，这表明证券分析师在进行评级时更倾向于寻找有上涨空间的个股向投资者推荐，而不是向投资者推荐有很高下跌风险的个股；（2）从评级变动来看，一方面属于首次评级的样本数量占比仅为 13.37%，表明分析师在跟踪目标个股时具有较强的连续性，针对同一只目标个股通常会发布多次荐股评级；（3）另一方面，属于维持状态的荐股评级占比高达 82.93%，上调和下调的占比不足 5%，这表明分析师极少会改变自己的观点，做出与之前不同的评级；（4）所有标准化评级与评级变动的组合中，5—买入与维持的组合是数量最多的，很多分析师会连续多次地强烈推荐投资者买入他们推荐的个股。

相应地，本节统计不同标准化评级与评级变动的荐股评级的平均可信度，具体结果如表 2－3 所示。表中数据显示：（1）从标准化评级来看，卖出评级的平均可信度最高，而中性评级的可信度是最低的；（2）最低评级（1—卖出）这个极端评级的可信度显著高于中间评级（2—减持，3—中性，4—增持）的可信度，这说明卖出评级能够引起的市场反应更加强烈；（3）从评级变动来看，上调评级的可信度最高，而下调评级的可信度最低；（4）但是，下调到卖出评级的荐股评级的可信度是该

列中最高的，这和前面的发现佐证了绝大多数投资者都是风险厌恶的；(5) 对应地，上调评级中，如果是上调到 5—买入评级，则其可信度也处于较高水平。

表 3-3　　标准化评级与评级变动的可信度统计

标准化评级	评级变动				全部
	首次	上调	维持	下调	
1—卖出	0.5000	NA	0.6774	0.7576	0.7010
2—减持	1.0000	NA	0.5484	0.7273	0.6304
3—中性	0.0078	0.0152	0.0000	0.0173	0.0131
4—增持	0.2868	0.3383	0.3122	0.2815	0.3074
5—买入	0.4744	0.4984	0.4594	NA	0.4623
全部	0.3657	0.4641	0.3963	0.2296	—

3.3　证券分析师荐股能力的评价指标设计

本书借鉴现代投资理论中夏普比率（Sharpe ratio）以及统计学中置信区间（confidence interval）的原理，先后构建三个度量分析师荐股评级能力的评价指标，即平均可信度分数、风险因子调整的可信度分数（risk-factor-adjusted reliability score）以及风险—经验因子调整的可信度分数（risk-experience-factor-adjusted reliability score）。

3.3.1　分析师—股票二部网络图

假设分析师荐股评级数据中有 m 个分析师和 n 只股票，则可以根据分析师群体的荐股评级记录构建分析师—股票二部网络图来描述分析师与股票之间的评价关系。具体如图 3-13 所示，本节构建基于分析师、股票及其评价关系的二部图，其中 $\boldsymbol{U}$ 表示分析师集合，u_i 表示第 i 个分析师，$\boldsymbol{V}$ 表示股票集合，v_j 表示第 j 只股票，$\boldsymbol{E}$ 表示荐股评级关系的集合，由于一个分析师可以对同一只股票在不同时间点进行多次评价，e_{ij} 表示第 i 个分析师对第 j 只股票的评价集合。

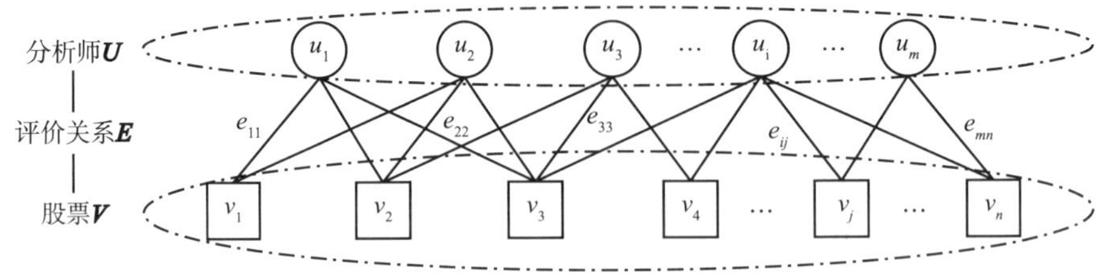

图 3－13　分析师—股票二部图

具体地，$e_{ij}=\{(e_{ijt},\ r_{ijt})\mid t=1,\ 2,\ \cdots,\ T_{ij}\}$，其中 T_{ij} 表示分析师 u_i 共发布了 T_{ij} 次以股票 v_j 为目标的荐股评级，e_{ijt} 表示分析师 u_i 对股票 v_j 进行的第 t 次评级，而 r_{ijt} 表示的是该次评级对应的可信度。

3.3.2　构建分析师荐股评级档案

对于证券市场中从事股票分析的分析师而言，本节基于 2.1 节中提出的分析师荐股评级可信度从三个维度对分析师的历史荐股评级能力进行归纳，即荐股评级经验、荐股评级可信度均值和荐股评级可信度不确定性。基于分析师在特定时间段内发布的所有荐股评级数据，本节构建包含以上三个基本评价变量的分析师荐股评级档案来刻画分析师的荐股评级专业能力。

（1）分析师荐股评级经验

一般地，分析师荐股评级的经验会随着其荐股评级次数的增加而增长，所以，本节在此使用分析师发布荐股评级的次数来度量分析师的经验（analyst experience）。具体地，分析师 u_i 的经验 E_i 的计算公式如下：

$$E_i=\sum_{j=1}^{m}T_{ij} \tag{3-7}$$

（2）分析师荐股评级可信度均值

本书选取分析师荐股评级可信度均值（analyst reliability）作为刻画分析师的荐股能力的另一个重要指标，本节将分析师的可信度均值定义为分析师所有荐股评级记录的可信度的简单平均值。分析师荐股评级的可信度均值越高，其荐股能力就越强。具体地，分析师 u_i 的可信度均值 P_i 的计算公式如下：

$$P_i = \frac{\sum_{j=1}^{m} \sum_{t=1}^{T_{ij}} r_{ijt}}{\sum_{j=1}^{m} T_{ij}} \tag{3-8}$$

（3）分析师荐股评级可信度不确定性

本书选取分析师所发布的荐股评级的可信度的标准差来度量其荐股评级可信度的不确定性（analyst experience）。如果分析师荐股评级可信度的标准差越大，则说明分析师对目标个股评级的可信度波动性越高，即对应的不确定性越高；相反地，如果分析师荐股评级的可信度的标准差越小，则说明分析师的荐股评级表现越稳定，即其对应不确定性就越低。总的来说，分析师荐股评级可信度的不确定性越小，分析师的荐股能力越强。具体地，分析师 u_i 的荐股评级可信度不确定性 R_i 的计算公式如下：

$$R_i = \frac{\sqrt{\sum_{j=1}^{m} \sum_{t=1}^{T_{ij}} (r_{ijt-P_i})^2}}{\sum_{j=1}^{m} T_{ij} - 1} \tag{3-9}$$

由于知识结构、认知发展、行为偏好以及所处环境的差异，不同的分析师会做出不同的荐股评级，进而展现出不同的个体特征。因此，为了探究分析师之间的差异性，本节统计了分析师荐股评级档案中的不同指标变量，通过图 3 - 14 中的三维散点图来展现。立体图中每一个点代表一个独立的分析师个体，各个坐标轴为档案中的各个指标：荐股评级经验，可信度均值以及可信度不确定性。从图中可以明显地看出，所有分析师的散点的分布并没有以有规则的形状呈现，没有明显的规律可循。

所以，本节认为分析师个体之间存在显著差异。

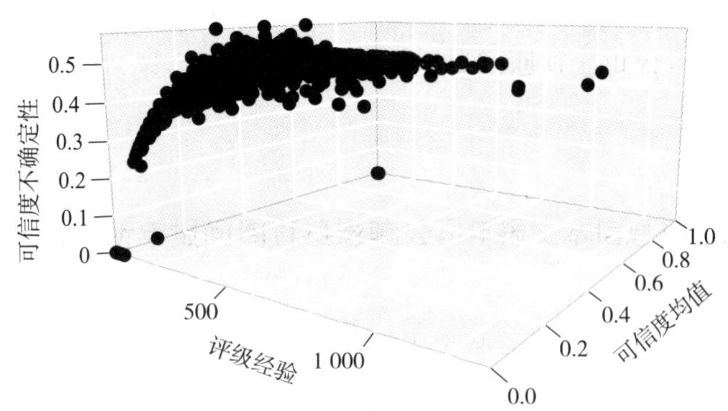

图 3－14　分析师荐股评级档案散点图

具体地，分析师在档案中的不同方面（荐股评级经验，可信度均值以及可信度不确定性）对应的统计分布如图 3－15 所示。如预期所想一致，分析师群体的评级经验呈现右偏分布，只有少数分析师拥有较为丰富的评级经验；而分析师的可信度均值近似呈现正态分布，说明一部分分析师做出荐股评级的可信度较高，而另一部分分析师会做出错误的推荐；分析师荐股评级可信度不确定性的分布则表明一些分析师的可信度不确定性要显著高于其他分析师，而有一些分析师可信度的不确定性则相对较小。

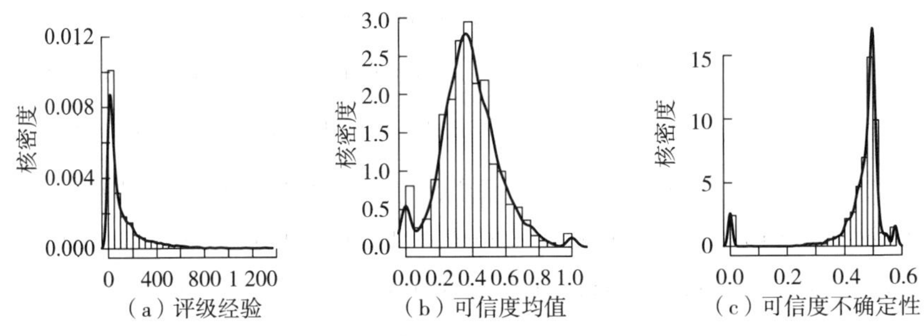

图 3－15　分析师荐股评级档案中各变量的分布

3.3.3　分析师可信度分数

在3.3.2节中构建的分析师荐股评级档案的基础上，本书进一步构建了评价分析师荐股评级能力的指标体系，主要包括：平均可信度分数（average reliability score）、风险因子调整的可信度分数以及风险—经验因子调整的可信度分数。以上三个评价指标基于分析师荐股评级的经验、可信度均值以及可信度不确定性构建，从三个不同的视角刻画分析师的荐股评级能力，它们之间的具体联系如图3-16所示。

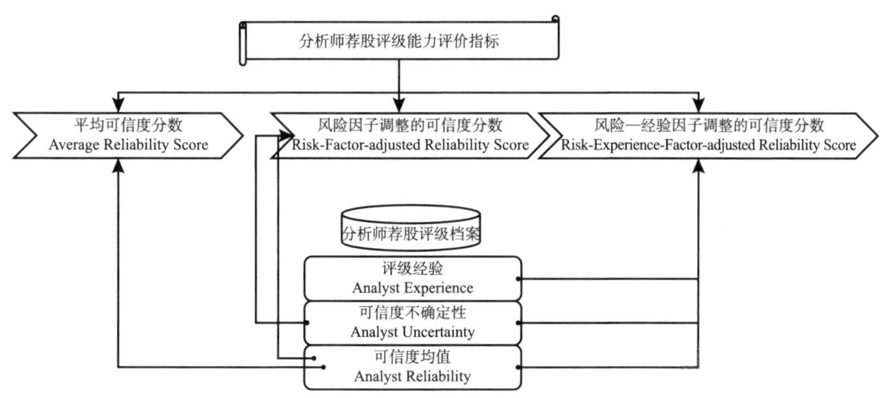

图3-16　分析师荐股评级能力评价指标构建

由图3-16可以看出，第一个评价指标——平均可信度分数仅与分析师荐股评级档案中的可信度均值有关；第二个评价指标——风险因子调整的可信度分数同时考虑了分析师的可信度均值与其可信度不确定性；最后，风险—经验因子调整的可信度分数则综合考虑了分析师荐股评级的经验、可信度均值与可信度不确定性三个方面的特征。三种可信度分数的详细计算方式如下：

（1）平均可信度分数

本书直接使用分析师荐股评级档案中的可信度均值指标来作为评价

分析师可信度的第一个指标，即平均可信度分数。给定分析师 u_i 的荐股评级档案 $\{E_i, P_i, R_i\}$，其平均可信度分数 RS_i 的计算公式如下：

$$ARS_i = P_i \tag{3-10}$$

（2）风险因子调整的可信度分数

在现代投资理论的研究中，夏普比率是基金绩效评价的标准化指标，可以同时对收益与风险加以综合考虑。夏普比率表明，风险的大小在决定组合的表现上具有基础性的作用。风险调整后的收益率就是一个可以同时对收益与风险加以考虑的综合指标，能够排除风险因素对绩效评估的不利影响。从分析师荐股评级档案中变量的构造过程可以看出，若分析师荐股评级的可信度不确定性越高，则投资者跟随其荐股评级进行投资决策所面临的风险就越高，也就是说可信度不确定性可以被认为是度量分析师荐股评级风险的因子之一。与此同时，分析师荐股评级的可信度均值越高，则该分析师的荐股评级能力越强，也说明投资者跟随其荐股评级进行投资决策获得收益的可能性越高。本书借鉴夏普比率的构建思路，构建风险因子调整的可信度分数作为对分析师荐股评级能力进行评价的第二个指标。具体地，给定分析师 u_i 的荐股评级档案 $\{E_i, P_i, R_i\}$，其风险因子调整的可信度分数 RRS_i 的计算公式如下：

$$RRS_i = \frac{P_i}{R_i} \tag{3-11}$$

（3）风险—经验因子调整的可信度分数

在构建分析师荐股评级档案的过程中，需要对分析师历史中发布的荐股评级及其可信度进行分析。常理来看，样本库中关于某分析师的荐股评级记录信息越多，那么该分析师荐股评级档案中的各个指标就能越精确地刻画其荐股评级能力。例如，相对只有 5 次荐股评级记录的分析师，本节可以更加精确地对做出了 50 次荐股评级的分析师进行能力刻画。当根据计算方法得到的两个分析师的可信度均值或者可信度不确定性相同时，本节更相信评级次数相对多的分析师的能力刻画是更精确的。可以确信的是，只有当分析师的荐股评级次数达到某一阈值时，档案中对该分析师可信度均值和可信度不确定性的估计才是可靠的。在本书研究中，本节只针对在给定样本选择范围内至少有3次荐股评级记录的分析师构建其档案。

然而，由于分析师经验，也就是分析师的历史评级次数，对精确估计其可信度均值与可信度不确定性的影响很可能是非线性的，仅仅通过设定经验阈值来对分析师荐股评级档案的精确性进行区分是粗粒度且缺乏可解释性的。因此，本书基于统计学中的置信区间理论，在此提出通过构造风险—经验因子来刻画分析师经验与分析师可信度不确定性之间的相互作用。风险—经验因子值更高的分析师，本节对其可信度均值的估计越准确，也更能代表其真实的荐股评级能力。反之，风险—经验因子值较低的分析师，其可信度均值则有较大概率不能刻画其真实的荐股评级能力。进而，本书构建了风险—经验因子调整的可信度分数来对分析师的荐股评级能力进行评价。

具体来说，本节将分析师的风险—经验因子转化为一个样本规模问题，通过计算落入固长置信区间的概率来对该因子进行估计。假设分析师的可信度均值是一个随机变量 P，服从均值是 μ_i 和标准差是 σ_i 的正态分布，这样分析师发布的荐股评级的可信度就是从该正态分布中抽取的一个样本。分析师发布的每一次荐股评级的可信度都是独立同分布的，具体服从如下高斯分布：

$$r_{ijt} \sim N(\mu_i,\ \sigma_i^2),\ j=1,\ 2,\ \cdots,\ n;\ t=1,\ 2,\ \cdots,\ T_{ij} \quad (3-12)$$

不同的分析师，其荐股评级可信度有不同的均值和标准差，对于有 E_i 次荐股评级经验的分析师，其可信度均值 P_i 需要服从如下高斯分布：

$$P_i \sim N\left(\mu_i,\ \frac{\sigma_i^2}{E_i}\right) \quad (3-13)$$

分析师的荐股评级经验和可信度不确定性对其可信度均值分布的影响可以通过图3-17得到直观的解释，可以看出，σ_i 越大或者 E_i 越小，则分析师的可信度分布的概率密度曲线越高越窄。

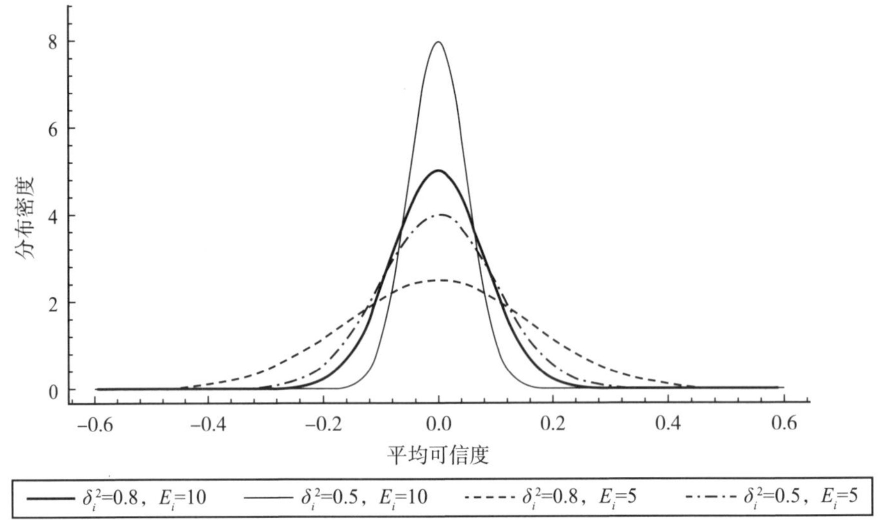

图 3－17　分析师荐股评级的平均可信度的概率密度曲线

在统计学中，置信区间作为在给定一个置信水平下的可能值的范围被广泛使用。随着总体样本规模的增加，从总体中抽出的样本其均值的方差就会减少，概率密度曲线就会向中间趋近，就会导致在相同的置信水平下，置信区间显得更加狭小。而风险—经验因子的构建恰好是对上述置信区间原理的逆向运用，可以称为“区间置信”。也就是说，通过给定误差边际来计算相应的置信度，而不是给定置信度水平来计算置信区间。

分析师的可信度服从正态分布，其分布均值和标准差可以通过历史数据来进行计算，对均值进行估计的具体计算如式（3－8）所示，而对标准差进行估计的具体计算如式（3－9）所示。

假设所有分析师都有相同的误差边界，就可以设置误差边界 b 作为全局变量，对所有分析师适用。分析师 u_i 的风险—经验因子就是分析师荐股评级的可信度均值落入区间［P_i-b，P_i+b］内的概率。尽管不同的分析师具有不同的可信度均值表现 P_i、可信度不确定性 R_i 及荐股评级经验 E_i，但通过风险—经验因子的计算，可以将分析师荐股评级可信度的特征进行融合，并且使不同分析师在风险—经验因子这一度量下的比较变得可行。

对于分析师 u_i，给定其分析师荐股评级档案 $\{E_i, P_i, R_i\}$，误差的边界可以记为：

$$b = t_{E_i - 1}\alpha_i \frac{R_i}{\sqrt{E_i}} \tag{3-14}$$

计算风险—经验因子就是要从式（3－14）中求解出 α_i，也就是服从自由度为（$E_i - 1$）的 t 分布在 $b\sqrt{E_i}/R_i$ 处的分布函数值，或者概率密度曲线下包围的面积。

综上所述，本节将分析师 u_i 的风险—经验因子（risk-experienced factor）定义为：

$$REF_i = 1 - 2\alpha_i = 2F_{t(E_i - 1)}\left(\frac{b\sqrt{E_i}}{R_i} - 1\right) \tag{3-15}$$

其中，$F_{t(E_i - 1)}(x)$ 是 t 分布的分布函数，可以看出，风险—经验因子的本质是概率，所以风险—经验因子的值域为［0，1］，这使用风险—经验因子在统一标尺下度量分析师可信度均值估计的可靠程度变得可行。

图 3－18 直观地展示了在不同可信度不确定性水平下分析师的风险—经验因子和分析师荐股评级经验的关系。可以看出，分析师的风险—经验因子会随着分析师的经验非线性单调递增，并且会逐渐趋近于 1。另外，风险—经验因子随着分析师经验的增加而增加的速度还取决于分析师荐股评级可信度不确定性水平，当可信度不确定性水平较高时，分析师风险—经验因子的增长速度相对比较缓慢。

通过前面的分析可以看出，分析师荐股评级的风险—经验因子综合度量了分析师经验与可信度不确定性对其荐股评级可信度均值准确性的影响：分析师的风险—经验因子越高，则本节对该分析师可信度均值的估计越精确。因此，给定分析师 u_i 的荐股评级档案 $\{E_i, P_i, R_i\}$，本节可以根据式（3－15）计算其风险—经验因子，在此基础上，本书定义分析师 u_i 的风险—经验因子调整的可信度分数 $RERS_i$ 为：

$$RERS_i = P_i \times REF_i \tag{3-16}$$

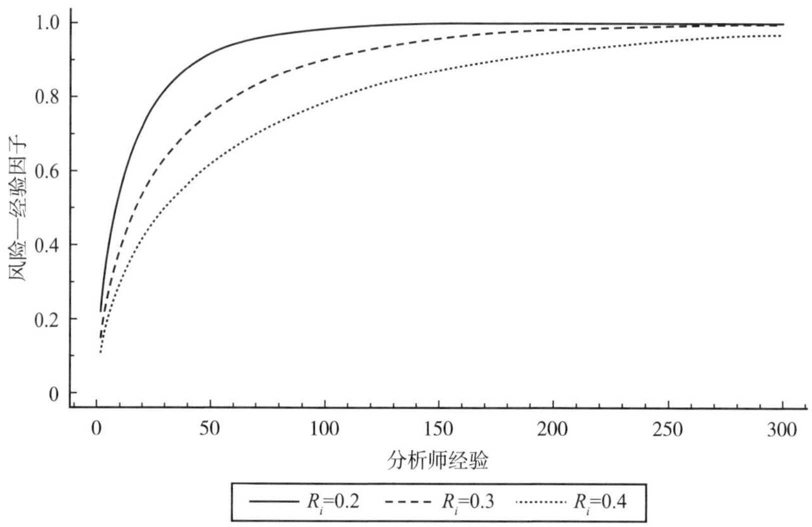

图 3－18　不同可信度不确定性水平下分析师的风险—经验因子与经验的关系

可以看到，上述风险—经验因子调整的可信度分数同时综合考虑了分析师的荐股评级经验、可信度均值和可信度不确定性三个方面的信息。

3.4　行业分类方法

为了对分析师的荐股评级能力进行评价，本书选择根据荐股评级中目标个股所属的行业对所有的荐股评级数据进行划分，进而以行业为细分范围对其中涉及的证券分析师的荐股评级能力进行对比分析以及评价。关于行业分类，本节主要以中证指数有限公司发布的上市公司行业分类为基准，并在中证行业划分的二级行业基础上进行一定调整。本书采用最新版本的中证指数行业分类结果，即中证指数公司官方网站于 2023 年 5 月 26 日发布的《全部 A 股中证行业分类》①。本书采用的行业划分方

① https：//www. csindex. com. cn/#/about/newsDetail？ id = 14809.

法具体如表 3－4 所示，可以看到本书最终将 A 股的上市公司共划分为包括主要用品零售与个人用品，食品、饮料与烟草和计算机及电子设备等在内的 20 个细分行业。

表 3－4 上市公司行业划分结果

中证一级简称	行业划分	中证二级简称	中证三级简称	上市公司数量
主要消费	主要用品零售与个人用品	农牧渔	养殖	62
			种植	31
		家庭与个人用品	家庭用品	19
			美容护理	13
	食品、饮料与烟草	食品、饮料与烟草	酒	37
			食品	106
			软饮料	12
信息技术	电子设备	电子	光学光电子	110
			其他电子	16
			电子元件	57
			电子化学品	19
			电子终端及组件	133
	计算机运用与半导体	计算机	信息技术服务	113
			软件开发	137
		半导体	分立器件	15
			半导体材料与设备	31
			集成电路	88
公用事业	公用事业	公用事业	供热及其他	15
			水务	15
			燃气	29
			电力及电网	72
			市政环卫	7

续表

中证一级简称	行业划分	中证二级简称	中证三级简称	上市公司数量
医药卫生	医药生物与服务	医疗	医疗器械	120
			医疗商业与服务	54
		医药	中药	74
			制药与生物科技服务	31
			化学药	140
			生物药品	57
原材料	原材料	化工	化学制品	138
			化学原料	73
			农用化工	57
			化学纤维	26
			塑料	56
			橡胶	21
		有色金属	其他有色金属及合金	13
			工业金属	63
			稀有金属	36
			贵金属	13
		造纸与包装	容器与包装	55
			纸类与林业产品	21
		钢铁	钢铁	53
		非金属材料	其他非金属材料	31
			建筑材料	39
可选消费	乘用车及零部件	乘用车及零部件	汽车经销商与汽车服务	13
			乘用车	8
			摩托车及其他	10
			汽车零部件与轮胎	213
	消费者服务	消费者服务	休闲服务	31
			教育服务	13

续表

中证一级简称	行业划分	中证二级简称	中证三级简称	上市公司数量
可选消费	耐用消费品与服装珠宝	纺织服装与珠宝	珠宝与奢侈品	15
			纺织服装	91
		耐用消费品	休闲设备与用品	22
			家居	51
			家用电器	89
	零售业	零售业	互联网零售	15
			一般零售	40
			专营零售	15
			旅游零售	1
工业	交通运输	交通运输	交通基本设施	43
			运输业	87
	商业服务与用品	商业服务与用品	商业服务与用品	110
	资本品	建筑装饰	建筑产品	46
			建筑装修	28
		机械制造	专用机械	218
			交通运输设备	73
			工业集团企业	1
			通用机械	286
		环保	污染治理	88
			节能与生态修复	53
		电力设备	储能设备	91
			发电设备	94
			电网设备	128
		航空航天与国防	国防装备	48
			航空航天	56
通信服务	电信服务与设备	电信服务	电信增值服务	11
			电信运营服务	4

续表

中证一级简称	行业划分	中证二级简称	中证三级简称	上市公司数量
通信服务	电信服务与设备	通信设备及技术服务	通信设备	111
			通信技术服务	18
			数据中心	24
	传媒	传媒	数字媒体	11
			文化娱乐	90
			营销与广告	42
能源	能源	能源	煤炭	34
			石油与天然气	22
			油气开采与油田服务	25
金融	其他金融	保险	保险	6
		资本市场	其他资本市场	13
			证券公司	51
		其他金融	其他金融服务	20
			消费信贷	1
	银行	银行	商业银行	42
房地产	房地产	房地产	房地产开发与园区	100
			房地产管理与服务	20

对于给定的行业及在特定样本期内该行业内的分析师荐股评级数据，本书从行业关注度以及可信度两个方面分别对该行业进行分析。其中行业关注度从整体关注度（行业评级关注度、行业分析师关注度、行业券商关注度）、个股平均关注度（个股平均分析师关注度、个股平均券商关注度、个股平均评级关注度）以及被评个股覆盖范围（被评个股占比）三个方面进行刻画。同时，行业可信度方面使用行业荐股评级平均可信度刻画，上述行业指标的层级及详细计算方法如表3－5所示。

表 3-5　行业评价指标体系

一级维度	二级维度	三级维度	计算方法
关注度	整体关注度	行业评级关注度	行业内所有荐股评级的数量
		行业分析师关注度	行业内股票进行评级的分析师的数量
		行业券商关注度	行业内股票进行评级的证券公司的数量
	个股平均关注度	个股平均分析师关注度	行业分析师关注度与行业内被评级股票数量的比值
		个股平均券商关注度	行业券商关注度与行业内被评级股票数量的比值
		个股平均评级关注度	行业内荐股评级数量与被评级股票数量的比值
	被评个股覆盖范围	被评个股占比	行业内被评级股票数量与行业内股票数量的比值
可信度	荐股评级表现	行业平均可信度	行业内所有荐股评级的可信度的平均值

3.5　评价方案设计

根据前面两个小节所构建的评价指标与行业划分，本书从广大投资者对分析师荐股评级能力评价的现实关切出发，分别从证券分析师个体层面和证券公司层面构建基于荐股评级可信度的评价方案来全面考察证券分析师行业中的荐股评级能力。

3.5.1　证券分析师评价方案

在对分析师个体的荐股评级能力进行评价时，本书首先根据预先设定的评价时间段选择所有发布于该评价期内的荐股评级作为评价样本集合。正如第 3 章所总结的，分析师行业中分析师的新老交替较为频繁，所以本书选择距离目前较近的时间段为评价期，以期对投资者提供实践参考。具体的，本书选取最近3年（2019年1月1日至2021年12月31日）和最近5年（2017年1月1日至2021年12月31日）两个时间段作为对分析师荐股评级能力进行评价的目标评价期。

本书根据3.4节中的行业划分方法将目标评价期内的分析师的荐股评级进行划分，即按照荐股评级对应的目标个股所属的行业将荐股评级划分为20个集合，与表3－4中划分好的20个行业一一对应。然后根据3.3.2节中介绍的分析师荐股评级档案构建方法在每个行业数据集内构建相关分析师的荐股评级档案。在分析师荐股评级档案中本节将评级次数小于3次的分析师进行了剔除处理，主要原因是：①分析师评级次数过少，对其荐股评级能力的评估偶然性较高；②分析师评级次数小于3次时，其可信度不确定性无法计算或者有较高概率为0，这是后续可信度分数的计算方法所不允许的。

本书基于上述构建的分析师荐股评级档案，根据3.3.3中提出的分析师荐股评级能力评价指标体系分别计算每个分析师的平均可信度分数、风险因子调整的可信度分数以及风险—经验因子调整的可信度分数。最后，本书基于各个可信度分数按照从高到低的顺序对同行业内的分析师进行排序，最终得到分析师荐股评级能力的对比排名。若分数相同，则评级次数更多的分析师排名优先。本节将上述分析师层面的评价方法总结在表3－6中。

表3－6　分析师荐股评级能力评价方法

输入： 荐股评级数据集：$\boldsymbol{DataSet}=\{(u_i, v_j, e_{ij}) \mid i=1, 2, \cdots, m; j=1, 2, \cdots, n\}$ 评价期集合：$\boldsymbol{PeriodSet}=\{P_i \mid i=1, 2\}$ 行业集合：$\boldsymbol{IndustrySet}=\{Ind_i \mid i=1, 2, \cdots, 20\}$ 荐股评级－评价期映射：f：$\boldsymbol{E}\rightarrow\boldsymbol{PeriodSet}$ 目标个股－行业映射：g：$\boldsymbol{V}\rightarrow\boldsymbol{InsustrySet}$
说明： $u_i\in\boldsymbol{U}$：分析师集合 $\boldsymbol{U}$ 中第 i 位分析师，共 m 位分析师； $v_i\in\boldsymbol{V}$：股票集合 $\boldsymbol{V}$ 中第 j 只股票，共 n 只股票；

续表

$e_{ij} \in \boldsymbol{E} = \{(e_{ijt}, r_{ijt}) \mid t = 1, 2, \cdots, T_{ij}\}$：分析师 u_i 对股票 v_j 的 T_{ij} 次荐股评级集合；
P_i：评价期中第 i 个评价期，共2个评价期，P_1：2017～2021，P_2：2019～2021；
Ind_i：股票行业集合中第 i 个行业，共20个行业，具体如表3－4所示；
$f(e_{ijt}) = P_k$：分析师 u_i 对股票 v_j 的第 t 次荐股评级发布于评价期 P_k 内；
$g(v_i) = Ind_j$：股票 v_i 属于行业 Ind_j；

输出：分析师排名列表：$\boldsymbol{ART}_{Ind_j}^{P_i}(Score)$：
行业 Ind_j 在评价期 P_i 内根据评价指标 *Score* 的分析师排名

Initializations
Input：***DataSet***，***PeriodSet***，***IndustrySet***
#数据集划分
foreach $P_i \in \boldsymbol{PeriodSet}$ do
　$\boldsymbol{Data}^{P_i} = \{(u_i, v_j, e_{ijt}, r_{ijt}) \in \boldsymbol{DataSet} \mid f(e_{ijt}) = P_i\}$
　foreach $Ind_i \in \boldsymbol{IndustrySet}$ do
　　$\boldsymbol{Data}_{Ind_i}^{P_i} = \{(u_i, v_j, e_{ijt}, r_{ijt}) \in \boldsymbol{Data}^{P_i} \mid g(v_i) = Ind_i\}$
#构建分析师荐股评级档案：$\{E_i, P_i, R_i\} = BulidAnalystProfile(\boldsymbol{Data}_{Ind_i}^{P_i})$
　　foreach $u_i \in \boldsymbol{Data}_{Ind_i}^{P_i}$ do
　　　$E_i = \sum_{j=1}^{m} T_{ij}$　#荐股评级经验
　　　$P_i = \sum_{j=1}^{m}\sum_{t=1}^{T_{ij}} r_{ijt} / \sum_{j=1}^{m} T_{ij}$　#荐股评级可信度均值
　　　$R_i = \sqrt{\sum_{j=1}^{m}\sum_{t=1}^{T_{ij}} (r_{ijt} - P_i)^2 \Big/ (\sum_{j=1}^{m} T_{ij} - 1)}$　#荐股评级可信度不确定性
#分析师评价指标：$\boldsymbol{ScoreSet} = \{ARS, RRS, RERS\}$
　　　$ARS_i = P_i$　#平均可信度分数
　　　$RRS_i = P_i / R_i$　#风险因子调整的可信度分数
　　　$RERS_i = P_i \times 2F_{t(E_i - 1)}(b\sqrt{E_i}/R_i - 1)$　#风险—经验因子调整的可信度分数
　　end
#分析师荐股评级能力评价
　　foreach $Score \in \boldsymbol{ScoreSet}$ do
　　　$\boldsymbol{ART}_{Ind_j}^{P_i}(Score) = Rank(u_i \in \boldsymbol{Data}_{Ind_i}^{P_i}, Score)$
　　end
　end
end
Output：$\{\boldsymbol{ART}_{Ind_j}^{P_i}(Score) \mid P_i \in \boldsymbol{PeriodSet}; Ind_i \in \boldsymbol{IndustrySet}; Score \in \boldsymbol{ScoreSet}\}$

3.5.2 证券公司评价方案

在对证券公司的荐股评级能力进行评价时，本书一方面选择从证券公司发布的所有荐股评级的可信度对其进行评价，另一方面从证券公司拥有的明星分析师数量这一维度对其进行评价，下面本节将分别详细介绍以上两个评价方法的具体流程。

（1）基于荐股评级可信度分数的评价方法

与3.5.1节中介绍的对分析师进行评价的方法类似，在依据荐股评级可信度分数对证券公司进行评价时，本书首先根据评价期内各证券公司发布的荐股评级及其可信度建立证券公司的荐股评级可信度档案。然后根据档案分别构建证券公司的平均可信度分数、风险因子调整的可信度分数以及风险—经验因子调整的可信度分数三个评价指标来量化证券公司的荐股评级能力。最后，根据各公司在给定评价指标下的分数高低对证券公司进行排名。需要指出的是，在构建证券公司荐股评级档案时本节将评级次数小于30次的证券公司进行了剔除处理，主要原因是评级记录过少无法对其能力进行准确评估。具体评价流程如表3-7所示。需要指出的是，为避免歧义，除去个别新引入的变量符号，本小节中使用的所有符号均与前面小节保持一致。

表3-7　基于可信度分数的证券公司荐股评级能力评价方法

输入： 荐股评级数据集：$\boldsymbol{DataSet}=\{(u_i, v_j, e_{ij})\mid i=1, 2, \cdots, m; j=1, 2, \cdots, n\}$

评价期集合：$\boldsymbol{PeriodSet}=\{P_i\mid i=1, 2\}$

证券公司集合：$\boldsymbol{BrokerSet}=\{Bro_i\mid i=1, 2, \cdots, p\}$

荐股评级-评价期映射：f：$\boldsymbol{E}\rightarrow\boldsymbol{PeriodSet}$

分析师-证券公司映射：h：$\boldsymbol{U}\rightarrow\boldsymbol{BrokerSet}$

说明： $u_i\in\boldsymbol{U}$：分析师集合$\boldsymbol{U}$中第i位分析师，共m位分析师；

$v_i\in\boldsymbol{V}$：股票集合$\boldsymbol{V}$中第j只股票，共n只股票；

$e_{ij}\in\boldsymbol{E}=\{(e_{ijt}, r_{ijt})\mid t=1, 2, \cdots, T_{ij}\}$：分析师$u_i$对股票$v_j$的$T_{ij}$次荐股评级集合；

P_i：评价期中第i个评价期，共2个评价期，P_1：2019~2021，P_2：2017~2021；

Bro_i：证券公司集合$\boldsymbol{BrokerSet}$中第i个证券公司；

续表

$f(e_{ijt})=P_k$：分析师 u_i 对股票 v_j 的第 t 次荐股评级发布于评价期 P_k 内；

$h(u_i)=Bro_j$：分析师 u_i 属于证券公司 Bro_j；

输出：证券公司排名列表：$\boldsymbol{BRT}_{BrokerSet}^{P_i}(Score)$：

在评价期 P_i 内的证券公司 ***BrokerSet*** 根据评价指标 *Score* 的排名

Initializations

Input：***DataSet***，***PeriodSet***，***BrokerSet***

#数据集划分

foreach $\mathrm{P_i} \in \boldsymbol{PeriodSet}$ do

$\boldsymbol{Data}^{P_i}=\{(u_i,\ v_j,\ e_{ijt},\ r_{ijt})\in \boldsymbol{DataSet} \mid f(e_{ijt})=P_i\}$

$\boldsymbol{BrokerSet}^{P_i}=\{Bro_i \mid \exists\, u_i\in \boldsymbol{Data}^{P_i}\xrightarrow{yields} h(u_i)=Bro_i\}$

#构建证券公司荐股评级档案：$\{BE_i,\ BP_i,\ BR_i\}=BulidBrokerProfile(\boldsymbol{Data}_{Bro_i}^{P_i})$

foreach $Bro_i\in \boldsymbol{BrokerSet}^{P_i}$ do

$\boldsymbol{Data}_{Bro_i}^{P_i}=\{(u_i,\ v_j,\ e_{ijt},\ r_{ijt})\in \boldsymbol{Data}^{P_i} \mid h(u_i)=Bro_i\}$

##证券公司评级经验

$BE_i=\sum_{u_i\in \boldsymbol{Data}_{Bro_i}^{P_i}}\sum_{j=1}^{m}T_{ij}$

##证券公司可信度均值

$BP_i=\left(\sum_{u_i\in \boldsymbol{Data}_{Bro_i}^{P_i}}\sum_{j=1}^{m}\sum_{t=1}^{T_{ij}}r_{ijt}\right)\Big/\left(\sum_{u_i\in \boldsymbol{Data}_{Bro_i}^{P_i}}\sum_{j=1}^{m}T_{ij}\right)$

##可信度不确定性

$BR_i=\sqrt{\sum_{u_i\in \boldsymbol{Data}_{Bro_i}^{P_i}}\sum_{j=1}^{m}\sum_{t=1}^{T_{ij}}(r_{ijt}-BP_i)^2\Big/\left(\sum_{u_i\in \boldsymbol{Data}_{Bro_i}^{P_i}}\sum_{j=1}^{m}T_{ij}-1\right)}$

#证券公司评价指标：$\boldsymbol{ScoreSet}=\{BRS,\ BRRS,\ BRERS\}$

$BARS_i=BP_i$　#平均可信度分数

$BRRS_i=BP_i/BR_i$　#风险因子调整的可信度分数

$BRERS_i=BP_i\times 2F_{t(BE_i-1)}(b\sqrt{BE_i}/BR_i-1)$　#风险—经验因子调整的可信度分数

end

#证券公司荐股评级能力评价

foreach $Score\in \boldsymbol{ScoreSet}$ do

$\boldsymbol{BRT}_{BrokerSet}^{P_i}(Score)=Rank(Bro_i\in \boldsymbol{BrokerSet}^{P_i},\ Score)$

end

end

Output：$\{\boldsymbol{BRT}_{BrokerSet}^{P_i}(Score) \mid \boldsymbol{BrokerSet};\ P_i\in \boldsymbol{PeriodSet};\ score\in \boldsymbol{ScoreSet}\}$

（2）基于明星分析师数量的评价方法

从证券公司拥有的明星分析师数量角度对证券公司的荐股评级能力进

行评价时需要对明星分析师进行定义。本书将明星分析师定义为在给定评价年份（评价期内的某一年）、荐股评级行业（行业划分见表3－4）以及度量分析师能力的评价指标［三种可信度分数中的一种，式（3－10）、式（3－11）和式（3－16）］时，在该年度该行业内表现排名前五位的分析师。

在依据明星分析师数量对证券公司进行评价时，本书首先根据各行业在各年度内的分析师荐股评级及其可信度，构建相关分析师的荐股评级档案，进而计算其相应的可信度分数；然后按照可信度分数对分析师进行排名，选择前五名作为该行业在该年度内的明星分析师；最后，统计各证券公司在评价期内的产生的明星分析师数量，并基于明星分析师数量对证券公司进行排名。需要指出的是，在计算各行业在各年度内的明星分析师时，本节提出了荐股评级少于3次的分析师，原因同上。具体评价流程的相关算法如表3－8所示，为避免歧义，除去个别新引入的变量符号，本小节中使用的所有符号均与前面小节保持一致。

表3－8　基于明星分析师数量的证券公司荐股评级能力评价方法

输入： 荐股评级数据集：$\boldsymbol{DataSet}=\{(u_i, v_j, e_{ij}) \mid i=1, 2, \cdots, m; j=1, 2, \cdots, n\}$
评价期集合：$\boldsymbol{PeriodSet}=\{P_i \mid i=1, 2\}$
行业集合：$\boldsymbol{IndustrySet}=\{Ind_i \mid i=1, 2, \cdots, 20\}$
证券公司集合：$\boldsymbol{BrokerSet}=\{Bro_i \mid i=1, 2, \cdots, p\}$
年份集合：$\boldsymbol{YearSet}=\{Year_i \mid i=1, 2, \cdots, q\}$
荐股评级－评价期映射：f：$\boldsymbol{E}\rightarrow\boldsymbol{PeriodSet}$
荐股评级－年份映射：f_1：$\boldsymbol{E}\rightarrow\boldsymbol{YearSet}$
年份－评价期映射：f_2：$\boldsymbol{YearSet}\rightarrow\boldsymbol{PeriodSet}$
目标个股－行业映射：g：$\boldsymbol{V}\rightarrow\boldsymbol{InsustrySet}$
分析师－证券公司映射：h：$\boldsymbol{U}\rightarrow\boldsymbol{BrokerSet}$

说明： $u_i\in\boldsymbol{U}$：分析师集合$\boldsymbol{U}$中第i位分析师，共m位分析师；
$v_i\in\boldsymbol{V}$：股票集合$\boldsymbol{V}$中第j只股票，共n只股票；
$e_{ij}\in\boldsymbol{E}=\{(e_{ijt}, r_{ijt}) \mid t=1, 2, \cdots, T_{ij}\}$：分析师$u_i$对股票$v_j$的$T_{ij}$次荐股评级集合；
P_i：评价期中第i个评价期，共2个评价期，P_1：2019～2021，P_2：2017～2021；
Ind_i：股票行业集合中第i个行业，共20个行业，具体如表3－4所示；

续表

Bro_i：证券公司集合中第 i 个证券公司；
$Year_i$：年份集合中第 i 个年份；
$f(e_{ijt}) = P_k$：分析师 u_i 对股票 v_j 的第 t 次荐股评级发布于评价期 P_k 内；
$f_1(e_{ijt}) = Year_k$：分析师 u_i 对股票 v_j 的第 t 次荐股评级发布于 $Year_k$ 年内；
$f_2(Year_i) = P_k$：年份 $Year_i$ 属于评价期 P_k 内；
$g(v_i) = Ind_j$：股票 v_i 属于行业 Ind_j；
$h(u_i) = Bro_j$：分析师 u_i 属于证券公司 Bro_j；

输出：证券公司排名列表：$\boldsymbol{BSART}^{P_i}_{BrokerSet}(Score)$：
在评价期 P_i 内的证券公司 **BrokerSet** 根据评价指标 $Score$ 的排名

Initializations
Input：**DataSet**，**PeriodSet**，**IndustrySet**，**BrokerSet**
#数据集划分
foreach $Year_i \in \boldsymbol{YearSet}$ do
　$\boldsymbol{Data}^{Year_i} = \{(u_i, v_j, e_{ijt}, r_{ijt}) \in \boldsymbol{DataSet} \mid f_1(e_{ijt}) = Year_i\}$
　foreach $Ind_i \in \boldsymbol{IndustrySet}$ do
　　$\boldsymbol{Data}^{Year_i}_{Ind_i} = \{(u_i, v_j, e_{ijt}, r_{ijt}) \in \boldsymbol{Data}^{Year_i} \mid g(v_i) = Ind_i\}$
#构建分析师荐股评级档案：$\{E_i, P_i, R_i\} = BulidAnalystProfile(\boldsymbol{Data}^{Year_i}_{Ind_i})$
　　foreach $u_i \in \boldsymbol{Data}^{Year_i}_{Ind_i}$ do
　　　$E_i = \sum_{j=1}^{m} T_{ij}$　#分析师评级经验
　　　$P_i = \sum_{j=1}^{m}\sum_{t=1}^{T_{ij}} r_{ijt} \Big/ \sum_{j=1}^{m} T_{ij}$　#分析师可信度均值
　　　$R_i = \sqrt{\sum_{j=1}^{m}\sum_{t=1}^{T_{ij}} (r_{ijt-P_i})^2 \Big/ \sum_{j=1}^{m} T_{ij} - 1}$　#分析师可信度不确定性
#分析师评价指标：$\boldsymbol{ScoreSet} = \{RS, RRS, RERS\}$
　　　$ARS_i = P_i$　#平均可信度分数
　　　$RRS_i = P_i / R_i$　#风险因子调整的可信度分数
　　　$RERS_i = P_i \times 2F_{t(E_i - 1)}(b\sqrt{E_i}/R_i - 1)$　#风险—经验因子调整的可信度分数
　　end
#分析师荐股评级能力评价
　　foreach $Score \in \boldsymbol{ScoreSet}$ do
　　　$\boldsymbol{ART}^{Year_i}_{Ind_j}(Score) = Rank(u_i \in \boldsymbol{Data}^{Year_i}_{Ind_i}, Score)$
#明星分析师
　　　$\boldsymbol{SART}^{Year_i}_{Ind_j}(Score) = Top5[\boldsymbol{ART}^{Year_i}_{Ind_j}(Score)]$
　　end
　end
end
#明星分析师集合

续表

$\boldsymbol{SA} = \{\boldsymbol{SART}_{Ind_j}^{Year_i}(Score) \mid Year_i \in \boldsymbol{YearSet},\ Ind_i \in \boldsymbol{IndustrySet},\ score \in \boldsymbol{ScoreSet}\}$

#证券公司明星分析师数量

foreach $P_i \in \boldsymbol{PeriodSet}$ do

  $\boldsymbol{Data}^{P_i} = \{(u_i,\ v_j,\ e_{ijt},\ r_{ijt}) \in \boldsymbol{DataSet} \mid f(e_{ijt}) = P_i\}$

  $\boldsymbol{BrokerSet}^{P_i} = \{Bro_i \mid \exists u_i \in \boldsymbol{Data}^{P_i} \xrightarrow{yields} h(u_i) = Bro_i\}$

  foreach $Score \in \boldsymbol{ScoreSet}$ do

  $\boldsymbol{SA}^{P_i} = \{\boldsymbol{SART}_{Ind_j}^{Year_i}(Score) \mid f_2(Year_i) = P_i\}$

    foreach $Bro_i \in \boldsymbol{BrokerSet}^{P_i}$ do

      $SAN_{Bro_i}^{P_i}(Score) = \#\{u_i \in \boldsymbol{SA}^{P_i} \mid h(u_i) = Bro_i\}$

    end

#基于明星分析师数量的证券公司排名

    $\boldsymbol{BSART}_{BrokerSet}^{P_i}(Score) = Rank[Bro_i \in \boldsymbol{BrokerSet}^{P_i},\ SAN_{Bro_i}^{P_i}(Score)]$

  end

end

$Output$：$\{\boldsymbol{BSART}_{BrokerSet}^{P_i}(Score) \mid \boldsymbol{BrokerSet};\ P_i \in \boldsymbol{PeriodSet};\ score \in \boldsymbol{ScoreSet}\}$

第 4 章　证券分析师评价结果

4.1　主要用品零售与个人用品

4.1.1　3 年期

基于表 3 - 5 中展示构建的行业评价指标体系，本节对主要消费——主要用品零售与个人用品这一行业在 3 年样本期内（2019 年 1 月 1 日至 2021 年 12 月 31 日）的各项指标进行统计计算，并依据各项指标的高低对行业进行排名，结果如图 4 - 1 中的雷达图所示。以主要消费——主要用品零售与个人用品行业内的上市公司股票作为荐股评级目标个股的分析师有 290 位（行业分析师关注度，行业排名第 8 位），他们来自 53 家不同的证券公司（行业券商关注度，行业排名第 11 位），针对该行业内的 79 只股票（被评个股占比为 63.2%，行业排名第 7 位）发布共计 4 485 条荐股评级观测（行业评级关注度，行业排名第 9 位）。该行业的个股平均关注度方面，个股平均评级关注度为 56.77，行业排名第 4 位；个股平均分析师关注度为 3.67，行业排名第 4 位；个股平均券商关注度为 0.67，行业排名第 7 位。最后，该行业荐股评级的平均可信度为 0.4321，行业排名第 8 位。

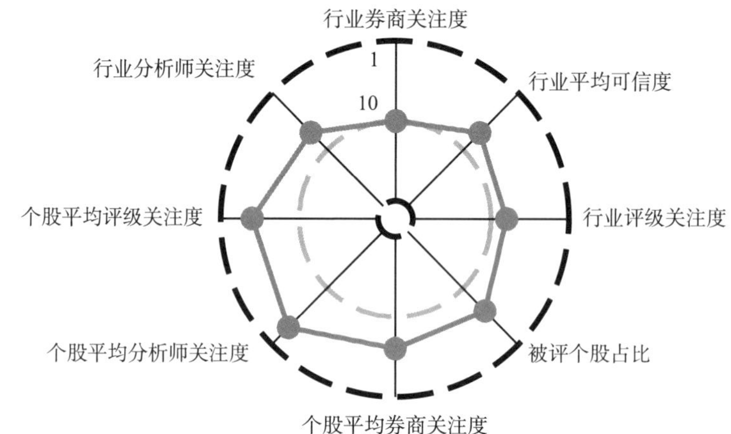

图 4－1　2019～2021 年主要消费——主要用品零售与个人用品行业雷达图

表 4－1 展示该行业在 3 年期内基于平均可信度分数的分析师表现排名①。可以看出，以平均信度分数为评价指标时，排在前五名的分析师分别是：国泰君安证券公司的段某、国泰君安证券公司的李某、海通证券公司的毛某、粤开证券公司的陈某及国元证券公司的胡某。

表 4－1　3 年期分析师荐股评级能力评价——平均可信度分数行业：主要消费——主要用品零售与个人用品

表现排名	分析师姓名	隶属证券公司	评级个股数量	荐股评级次数
1	段某	国泰君安证券	5	5
2	李某	国泰君安证券	4	4
3	毛某	海通证券	4	4
4	陈某	粤开证券	1	3
5	胡某	国元证券	3	3
6	曹某	山西证券	3	3
7	于某	太平洋证券	3	3

① 因篇幅限制，在给定的评价期与评价指标下，本书只列出行业内排名前 20 位的证券分析师，下同。

续表

表现排名	分析师姓名	隶属证券公司	评级个股数量	荐股评级次数
8	黄某	国泰君安证券	3	3
9	李某	中信证券	3	3
10	刘某	海通证券	2	3
11	邓某	浙商证券	3	3
12	周某	万联证券	3	3
13	王某	东吴证券	3	3
14	丁某	海通证券	9	9
15	柴某	东吴证券	7	8
16	徐某	中信建投证券	5	6
17	夏某	安信证券	4	6
18	钱某	国联证券	6	6
19	孙某	国泰君安证券	3	6
20	刘某	光大证券	11	11

表 4 - 2 展示该行业在 3 年期内基于风险因子调整的可信度分数的分析师表现排名。可以看出，以风险因子调整的可信度分数为评价指标时，排在前五名的分析师分别是：国泰君安证券公司的段某、国泰君安证券公司的李某、海通证券公司的毛某、粤开证券公司的陈某及国元证券公司的胡某。

表 4 - 2　3 年期分析师荐股评级能力评价——风险因子调整的可信度分数行业：主要消费——主要用品零售与个人用品

表现排名	分析师姓名	隶属证券公司	评级个股数量	荐股评级次数
1	段某	国泰君安证券	5	5
2	李某	国泰君安证券	4	4
3	毛某	海通证券	4	4
4	陈某	粤开证券	1	3

续表

表现排名	分析师姓名	隶属证券公司	评级个股数量	荐股评级次数
5	胡某	国元证券	3	3
6	曹某	山西证券	3	3
7	于某	太平洋证券	3	3
8	黄某	国泰君安证券	3	3
9	李某	中信证券	3	3
10	刘某	海通证券	2	3
11	邓某	浙商证券	3	3
12	周某	万联证券	3	3
13	王某	东吴证券	3	3
14	丁某	海通证券	9	9
15	柴某	东吴证券	7	8
16	徐某	中信建投证券	5	6
17	夏某	安信证券	4	6
18	钱某	国联证券	6	6
19	孙某	国泰君安证券	3	6
20	刘某	光大证券	11	11

表4－3展示该行业在3年期内基于风险—经验因子调整的可信度分数的分析师表现排名。可以看出，以风险—经验因子调整的可信度分数为评价指标时，排在前五名的分析师分别是：国泰君安证券公司的段某、海通证券公司的丁某、国泰君安证券公司的李某、海通证券公司的毛某及东吴证券公司的柴某。

表4－3　3年期分析师荐股评级能力评价——风险—经验因子调整的可信度分数行业：主要消费——主要用品零售与个人用品

表现排名	分析师姓名	隶属证券公司	评级个股数量	荐股评级次数
1	段某	国泰君安证券	5	5
2	丁某	海通证券	9	9

续表

表现排名	分析师姓名	隶属证券公司	评级个股数量	荐股评级次数
3	李某	国泰君安证券	4	4
4	毛某	海通证券	4	4
5	柴某	东吴证券	7	8
6	苏某	安信证券	11	14
7	刘某	光大证券	11	11
8	李某	东北证券	22	23
9	林某	光大证券	19	23
10	谢某	中泰证券	8	15
11	陈某	粤开证券	1	3
12	胡某	国元证券	3	3
13	曹某	山西证券	3	3
14	于某	太平洋证券	3	3
15	黄某	国泰君安证券	3	3
16	李某	中信证券	3	3
17	刘某	海通证券	2	3
18	邓某	浙商证券	3	3
19	周某	万联证券	3	3
20	王某	东吴证券	3	3

4.1.2　5 年期

基于表 3－5 中展示构建的行业评价指标体系，本节对主要消费——主要用品零售与个人用品这一行业在 5 年样本期内（2017 年 1 月 1 日至 2021 年 12 月 31 日）的各项指标进行统计计算，并依据各项指标的高低对行业进行排名，结果如图 4－2 中的雷达图所示。以主要消费——主要用品零售与个人用品行业内的上市公司股票作为荐股评级目标个股的分析师有 368 位（行业分析师关注度，行业排名第 8 位），他们来自 54 家不同的证券公司（行业券商关注度，行业排名第 11 位），针对该行业内的 90 只股票（被评个股占比 72%，行业排名第 12 位）发布共计 6 940 条荐股评级观测（行业评级关注度，行业排名第 10 位）。该行业的个股平均关注度方面，个股平均评级关注度为 77. 11，行业排名第 5 位；个股平均分析师关注度为 4. 08，行业排名第 4 位；个股平均券商关注度为 0. 6，行业排名第 7 位。最后，该行业荐股评级的平均可信度为 0. 3893，行业排名第 9 位。

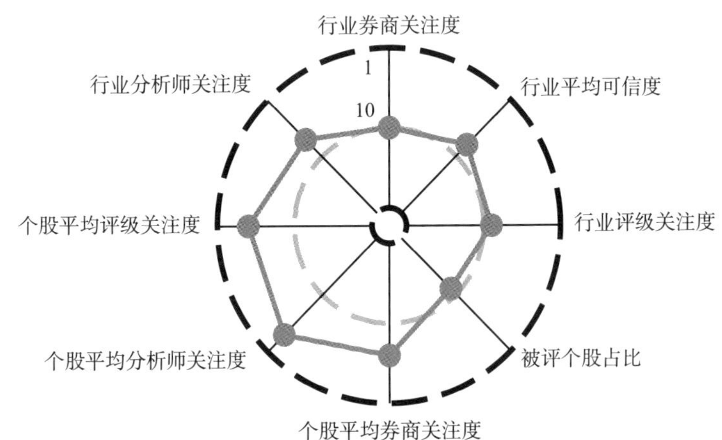

图 4 –2　2017 ~ 2021 年主要消费——主要用品零售与个人用品行业雷达图

表 4 –4 展示该行业在 5 年期内基于平均可信度分数的分析师表现排名。可以看出，以平均信度分数为评价指标时，排在前五名的分析师分别是：国泰君安证券公司的段某、国泰君安证券公司的闫某、国泰君安证券公司的李某、海通证券公司的毛某及华泰证券公司的张某。

表 4 –4　5 年期分析师荐股评级能力评价——平均可信度分数

行业：主要消费——主要用品零售与个人用品

表现排名	分析师姓名	隶属证券公司	评级个股数量	荐股评级次数
1	段某	国泰君安证券	5	5
2	闫某	国泰君安证券	2	4

续表

表现排名	分析师姓名	隶属证券公司	评级个股数量	荐股评级次数
3	李某	国泰君安证券	4	4
4	毛某	海通证券	4	4
5	张某	华泰证券	3	3
6	胡某	国元证券	3	3
7	曹某	山西证券	3	3
8	于某	太平洋证券	3	3
9	黄某	国泰君安证券	3	3
10	李某	中信证券	3	3
11	刘某	海通证券	2	3
12	邓某	浙商证券	3	3
13	周某	万联证券	3	3
14	王某	东吴证券	3	3
15	丁某	海通证券	9	9
16	柴某	东吴证券	7	8
17	徐某	中信建投证券	5	6
18	夏某	安信证券	4	6
19	钱某	国联证券	6	6
20	孙某	国泰君安证券	3	6

表 4－5 展示该行业在 5 年期内基于风险因子调整的可信度分数的分析师表现排名。可以看出，以风险因子调整的可信度分数为评价指标时，排在前五名的分析师分别是：国泰君安证券公司的段某、国泰君安证券公司的闫某、国泰君安证券公司的李某、海通证券公司的毛某及华泰证券公司的张某。

表 4－5　5 年期分析师荐股评级能力评价——风险因子调整的可信度分数行业：主要消费——主要用品零售与个人用品

表现排名	分析师姓名	隶属证券公司	评级个股数量	荐股评级次数
1	段某	国泰君安证券	5	5
2	闫某	国泰君安证券	2	4
3	李某	国泰君安证券	4	4
4	毛某	海通证券	4	4
5	张某	华泰证券	3	3
6	胡某	国元证券	3	3
7	曹某	山西证券	3	3
8	于某	太平洋证券	3	3
9	黄某	国泰君安证券	3	3
10	李某	中信证券	3	3
11	刘某	海通证券	2	3
12	邓某	浙商证券	3	3
13	周某	万联证券	3	3
14	王某	东吴证券	3	3
15	丁某	海通证券	9	9
16	柴某	东吴证券	7	8
17	徐某	中信建投证券	5	6
18	夏某	安信证券	4	6
19	钱某	国联证券	6	6
20	孙某	国泰君安证券	3	6

表 4－6 展示该行业在 5 年期内基于风险—经验因子调整的可信度分数的分析师表现排名。可以看出，以风险—经验因子调整的可信度分数为评价指标时，排在前五名的分析师分别是：国泰君安证券公司的段某、海通证券公司的丁某、国泰君安证券公司的闫某、国泰君安证券公司的李某及海通证券公司的毛某。

表 4-6　5 年期分析师荐股评级能力评价——风险—经验因子调整的可信度分数行业：主要消费——主要用品零售与个人用品

表现排名	分析师姓名	隶属证券公司	评级个股数量	荐股评级次数
1	段某	国泰君安证券	5	5
2	丁某	海通证券	9	9
3	闫某	国泰君安证券	2	4
4	李某	国泰君安证券	4	4
5	毛某	海通证券	4	4
6	柴某	东吴证券	7	8
7	刘某	光大证券	11	11
8	林某	光大证券	19	23
9	田某	中信证券	22	26
10	谢某	中泰证券	8	15
11	戴某	中泰证券	13	17
12	李某	东北证券	23	24
13	胡某	安信证券	34	44
14	张某	华泰证券	3	3
15	胡某	国元证券	3	3
16	曹某	山西证券	3	3
17	于某	太平洋证券	3	3
18	黄某	国泰君安证券	3	3
19	李某	中信证券	3	3
20	刘某	海通证券	2	3

4.2　食品、饮料与烟草

4.2.1　3 年期

基于表 3-5 中展示构建的行业评价指标体系，本节对主要消费——

食品、饮料与烟草这一行业在3年样本期内（2019年1月1日至2021年12月31日）的各项指标进行统计计算，并依据各项指标的高低对行业进行排名，结果如图4-3中的雷达图所示。以主要消费——食品、饮料与烟草行业内的上市公司股票作为荐股评级目标个股的分析师有244位（行业分析师关注度，行业排名第11位），他们来自60家不同的证券公司（行业券商关注度，行业排名第4位），针对该行业内的112只股票（被评个股占比72.26%，行业排名第4位）发布共计9 868条荐股评级观测（行业评级关注度，行业排名第5位）。该行业的个股平均关注度方面，个股平均评级关注度为88.11，行业排名第1位；个股平均分析师关注度为2.18，行业排名第10位；个股平均券商关注度为0.53，行业排名第13位。最后，该行业荐股评级的平均可信度为0.4582，行业排名第2位。

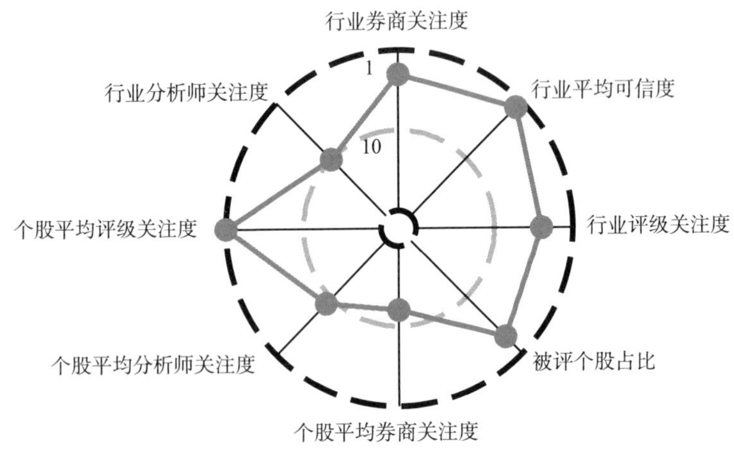

图4-3　2019~2021年主要消费——食品、饮料与烟草行业雷达图

表4-7展示该行业在3年期内基于平均可信度分数的分析师表现排名。可以看出，以平均信度分数为评价指标时，排在前五名的分析师分别是：中泰证券公司的张某、方正证券公司的樊某、海通证券公司的衣某、民生证券公司的杨某及东北证券公司的吴某。

表 4－7　　3 年期分析师荐股评级能力评价——平均可信度分数

行业：主要消费——食品、饮料与烟草

表现排名	分析师姓名	隶属证券公司	评级个股数量	荐股评级次数
1	张某	中泰证券	6	6
2	樊某	方正证券	4	5
3	衣某	海通证券	5	5
4	杨某	民生证券	4	5
5	吴某	东北证券	5	5
6	黄某	国泰君安证券	3	4
7	李某	国泰君安证券	3	4
8	马某	太平洋证券	3	4
9	张某	国盛证券	4	4
10	彭某	华创证券	2	4
11	汪某	西南证券	3	3
12	郑某	招商证券	3	3
13	樊某	东兴证券	3	3
14	崔某	中信建投证券	1	3
15	许某	国金证券	2	3
16	胡某	华金证券	3	3
17	孙某	天风证券	2	3
18	王某	国盛证券	3	3
19	赖某	开源证券	3	3
20	刘某	华安证券	12	17

表 4－8 展示该行业在 3 年期内基于风险因子调整的可信度分数的分析师表现排名。可以看出，以风险因子调整的可信度分数为评价指标时，排在前五名的分析师分别是：中泰证券公司的张某、方正证券公司的樊某、海通证券公司的衣某、民生证券公司的杨某及东北证券公司的吴某。

表 4－8　　3 年期分析师荐股评级能力评价——风险因子调整的可信度分数行业：主要消费——食品、饮料与烟草

表现排名	分析师姓名	隶属证券公司	评级个股数量	荐股评级次数
1	张某	中泰证券	6	6
2	樊某	方正证券	4	5
3	衣某	海通证券	5	5
4	杨某	民生证券	4	5
5	吴某	东北证券	5	5
6	黄某	国泰君安证券	3	4
7	李某	国泰君安证券	3	4
8	马某	太平洋证券	3	4
9	张某	国盛证券	4	4
10	彭某	华创证券	2	4
11	汪某	西南证券	3	3
12	郑某	招商证券	3	3
13	樊某	东兴证券	3	3
14	崔某	中信建投证券	1	3
15	许某	国金证券	2	3
16	胡某	华金证券	3	3
17	孙某	天风证券	2	3
18	王某	国盛证券	3	3
19	赖某	开源证券	3	3
20	刘某	华安证券	12	17

表 4－9 展示该行业在 3 年期内基于风险—经验因子调整的可信度分数的分析师表现排名。可以看出，以风险—经验因子调整的可信度分数为评价指标时，排在前五名的分析师分别是：华安证券公司的刘某、中泰证券公司的张某、方正证券公司的樊某、海通证券公司的衣某及民生证券公司的杨某。

表 4－9　3 年期分析师荐股评级能力评价——风险—经验因子调整的可信度分数行业：主要消费——食品、饮料与烟草

表现排名	分析师姓名	隶属证券公司	评级个股数量	荐股评级次数
1	刘某	华安证券	12	17
2	张某	中泰证券	6	6
3	樊某	方正证券	4	5
4	衣某	海通证券	5	5
5	杨某	民生证券	4	5
6	吴某	东北证券	5	5
7	薛某	中信证券	24	33
8	张某	海通证券	9	10
9	曾某	东吴证券	34	49
10	刘某	天风证券	24	32
11	戚某	华西证券	12	14
12	樊某	国金证券	15	17
13	黄某	国泰君安证券	3	4
14	李某	国泰君安证券	3	4
15	马某	太平洋证券	3	4
16	张某	国盛证券	4	4
17	彭某	华创证券	2	4
18	王某	广发证券	17	30
19	朱某	海通证券	22	30
20	孙某	天风证券	9	9

4.2.2　5 年期

基于表 3－5 中展示构建的行业评价指标体系，本节对主要消费——食品、饮料与烟草这一行业在 5 年样本期内（2017 年 1 月 1 日至 2021

年 12 月 31 日）的各项指标进行统计计算，并依据各项指标的高低对行业进行排名，结果如图 4－4 中的雷达图所示。以主要消费——食品、饮料与烟草行业内的上市公司股票作为荐股评级目标个股的分析师有 304 位（行业分析师关注度，行业排名第 11 位），他们来自 62 家不同的证券公司（行业券商关注度，行业排名第 4 位），针对该行业内的 122 只股票（被评个股占比 78.71%，行业排名第 7 位）发布共计 13 698 条荐股评级观测（行业评级关注度，行业排名第 6 位）。该行业的个股平均关注度方面，个股平均评级关注度为 112.28，行业排名第 1 位；个股平均分析师关注度为 2.49，行业排名第 12 位；个股平均券商关注度为 0.51，行业排名第 11 位。最后，该行业荐股评级的平均可信度为 0.465，行业排名第 1 位。

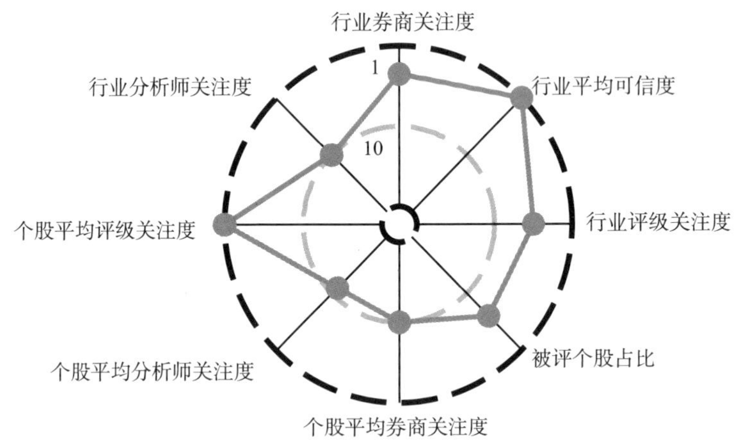

图 4－4　2017～2021 年主要消费——食品、饮料与烟草行业雷达图

表 4－10 展示该行业在 5 年期内基于平均可信度分数的分析师表现排名。可以看出，以平均信度分数为评价指标时，排在前五名的分析师分别是：中泰证券公司的张某、方正证券公司的樊某、海通证券公司的衣某、民生证券公司的杨某及东北证券公司的吴某。

表 4-10 5 年期分析师荐股评级能力评价——平均可信度分数

行业：主要消费——食品、饮料与烟草

表现排名	分析师姓名	隶属证券公司	评级个股数量	荐股评级次数
1	张某	中泰证券	6	6
2	樊某	方正证券	4	5
3	衣某	海通证券	5	5
4	杨某	民生证券	4	5
5	吴某	东北证券	5	5
6	黄某	国泰君安证券	3	4
7	李某	国泰君安证券	3	4
8	马某	太平洋证券	3	4
9	张某	国盛证券	4	4
10	彭某	华创证券	2	4
11	李某	中泰证券	3	3
12	闫某	国泰君安证券	3	3
13	王某	广发证券	3	3
14	王某	光大证券	3	3
15	汪某	西南证券	3	3
16	樊某	东兴证券	3	3
17	崔某	中信建投证券	1	3
18	许某	国金证券	2	3
19	胡某	华金证券	3	3
20	孙某	天风证券	2	3

表 4-11 展示该行业在 5 年期内基于风险因子调整的可信度分数的分析师表现排名。可以看出，以风险因子调整的可信度分数为评价指标时，排在前五名的分析师分别是：中泰证券公司的张某、方正证券公司的樊某、海通证券公司的衣某、民生证券公司的杨某及东北证券公司的吴某。

表 4-11　5 年期分析师荐股评级能力评价——风险因子调整的可信度分数行业：主要消费——食品、饮料与烟草

表现排名	分析师姓名	隶属证券公司	评级个股数量	荐股评级次数
1	张某	中泰证券	6	6
2	樊某	方正证券	4	5
3	衣某	海通证券	5	5
4	杨某	民生证券	4	5
5	吴某	东北证券	5	5
6	黄某	国泰君安证券	3	4
7	李某	国泰君安证券	3	4
8	马某	太平洋证券	3	4
9	张某	国盛证券	4	4
10	彭某	华创证券	2	4
11	李某	中泰证券	3	3
12	闫某	国泰君安证券	3	3
13	王某	广发证券	3	3
14	王某	光大证券	3	3
15	汪某	西南证券	3	3
16	樊某	东兴证券	3	3
17	崔某	中信建投证券	1	3
18	许某	国金证券	2	3
19	胡某	华金证券	3	3
20	孙某	天风证券	2	3

表 4-12 展示该行业在 5 年期内基于风险—经验因子调整的可信度分数的分析师表现排名。可以看出，以风险—经验因子调整的可信度分数为评价指标时，排在前五名的分析师分别是：华安证券公司的刘某、中泰证券公司的张某、方正证券公司的樊某、海通证券公司的衣某及民生证券公司的杨某。

表 4 - 12　5 年期分析师荐股评级能力评价——风险—经验因子调整的可信度分数行业：主要消费——食品、饮料与烟草

表现排名	分析师姓名	隶属证券公司	评级个股数量	荐股评级次数
1	刘某	华安证券	12	17
2	张某	中泰证券	6	6
3	樊某	方正证券	4	5
4	衣某	海通证券	5	5
5	杨某	民生证券	4	5
6	吴某	东北证券	5	5
7	王某	广发证券	20	36
8	薛某	中信证券	24	33
9	张某	海通证券	9	10
10	刘某	天风证券	24	32
11	戚某	华西证券	12	14
12	樊某	国金证券	15	17
13	黄某	国泰君安证券	3	4
14	李某	国泰君安证券	3	4
15	马某	太平洋证券	3	4
16	张某	国盛证券	4	4
17	彭某	华创证券	2	4
18	朱某	海通证券	22	30
19	曾某	东吴证券	40	61
20	孙某	天风证券	9	9

4.3 电　　子

4.3.1　3 年期

基于表 3 - 5 中展示构建的行业评价指标体系，本节对信息技术——

电子这一行业在3年样本期内（2019年1月1日至2021年12月31日）的各项指标进行统计计算，并依据各项指标的高低对行业进行排名，结果如图4－5中的雷达图所示。以信息技术——电子行业内的上市公司股票作为荐股评级目标个股的分析师有452位（行业分析师关注度，行业排名第4位），他们来自59家不同的证券公司（行业券商关注度，行业排名第5位），针对该行业内的197只股票（被评个股占比58.8%，行业排名第11位）发布共计7 500条荐股评级观测（行业评级关注度，行业排名第7位）。该行业的个股平均关注度方面，个股平均评级关注度为38.07，行业排名第17位；个股平均分析师关注度为2.29，行业排名第8位；个股平均券商关注度为0.30，行业排名第16位。最后，该行业荐股评级的平均可信度为0.4834，行业排名第1位。

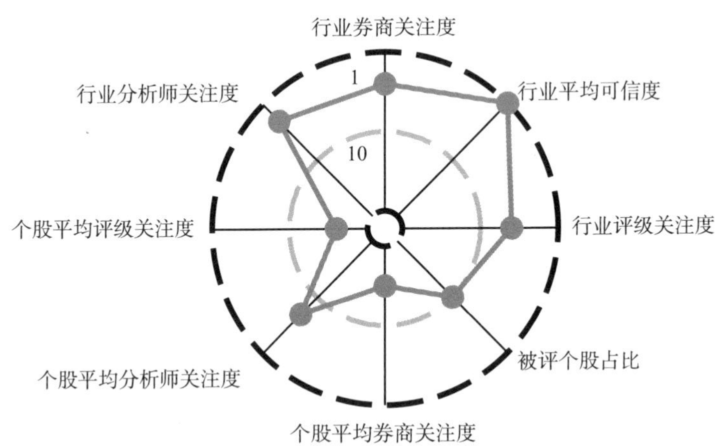

图4－5　2019～2021年信息技术——电子行业雷达图

表4－13展示该行业在3年期内基于平均可信度分数的分析师表现排名。可以看出，以平均信度分数为评价指标时，排在前五名的分析师分别是：中信建投证券公司的石某、中信建投证券公司的崔某、中信证券公司的许某、国泰君安证券公司的陈某及中银国际证券公司的邓某。

表 4－13　　3 年期分析师荐股评级能力评价——平均可信度分数行业：信息技术——电子

表现排名	分析师姓名	隶属证券公司	评级个股数量	荐股评级次数
1	石某	中信建投证券	5	6
2	崔某	中信建投证券	4	5
3	许某	中信证券	4	4
4	陈某	国泰君安证券	4	4
5	邓某	中银国际证券	3	4
6	钱某	太平洋证券	3	4
7	李某	信达证券	2	3
8	孙某	浙商证券	3	3
9	刘某	海通证券	3	3
10	李某	山西证券	3	3
11	房某	海通证券	3	3
12	何某	中泰证券	3	3
13	叶某	华金证券	3	3
14	孔某	广发证券	3	3
15	陶某	方正证券	2	3
16	赵晋	国金证券	3	3
17	任某	中国银河证券	2	3
18	郑某	海通证券	11	11
19	陈某	海通证券	10	10
20	杨某	中银国际证券	8	8

表 4－14 展示该行业在 3 年期内基于风险因子调整的可信度分数的分析师表现排名。可以看出，以风险因子调整的可信度分数为评价指标时，排在前五名的分析师分别是：中信建投证券公司的石某、中信建投证券公司的崔某、中信证券公司的许某、国泰君安证券公司的陈某及中银国际证券公司的邓某。

表 4－14　3 年期分析师荐股评级能力评价——风险因子调整的可信度分数行业：信息技术——电子

表现排名	分析师姓名	隶属证券公司	评级个股数量	荐股评级次数
1	石某	中信建投证券	5	6
2	崔某	中信建投证券	4	5
3	许某	中信证券	4	4
4	陈某	国泰君安证券	4	4
5	邓某	中银国际证券	3	4
6	钱某	太平洋证券	3	4
7	李皓	信达证券	2	3
8	孙某	浙商证券	3	3
9	刘某	海通证券	3	3
10	李某	山西证券	3	3
11	房某	海通证券	3	3
12	何某	中泰证券	3	3
13	叶某	华金证券	3	3
14	孔某	广发证券	3	3
15	陶某	方正证券	2	3
16	赵某	国金证券	3	3
17	任某	中国银河证券	2	3
18	郑某	海通证券	11	11
19	陈某	海通证券	10	10
20	杨某	中银国际证券	8	8

表 4－15 展示该行业在 3 年期内基于风险—经验因子调整的可信度分数的分析师表现排名。可以看出，以风险—经验因子调整的可信度分数为评价指标时，排在前五名的分析师分别是：海通证券公司的郑某、中信建投证券公司的石某、海通证券公司的陈某、中信建投证券公司的崔某及广发证券公司的王某。

表 4-15　3 年期分析师荐股评级能力评价——风险—经验因子调整的可信度分数行业：信息技术——电子

表现排名	分析师姓名	隶属证券公司	评级个股数量	荐股评级次数
1	郑某	海通证券	11	11
2	石某	中信建投证券	5	6
3	陈某	海通证券	10	10
4	崔某	中信建投证券	4	5
5	王某	广发证券	19	32
6	笪某	东北证券	12	14
7	于某	民生证券	28	39
8	刘某	光大证券	22	27
9	张某	国盛证券	38	52
10	许某	中信证券	4	4
11	陈某	国泰君安证券	4	4
12	邓某	中银国际证券	3	4
13	钱某	太平洋证券	3	4
14	范某	信达证券	7	12
15	林某	光大证券	28	36
16	苏某	安信证券	19	29
17	李某	国海证券	15	19
18	刘某	广发证券	23	30
19	胡某	安信证券	41	51
20	杨某	中银国际证券	8	8

4.3.2　5 年期

基于表 3-5 中展示构建的行业评价指标体系，本节对信息技术——电子这一行业在 5 年样本期内（2017 年 1 月 1 日至 2021 年 12 月 31 日）的各项指标进行统计计算，并依据各项指标的高低对行业进行排名，结果如图 4 -6 中的雷达图所示。以信息技术——电子行业内的上市公司股票作为荐股评级目标个股的分析师有 604 位（行业分析师关注度，行业排名第 4 位），他们来自 62 家不同的证券公司（行业券商关注度，行业排名第 4 位），针对该行业内的 217 只股票（被评个股占比 64.77%，行业排名第 17 位）发布共计 11 369 条荐股评级观测（行业评级关注度，行业排名第 7 位）。该行业的个股平均关注度方面，个股平均评级关注度为 52.39，行业排名第 15 位；个股平均分析师关注度为 2.78，行业排名第 9 位；个股平均券商关注度为 0.28，行业排名第 16 位。最后，该行业荐股评级的平均可信度为 0.453，行业排名第 2 位。

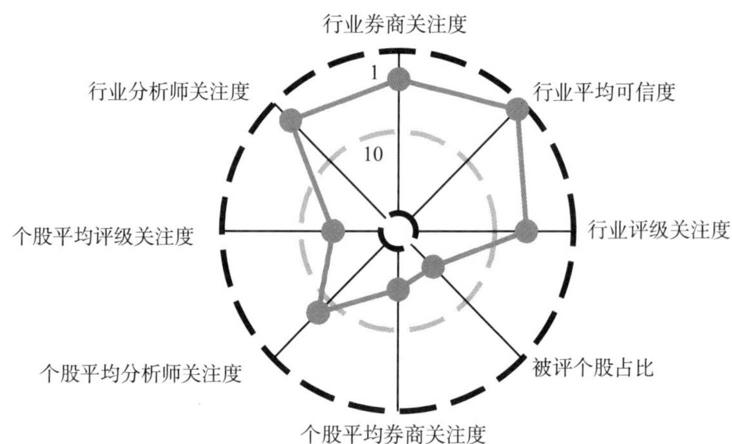

图 4 -6　2017 ~ 2021 年信息技术——电子行业雷达图

表 4 -16 展示该行业在 5 年期内基于平均可信度分数的分析师表现排名。可以看出，以平均信度分数为评价指标时，排在前五名的分析师分别是：中信建投证券公司的石某、国泰君安证券公司的闫某、中信建投证券公司的崔某、国泰君安证券公司的陈某及中银国际证券公司的邓某。

表 4-16　　5 年期分析师荐股评级能力评价——平均可信度分数行业：信息技术——电子

表现排名	分析师姓名	隶属证券公司	评级个股数量	荐股评级次数
1	石某	中信建投证券	5	6
2	闫某	国泰君安证券	4	5
3	崔某	中信建投证券	4	5
4	陈某	国泰君安证券	4	4
5	邓某	中银国际证券	3	4
6	钱某	太平洋证券	3	4
7	赵某	安信证券	3	3
8	孙某	太平洋证券	3	3
9	李某	信达证券	2	3
10	孙某	浙商证券	3	3
11	刘某	海通证券	3	3
12	李某	山西证券	3	3
13	房某	海通证券	3	3
14	何某	中泰证券	3	3
15	叶某	华金证券	3	3
16	孔某	广发证券	3	3
17	陶某	方正证券	2	3
18	赵某	国金证券	3	3
19	任某	中国银河证券	2	3
20	郑某	海通证券	11	11

表 4-17 展示该行业在 5 年期内基于风险因子调整的可信度分数的分析师表现排名。可以看出，以风险因子调整的可信度分数为评价指标时，排在前五名的分析师分别是：中信建投证券公司的石某、国泰君安证券公司的闫某、中信建投证券公司的崔某、国泰君安证券公司的陈某及中银国际证券公司的邓某。

表 4－17　　5 年期分析师荐股评级能力评价——风险因子调整的可信度分数行业：信息技术——电子

表现排名	分析师姓名	隶属证券公司	评级个股数量	荐股评级次数
1	石某	中信建投证券	5	6
2	闫某	国泰君安证券	4	5
3	崔某	中信建投证券	4	5
4	陈某	国泰君安证券	4	4
5	邓某	中银国际证券	3	4
6	钱某	太平洋证券	3	4
7	赵某	安信证券	3	3
8	孙某	太平洋证券	3	3
9	李某	信达证券	2	3
10	孙某	浙商证券	3	3
11	刘某	海通证券	3	3
12	李某	山西证券	3	3
13	房某	海通证券	3	3
14	何某	中泰证券	3	3
15	叶某	华金证券	3	3
16	孔某	广发证券	3	3
17	陶某	方正证券	2	3
18	赵某	国金证券	3	3
19	任某	中国银河证券	2	3
20	郑某	海通证券	11	11

表 4－18 展示该行业在 5 年期内基于风险—经验因子调整的可信度分数的分析师表现排名。可以看出，以风险—经验因子调整的可信度分数为评价指标时，排在前五名的分析师分别是：海通证券公司的郑某、中信建投证券公司的石某、东北证券公司的笪某、海通证券公司的陈某及国泰君安证券公司的闫某。

表 4-18　　5 年期分析师荐股评级能力评价——风险—经验因子调整的可信度分数行业：信息技术——电子

表现排名	分析师姓名	隶属证券公司	评级个股数量	荐股评级次数
1	郑某	海通证券	11	11
2	石某	中信建投证券	5	6
3	笪某	东北证券	13	15
4	陈某	海通证券	10	10
5	闫某	国泰君安证券	4	5
6	崔某	中信建投证券	4	5
7	王某	广发证券	19	32
8	于某	民生证券	28	39
9	刘某	光大证券	22	27
10	陈某	国泰君安证券	4	4
11	邓某	中银国际证券	3	4
12	钱某	太平洋证券	3	4
13	苏某	安信证券	21	34
14	张某	国盛证券	39	54
15	范某	信达证券	7	12
16	林某	光大证券	28	36
17	李某	国海证券	15	19
18	杨某	中银国际证券	8	8
19	胡某	安信证券	51	67
20	曾某	东吴证券	34	46

4.4　计算机运用与半导体

4.4.1　3 年期

基于表 3-5 中展示构建的行业评价指标体系，本节对信息技术——

计算机运用与半导体这一行业在3年样本期内（2019年1月1日至2021年12月31日）的各项指标进行统计计算，并依据各项指标的高低对行业进行排名，结果如图4－7中的雷达图所示。以信息技术——计算机运用与半导体行业内的上市公司股票作为荐股评级目标个股的分析师有497位（行业分析师关注度，行业排名第3位），他们来自58家不同的证券公司（行业券商关注度，行业排名第6位），针对该行业内的232只股票（被评个股占比60.42%，行业排名第10位）发布共计11 449条荐股评级观测（行业评级关注度，行业排名第4位）。该行业的个股平均关注度方面，个股平均评级关注度为49.35，行业排名第8位；个股平均分析师关注度为2.14，行业排名第11位；个股平均券商关注度为0.25，行业排名第17位。最后，该行业荐股评级的平均可信度为0.4518，行业排名第4位。

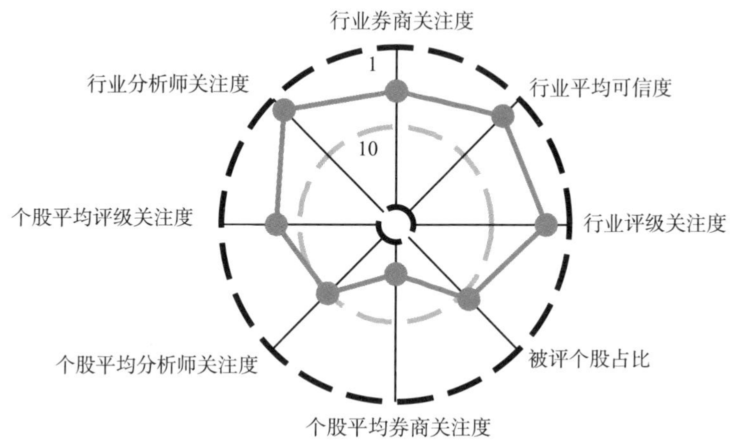

图4－7 2019～2021年信息技术——计算机运用与半导体行业雷达图

表4－19展示该行业在3年期内基于平均可信度分数的分析师表现排名。可以看出，以平均信度分数为评价指标时，排在前五名的分析师分别是：国信证券公司的龚某、天风证券公司的孙某、爱建证券公司的刘某、中信建投证券公司的黄某及中泰证券公司的何某。

表 4－19　　3 年期分析师荐股评级能力评价——平均可信度分数

行业：信息技术——计算机运用与半导体

表现排名	分析师姓名	隶属证券公司	评级个股数量	荐股评级次数
1	龚某	国信证券	5	5
2	孙某	天风证券	5	5
3	刘某	爱建证券	4	4
4	黄某	中信建投证券	4	4
5	何某	中泰证券	3	4
6	贺某	申港证券	2	4
7	龙某	国海证券	4	4
8	常某	国元证券	3	3
9	段某	招商证券	2	3
10	闵某	中银国际证券	3	3
11	钱某	国泰君安证券	3	3
12	朱某	中泰证券	3	3
13	左某	信达证券	2	3
14	马某	光大证券	3	3
15	胥某	国泰君安证券	3	3
16	许某	国金证券	3	3
17	杜某	海通证券	10	10
18	杨某	东吴证券	8	9
19	吴某	海通证券	8	9
20	张某	中泰证券	6	8

表 4－20 展示该行业在 3 年期内基于风险因子调整的可信度分数的分析师表现排名。可以看出，以风险因子调整的可信度分数为评价指标时，排在前五名的分析师分别是：国信证券公司的龚某、天风证券公司的孙某、爱建证券公司的刘某、中信建投证券公司的黄某及中泰证券公司的何某。

表4－20　3年期分析师荐股评级能力评价——风险因子调整的可信度分数行业：信息技术——计算机运用与半导体

表现排名	分析师姓名	隶属证券公司	评级个股数量	荐股评级次数
1	龚某	国信证券	5	5
2	孙某	天风证券	5	5
3	刘某	爱建证券	4	4
4	黄某	中信建投证券	4	4
5	何某	中泰证券	3	4
6	贺某	申港证券	2	4
7	龙某	国海证券	4	4
8	常某	国元证券	3	3
9	段某	招商证券	2	3
10	闵某	中银国际证券	3	3
11	钱某	国泰君安证券	3	3
12	朱某	中泰证券	3	3
13	左某	信达证券	2	3
14	马某	光大证券	3	3
15	胥某	国泰君安证券	3	3
16	许某	国金证券	3	3
17	杜某	海通证券	10	10
18	杨某	东吴证券	8	9
19	吴某	海通证券	8	9
20	张某	中泰证券	6	8

表4－21展示该行业在3年期内基于风险—经验因子调整的可信度分数的分析师表现排名。可以看出，以风险—经验因子调整的可信度分数为评价指标时，排在前五名的分析师分别是：民生证券公司的于某、东吴证券公司的曾某、国泰君安证券公司的訾某、国盛证券公司的刘某及海通证券公司的陈某。

表 4－21　3 年期分析师荐股评级能力评价——风险—经验因子调整的可信度分数行业：信息技术——计算机运用与半导体

表现排名	分析师姓名	隶属证券公司	评级个股数量	荐股评级次数
1	于某	民生证券	27	53
2	曾某	东吴证券	37	63
3	訾某	国泰君安证券	49	76
4	刘某	国盛证券	30	54
5	陈某	海通证券	11	15
6	谢某	中泰证券	22	34
7	余某	招商证券	13	24
8	张某	安信证券	25	39
9	杜某	海通证券	10	10
10	范某	中泰证券	28	40
11	龚某	国信证券	5	5
12	孙某	天风证券	5	5
13	房某	海通证券	10	17
14	朱某	海通证券	26	31
15	杨某	西部证券	21	32
16	杨某	东吴证券	8	9
17	吴某	海通证券	8	9
18	王某	浙商证券	38	63
19	刘某	开源证券	36	49
20	李某	东北证券	36	55

4.4.2　5 年期

基于表 3－5 中展示构建的行业评价指标体系，本节对信息技术——计算机运用与半导体这一行业在 5 年样本期内（2017 年 1 月 1 日至 2021 年 12 月 31 日）的各项指标进行统计计算，并依据各项指标的高低对行业进行排名，结果如图 4－8 中的雷达图所示。以信息技术——计算机运用与半导体行业内的上市公司股票作为荐股评级目标个股的分析师有 651 位（行业分析师关注度，行业排名第 3 位），他们来自 60 家不同的证券公司（行业券商关注度，行业排名第 7 位），针对该行业内的 256 只股票（被评个股占比 66.67%，行业排名第 14 位）发布共计 15 834 条荐股评级观测（行业评级关注度，行业排名第 4 位）。该行业的个股平均关注度方面，个股平均评级关注度为 61.85，行业排名第 11 位；个股平均分析师关注度为 2.54，行业排名第 11 位；个股平均券商关注度为 0.23，行业排名第 17 位。最后，该行业荐股评级的平均可信度为 0.4387，行业排名第 3 位。

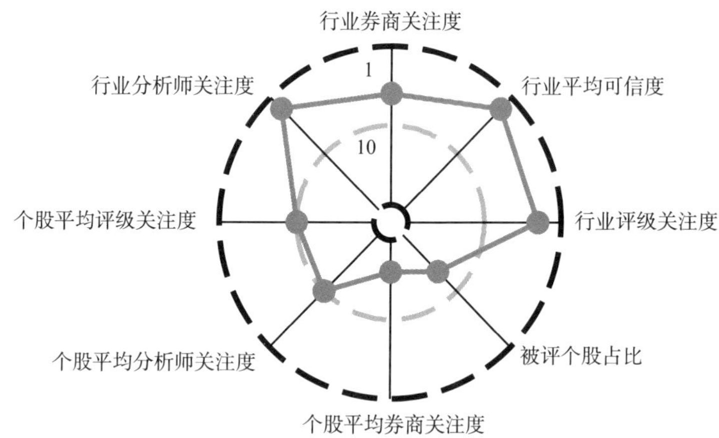

图 4－8　2017～2021 年信息技术——计算机运用与半导体行业雷达图

表 4－22 展示该行业在 5 年期内基于平均可信度分数的分析师表现排名。可以看出，以平均信度分数为评价指标时，排在前五名的分析师分别是：国信证券公司的龚某、天风证券公司的孙某、中信建投证券公司的黄某、中泰证券公司的何某及申港证券公司的贺某。

表 4－22　　5 年期分析师荐股评级能力评价——平均可信度分数

行业：信息技术——计算机运用与半导体

表现排名	分析师姓名	隶属证券公司	评级个股数量	荐股评级次数
1	龚某	国信证券	5	5
2	孙某	天风证券	5	5
3	黄某	中信建投证券	4	4
4	何某	中泰证券	3	4
5	贺某	申港证券	2	4
6	龙某	国海证券	4	4
7	罗某	中泰证券	3	3
8	徐某	国金证券	2	3
9	常某	国元证券	3	3
10	段某	招商证券	2	3
11	闵某	中银国际证券	3	3
12	钱某	国泰君安证券	3	3
13	朱某	中泰证券	3	3
14	左某	信达证券	2	3
15	马某	光大证券	3	3
16	胥某	国泰君安证券	3	3
17	许某	国金证券	3	3
18	杜某	海通证券	10	10
19	吴某	海通证券	8	9
20	张某	中泰证券	6	8

表 4－23 展示该行业在 5 年期内基于风险因子调整的可信度分数的分析师表现排名。可以看出，以风险因子调整的可信度分数为评价指标时，排在前五名的分析师分别是：国信证券公司的龚某、天风证券公司的孙某、中信建投证券公司的黄某、中泰证券公司的何某及申港证券公司的贺某。

表 4－23　5 年期分析师荐股评级能力评价——风险因子调整的可信度分数行业：信息技术——计算机运用与半导体

表现排名	分析师姓名	隶属证券公司	评级个股数量	荐股评级次数
1	龚某	国信证券	5	5
2	孙某	天风证券	5	5
3	黄某	中信建投证券	4	4
4	何某	中泰证券	3	4
5	贺某	申港证券	2	4
6	龙某	国海证券	4	4
7	罗某	中泰证券	3	3
8	徐某	国金证券	2	3
9	常某	国元证券	3	3
10	段某	招商证券	2	3
11	闵某	中银国际证券	3	3
12	钱某	国泰君安证券	3	3
13	朱某	中泰证券	3	3
14	左某	信达证券	2	3
15	马某	光大证券	3	3
16	胥某	国泰君安证券	3	3
17	许某	国金证券	3	3
18	杜某	海通证券	10	10
19	吴某	海通证券	8	9
20	张某	中泰证券	6	8

表 4－24 展示该行业在 5 年期内基于风险—经验因子调整的可信度分数的分析师表现排名。可以看出，以风险—经验因子调整的可信度分数为评价指标时，排在前五名的分析师分别是：民生证券公司的于某、国盛证券公司的刘某、海通建投证券公司的陈某、中泰证券公司的谢某及国泰君安证券公司的訾某。

表 4－24　　5 年期分析师荐股评级能力评价——风险—经验因子调整的可信度分数行业：信息技术——计算机运用与半导体

表现排名	分析师姓名	隶属证券公司	评级个股数量	荐股评级次数
1	于某	民生证券	28	58
2	刘某	国盛证券	30	54
3	陈某	海通证券	11	15
4	谢某	中泰证券	22	34
5	訾某	国泰君安证券	50	81
6	余某	招商证券	13	24
7	曾某	东吴证券	44	75
8	张某	安信证券	25	39
9	杜某	海通证券	10	10
10	范某	中泰证券	28	40
11	龚某	国信证券	5	5
12	孙某	天风证券	5	5
13	房某	海通证券	10	17
14	朱某	海通证券	26	31
15	李某	东北证券	41	61
16	佘某	海通证券	15	19
17	刘某	开源证券	37	50
18	杨某	西部证券	21	33
19	吴某	海通证券	8	9
20	王某	浙商证券	40	66

4.5　公用事业

4.5.1　3 年期

基于表 3－5 中展示构建的行业评价指标体系，本节对公用事业——

公用事业这一行业在3年样本期内（2019年1月1日至2021年12月31日）的各项指标进行统计计算，并依据各项指标的高低对行业进行排名，结果如图4－9中的雷达图所示。以公用事业——公用事业行业内的上市公司股票作为荐股评级目标个股的分析师有136位（行业分析师关注度，行业排名第15位），他们来自48家不同的证券公司（行业券商关注度，行业排名第16位），针对该行业内的77只股票（被评个股占比55.79%，行业排名第14位）发布共计2 188条荐股评级观测（行业评级关注度，行业排名第18位）。该行业的个股平均关注度方面，个股平均评级关注度为28.41，行业排名第20位；个股平均分析师关注度为1.77，行业排名第16位；个股平均券商关注度为0.62，行业排名第10位。最后，该行业荐股评级的平均可信度为0.3057，行业排名第19位。

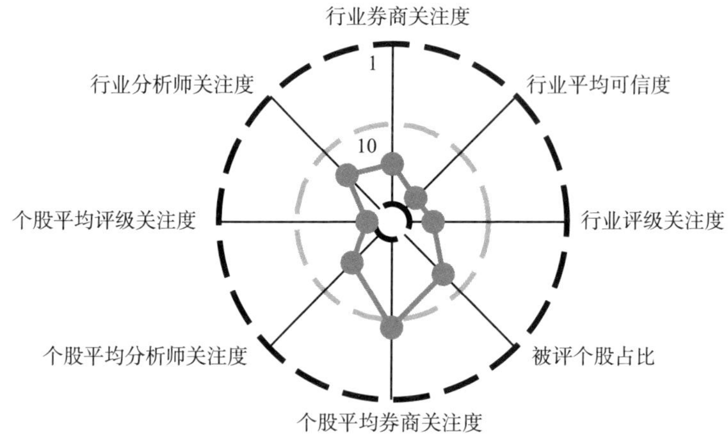

图4－9　2019～2021年公用事业——公用事业行业雷达图

表4－25展示该行业在3年期内基于平均可信度分数的分析师表现排名。可以看出，以平均信度分数为评价指标时，排在前五名的分析师分别是：中泰证券公司的谢某、广发证券公司的王某、中信证券公司的李某、太平洋证券公司的闫某及太平洋证券公司的刘某。

表 4－25　　3 年期分析师荐股评级能力评价——平均可信度分数

行业：公用事业——公用事业

表现排名	分析师姓名	隶属证券公司	评级个股数量	荐股评级次数
1	谢某	中泰证券	6	7
2	王某	广发证券	6	6
3	李某	中信证券	5	5
4	闫某	太平洋证券	5	5
5	刘某	太平洋证券	4	4
6	陈某	海通证券	3	4
7	姜某	国金证券	4	4
8	谢某	兴业证券	3	4
9	曾某	广发证券	3	3
10	吴某	招商证券	3	3
11	张某	东北证券	3	3
12	盛某	太平洋证券	3	3
13	文某	天风证券	3	3
14	杨某	西部证券	3	3
15	彭某	国泰君安证券	2	3
16	苏某	安信证券	2	3
17	陈某	太平洋证券	5	6
18	蔡某	华金证券	5	6
19	丁某	国泰君安证券	9	10
20	笪某	东北证券	5	5

表 4－26 展示该行业在 3 年期内基于风险因子调整的可信度分数的分析师表现排名。可以看出，以风险因子调整的可信度分数为评价指标时，排在前五名的分析师分别是：中泰证券公司的谢某、广发证券公司的王某、中信证券公司的李某、太平洋证券公司的闫某及太平洋证券公司的刘某。

表4－26　3年期分析师荐股评级能力评价——风险因子调整的可信度分数行业：公用事业——公用事业

表现排名	分析师姓名	隶属证券公司	评级个股数量	荐股评级次数
1	谢某	中泰证券	6	7
2	王某	广发证券	6	6
3	李某	中信证券	5	5
4	闫某	太平洋证券	5	5
5	刘某	太平洋证券	4	4
6	陈某	海通证券	3	4
7	姜某	国金证券	4	4
8	谢某	兴业证券	3	4
9	曾某	广发证券	3	3
10	吴某	招商证券	3	3
11	张某	东北证券	3	3
12	盛某	太平洋证券	3	3
13	文某	天风证券	3	3
14	杨某	西部证券	3	3
15	彭某	国泰君安证券	2	3
16	苏某	安信证券	2	3
17	陈某	太平洋证券	5	6
18	蔡某	华金证券	5	6
19	丁某	国泰君安证券	9	10
20	笪某	东北证券	5	5

表4－27展示该行业在3年期内基于风险—经验因子调整的可信度分数的分析师表现排名。可以看出，以风险—经验因子调整的可信度分数为评价指标时，排在前五名的分析师分别是：中泰证券公司的谢某、广发证券公司的王某、中信证券公司的李某、太平洋证券公司的闫某及太平洋证券公司的刘某。

表 4-27　　3 年期分析师荐股评级能力评价——风险—经验因子调整的可信度分数行业：公用事业——公用事业

表现排名	分析师姓名	隶属证券公司	评级个股数量	荐股评级次数
1	谢某	中泰证券	6	7
2	王某	广发证券	6	6
3	李某	中信证券	5	5
4	闫某	太平洋证券	5	5
5	刘某	太平洋证券	4	4
6	陈某	海通证券	3	4
7	姜某	国金证券	4	4
8	谢某	兴业证券	3	4
9	丁某	国泰君安证券	9	10
10	林某	光大证券	12	14
11	曾某	广发证券	3	3
12	吴某	招商证券	3	3
13	张某	东北证券	3	3
14	盛某	太平洋证券	3	3
15	文某	天风证券	3	3
16	杨某	西部证券	3	3
17	彭某	国泰君安证券	2	3
18	苏某	安信证券	2	3
19	邓某	安信证券	9	9
20	鲍某	国泰君安证券	8	11

4.5.2　5 年期

基于表 3-5 中展示构建的行业评价指标体系，本节对公用事业——公用事业这一行业在 5 年样本期内（2017 年 1 月 1 日至 2021 年 12 月 31

日）的各项指标进行统计计算，并依据各项指标的高低对行业进行排名，结果如图4－10中的雷达图所示。以公用事业——公用事业行业内的上市公司股票作为荐股评级目标个股的分析师有237位（行业分析师关注度，行业排名第15位），他们来自53家不同的证券公司（行业券商关注度，行业排名第13位），针对该行业内的92只股票（被评个股占比66.67%，行业排名第14位）发布共计3 818条荐股评级观测（行业评级关注度，行业排名第19位）。该行业的个股平均关注度方面，个股平均评级关注度为41.5，行业排名第20位；个股平均分析师关注度为2.57，行业排名第10位；个股平均券商关注度为0.57，行业排名第8位。最后，该行业荐股评级的平均可信度为0.2978，行业排名第20位。

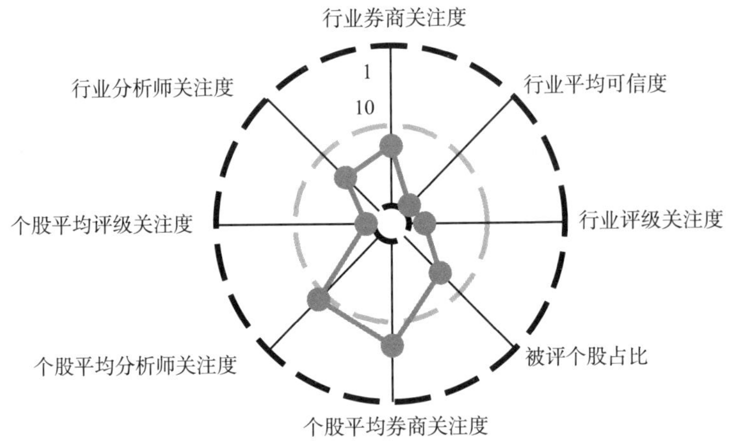

图4－10　2017～2021年公用事业——公用事业行业雷达图

表4－28展示该行业在5年期内基于平均可信度分数的分析师表现排名。可以看出，以平均信度分数为评价指标时，排在前五名的分析师分别是：中泰证券公司的谢某、广发证券公司的曾某、国金证券公司的姜某、中信证券公司的李某及太平洋证券公司的闫某。

表 4 - 28　　5 年期分析师荐股评级能力评价——平均可信度分数

行业：公用事业——公用事业

表现排名	分析师姓名	隶属证券公司	评级个股数量	荐股评级次数
1	谢某	中泰证券	6	7
2	曾某	广发证券	4	5
3	姜某	国金证券	5	5
4	李某	中信证券	5	5
5	闫某	太平洋证券	5	5
6	杨某	西部证券	4	4
7	刘某	太平洋证券	4	4
8	陈某	海通证券	3	4
9	谢某	兴业证券	3	4
10	黄某	中信证券	3	3
11	张某	东北证券	3	3
12	盛某	太平洋证券	3	3
13	彭某	国泰君安证券	2	3
14	苏某	安信证券	2	3
15	丁某	国泰君安证券	11	12
16	陈某	太平洋证券	5	6
17	蔡某	华金证券	5	6
18	陈某	光大证券	5	5
19	李某	国海证券	5	5
20	郑某	海通证券	5	5

表 4 - 29 展示该行业在 5 年期内基于风险因子调整的可信度分数的分析师表现排名。可以看出，以风险因子调整的可信度分数为评价指标时，排在前五名的分析师分别是：中泰证券公司的谢某、广发证券公司的曾某、国金证券公司的姜某、中信证券公司的李某及太平洋证券公司的闫某。

表 4－29　5 年期分析师荐股评级能力评价——风险因子调整的可信度分数行业：公用事业——公用事业

表现排名	分析师姓名	隶属证券公司	评级个股数量	荐股评级次数
1	谢某	中泰证券	6	7
2	曾某	广发证券	4	5
3	姜某	国金证券	5	5
4	李某	中信证券	5	5
5	闫某	太平洋证券	5	5
6	杨某	西部证券	4	4
7	刘某	太平洋证券	4	4
8	陈某	海通证券	3	4
9	谢某	兴业证券	3	4
10	黄某	中信证券	3	3
11	张某	东北证券	3	3
12	盛某	太平洋证券	3	3
13	彭某	国泰君安证券	2	3
14	苏某	安信证券	2	3
15	丁某	国泰君安证券	11	12
16	陈某	太平洋证券	5	6
17	蔡某	华金证券	5	6
18	陈某	光大证券	5	5
19	李某	国海证券	5	5
20	郑某	海通证券	5	5

表 4－30 展示该行业在 5 年期内基于风险—经验因子调整的可信度分数的分析师表现排名。可以看出，以风险—经验因子调整的可信度分数为评价指标时，排在前五名的分析师分别是：中泰证券公司的谢某、广发证券公司的曾某、国金证券公司的姜某、中信证券公司的李某及太平洋证券公司的闫某。

表 4-30　　5 年期分析师荐股评级能力评价——风险—经验因子调整的可信度分数行业：公用事业——公用事业

表现排名	分析师姓名	隶属证券公司	评级个股数量	荐股评级次数
1	谢某	中泰证券	6	7
2	曾某	广发证券	4	5
3	姜某	国金证券	5	5
4	李某	中信证券	5	5
5	闫某	太平洋证券	5	5
6	丁某	国泰君安证券	11	12
7	杨某	西部证券	4	4
8	刘某	太平洋证券	4	4
9	陈某	海通证券	3	4
10	谢某	兴业证券	3	4
11	苏某	安信证券	14	16
12	黄某	安信证券	16	16
13	鲍某	国泰君安证券	10	14
14	林某	光大证券	12	14
15	黄某	中信证券	3	3
16	张某	东北证券	3	3
17	盛某	太平洋证券	3	3
18	彭某	国泰君安证券	2	3
19	苏某	安信证券	2	3
20	曾某	东吴证券	16	19

4.6　医药生物与服务

4.6.1　3 年期

基于表 3-5 中展示构建的行业评价指标体系，本节对医药卫生——

医药生物与服务这一行业在3年样本期内（2019年1月1日至2021年12月31日）的各项指标进行统计计算，并依据各项指标的高低对行业进行排名，结果如图4－11中的雷达图所示。以医药卫生——医药生物与服务行业内的上市公司股票作为荐股评级目标个股的分析师有317位（行业分析师关注度，行业排名第6位），他们来自61家不同的证券公司（行业券商关注度，行业排名第3位），针对该行业内的262只股票（被评个股占比55.04%，行业排名第15位）发布共计12 151条荐股评级观测（行业评级关注度，行业排名第3位）。该行业的个股平均关注度方面，个股平均评级关注度为46.38，行业排名第12位；个股平均分析师关注度为1.21，行业排名第19位；个股平均券商关注度为0.23，行业排名第18位。最后，该行业荐股评级的平均可信度为0.4493，行业排名第5位。

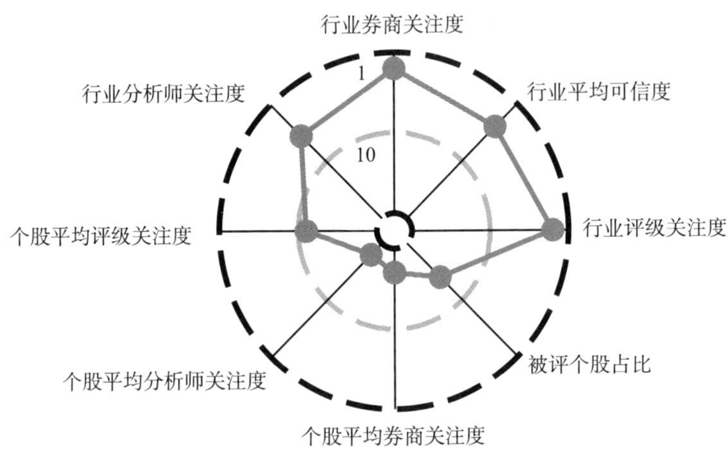

图4－11　2019～2021年医药卫生——医药生物与服务行业雷达图

表4－31展示该行业在3年期内基于平均可信度分数的分析师表现排名。可以看出，以平均信度分数为评价指标时，排在前五名的分析师分别是：国泰君安证券公司的黄某、中国银河证券公司的周某、国金证券公司的张某、国金证券公司的孙某及国元证券公司的宗某。

表 4－31　　3 年期分析师荐股评级能力评价——平均可信度分数

行业：医药卫生——医药生物与服务

表现排名	分析师姓名	隶属证券公司	评级个股数量	荐股评级次数
1	黄某	国泰君安证券	6	6
2	周某	中国银河证券	5	5
3	张某	国金证券	3	4
4	孙某	国金证券	3	4
5	宗某	国元证券	3	4
6	刘某	太平洋证券	3	4
7	王某	信达证券	4	4
8	董某	东北证券	4	4
9	郭某	兴业证券	3	3
10	钱某	海通证券	3	3
11	付某	华金证券	3	3
12	朱某	中泰证券	3	3
13	何某	中泰证券	3	3
14	崔某	太平洋证券	3	3
15	刘某	招商证券	1	3
16	陈某	信达证券	2	3
17	胡某	华金证券	3	3
18	颜某	海通证券	2	3
19	曹某	广发证券	3	3
20	石某	中信建投证券	9	10

表 4－32 展示该行业在 3 年期内基于风险因子调整的可信度分数的分析师表现排名。可以看出，以风险因子调整的可信度分数为评价指标时，排在前五名的分析师分别是：国泰君安证券公司的黄某、中国银河证券公司的周某、国金证券公司的张某、国金证券公司的孙某及国元证券公司的宗某。

表 4－32　　3 年期分析师荐股评级能力评价——风险因子调整的可信度分数行业：医药卫生——医药生物与服务

表现排名	分析师姓名	隶属证券公司	评级个股数量	荐股评级次数
1	黄某	国泰君安证券	6	6
2	周某	中国银河证券	5	5
3	张某	国金证券	3	4
4	孙某	国金证券	3	4
5	宗某	国元证券	3	4
6	刘某	太平洋证券	3	4
7	王某	信达证券	4	4
8	董某	东北证券	4	4
9	郭某	兴业证券	3	3
10	钱某	海通证券	3	3
11	付某	华金证券	3	3
12	朱某	中泰证券	3	3
13	何某	中泰证券	3	3
14	崔某	太平洋证券	3	3
15	刘某	招商证券	1	3
16	陈某	信达证券	2	3
17	胡某	华金证券	3	3
18	颜某	海通证券	2	3
19	曹某	广发证券	3	3
20	石某	中信建投证券	9	10

表 4－33 展示该行业在 3 年期内基于风险—经验因子调整的可信度分数的分析师表现排名。可以看出，以风险—经验因子调整的可信度分数为评价指标时，排在前五名的分析师分别是：国泰君安证券公司的黄某、国盛证券公司的张某、海通证券公司的郑某、国泰君安证券公司的訾某及中信建投证券公司的石某。

表 4 - 33　3 年期分析师荐股评级能力评价——风险—经验因子调整的可信度分数行业：医药卫生——医药生物与服务

表现排名	分析师姓名	隶属证券公司	评级个股数量	荐股评级次数
1	黄某	国泰君安证券	6	6
2	张某	国盛证券	52	80
3	郑某	海通证券	19	24
4	訾某	国泰君安证券	45	73
5	石某	中信建投证券	9	10
6	李某	中信证券	8	10
7	林某	光大证券	32	56
8	周某	中国银河证券	5	5
9	江某	中泰证券	44	93
10	刘某	开源证券	44	59
11	曾某	东吴证券	33	67
12	许某	广发证券	25	35
13	王某	广发证券	25	40
14	王某	民生证券	32	38
15	邓某	海通证券	13	25
16	余某	海通证券	23	27
17	刘某	光大证券	29	41
18	苏某	安信证券	28	53
19	邓某	民生证券	33	45
20	鲍某	国泰君安证券	34	48

4.6.2　5 年期

基于表 3 - 5 中展示构建的行业评价指标体系，本节对医药卫生——医药生物与服务这一行业在 5 年样本期内（2017 年 1 月 1 日至 2021 年

12 月 31 日）的各项指标进行统计计算，并依据各项指标的高低对行业进行排名，结果如图 4－12 中的雷达图所示。以医药卫生——医药生物与服务行业内的上市公司股票作为荐股评级目标个股的分析师有 402 位（行业分析师关注度，行业排名第 7 位），他们来自 64 家不同的证券公司（行业券商关注度，行业排名第 2 位），针对该行业内的 309 只股票（被评个股占比 64.92%，行业排名第 16 位）发布共计 20 178 条荐股评级观测（行业评级关注度，行业排名第 3 位）。该行业的个股平均关注度方面，个股平均评级关注度为 65.30，行业排名第 8 位；个股平均分析师关注度为 1.30，行业排名第 19 位；个股平均券商关注度为 0.21，行业排名第 18 位。最后，该行业荐股评级的平均可信度为 0.4156，行业排名第 5 位。

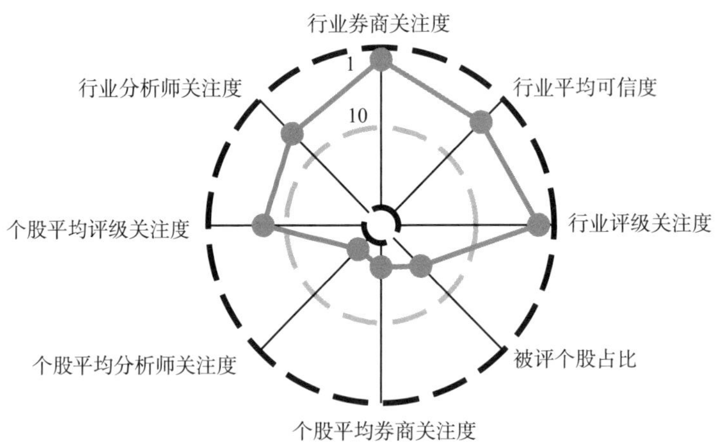

图 4－12　2017～2021 年医药卫生——医药生物与服务行业雷达图

表 4－34 展示该行业在 5 年期内基于平均可信度分数的分析师表现排名。可以看出，以平均信度分数为评价指标时，排在前五名的分析师分别是：国泰君安证券公司的黄某、中国银河证券公司的周某、爱建证券公司的侯某、国金证券公司的孙某及国元证券公司的宗某。

表 4-34 5 年期分析师荐股评级能力评价——平均可信度分数

行业：医药卫生——医药生物与服务

表现排名	分析师姓名	隶属证券公司	评级个股数量	荐股评级次数
1	黄某	国泰君安证券	6	6
2	周某	中国银河证券	5	5
3	侯某	爱建证券	4	4
4	孙某	国金证券	3	4
5	宗某	国元证券	3	4
6	刘某	太平洋证券	3	4
7	王某	信达证券	4	4
8	董某	东北证券	4	4
9	王某	中信证券	3	3
10	马某	民生证券	3	3
11	钱某	海通证券	3	3
12	付某	华金证券	3	3
13	朱某	中泰证券	3	3
14	何某	中泰证券	3	3
15	崔某	太平洋证券	3	3
16	刘某	招商证券	1	3
17	陈某	信达证券	2	3
18	胡某	华金证券	3	3
19	颜某	海通证券	2	3
20	曹某	广发证券	3	3

表 4-35 展示该行业在 5 年期内基于风险因子调整的可信度分数的分析师表现排名。可以看出，以风险因子调整的可信度分数为评价指标时，排在前五名的分析师分别是：国泰君安证券公司的黄某、中国银河证券公司的周某、爱建证券公司的侯某、国金证券公司的孙某及国元证券公司的宗某。

表 4－35　5 年期分析师荐股评级能力评价——风险因子调整的可信度分数行业：医药卫生——医药生物与服务

表现排名	分析师姓名	隶属证券公司	评级个股数量	荐股评级次数
1	黄某	国泰君安证券	6	6
2	周某	中国银河证券	5	5
3	侯某	爱建证券	4	4
4	孙某	国金证券	3	4
5	宗某	国元证券	3	4
6	刘某	太平洋证券	3	4
7	王某	信达证券	4	4
8	董某	东北证券	4	4
9	王某	中信证券	3	3
10	马某	民生证券	3	3
11	钱某	海通证券	3	3
12	付某	华金证券	3	3
13	朱某	中泰证券	3	3
14	何某	中泰证券	3	3
15	崔某	太平洋证券	3	3
16	刘某	招商证券	1	3
17	陈某	信达证券	2	3
18	胡某	华金证券	3	3
19	颜某	海通证券	2	3
20	曹某	广发证券	3	3

表 4－36 展示该行业在 5 年期内基于风险—经验因子调整的可信度分数的分析师表现排名。可以看出，以风险—经验因子调整的可信度分数为评价指标时，排在前五名的分析师分别是：国泰君安证券公司的黄某、海通证券公司的郑某、国盛证券公司的张某、中信建投证券公司的石某及中信证券公司的李某。

表 4－36　　5 年期分析师荐股评级能力评价——风险—经验因子调整的可信度分数行业：医药卫生——医药生物与服务

表现排名	分析师姓名	隶属证券公司	评级个股数量	荐股评级次数
1	黄某	国泰君安证券	6	6
2	郑某	海通证券	19	24
3	张某	国盛证券	52	84
4	石某	中信建投证券	9	10
5	李某	中信证券	8	10
6	訾某	国泰君安证券	46	75
7	林某	光大证券	32	56
8	曾某	东吴证券	40	78
9	周某	中国银河证券	5	5
10	许某	广发证券	27	39
11	王某	广发证券	28	46
12	江某	中泰证券	44	93
13	鲍某	国泰君安证券	38	57
14	苏某	安信证券	29	61
15	刘某	开源证券	47	65
16	王某	民生证券	32	38
17	邓某	海通证券	13	25
18	余某	海通证券	23	27
19	刘某	光大证券	29	41
20	谭某	国海证券	103	129

4.7　原　材　料

4.7.1　3 年期

基于表 3－5 中展示构建的行业评价指标体系，本节对原材料——原材料这一行业在3年样本期内（2019年1月1日至2021年12月31日）的各项指标进行统计计算，并依据各项指标的高低对行业进行排名，结果如图4-13中的雷达图所示。以原材料——原材料行业内的上市公司股票作为荐股评级目标个股的分析师有604位（行业分析师关注度，行业排名第2位），他们来自63家不同的证券公司（行业券商关注度，行业排名第2位），针对该行业内的435只股票（被评个股占比62.77%，行业排名第9位）发布共计15 412条荐股评级观测（行业评级关注度，行业排名第2位）。该行业的个股平均关注度方面，个股平均评级关注度为35.43，行业排名第18位；个股平均分析师关注度为1.39，行业排名第18位；个股平均券商关注度为0.14，行业排名第19位。最后，该行业荐股评级的平均可信度为0.4579，行业排名第3位。

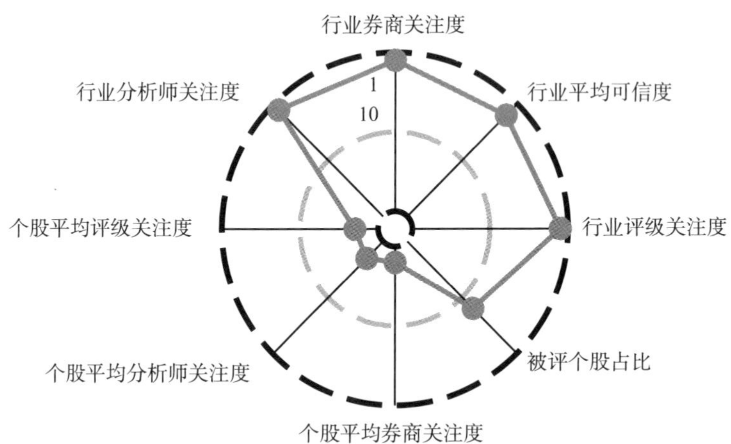

图4-13　2019~2021年原材料——原材料行业雷达图

表4-37展示该行业在3年期内基于平均可信度分数的分析师表现排名。可以看出，以平均信度分数为评价指标时，排在前五名的分析师分别是：中原证券公司的王某、华金证券公司的王某、华安证券公司的李某、浙商证券公司的陈某及信达证券公司的武某。

表 4－37　　3 年期分析师荐股评级能力评价——平均可信度分数

行业：原材料——原材料

表现排名	分析师姓名	隶属证券公司	评级个股数量	荐股评级次数
1	王某	中原证券	6	6
2	王某	华金证券	4	6
3	李某	华安证券	3	5
4	陈某	浙商证券	3	5
5	武某	信达证券	5	5
6	尉某	广发证券	5	5
7	陈某	国金证券	5	5
8	张某	国泰君安证券	2	4
9	李某	粤开证券	4	4
10	方某	爱建证券	4	4
11	张某	华创证券	4	4
12	李某	国元证券	2	3
13	胡某	安信证券	3	3
14	丁某	国盛证券	3	3
15	梁某	国开证券	3	3
16	胡某	国泰君安证券	3	3
17	陈某	华泰证券	2	3
18	何某	中泰证券	3	3
19	漆某	招商证券	3	3
20	骆某	国信证券	3	3

表 4－38 展示该行业在 3 年期内基于风险因子调整的可信度分数的分析师表现排名。可以看出，以风险因子调整的可信度分数为评价指标时，排在前五名的分析师分别是：中原证券公司的王某、华金证券公司的王某、华安证券公司的李某、浙商证券公司的陈某及信达证券公司的武某。

表 4－38　3 年期分析师荐股评级能力评价——风险因子调整的可信度分数行业：原材料——原材料

表现排名	分析师姓名	隶属证券公司	评级个股数量	荐股评级次数
1	王某	中原证券	6	6
2	王某	华金证券	4	6
3	李某	华安证券	3	5
4	陈某	浙商证券	3	5
5	武某	信达证券	5	5
6	尉某	广发证券	5	5
7	陈某	国金证券	5	5
8	张某	国泰君安证券	2	4
9	李某	粤开证券	4	4
10	方某	爱建证券	4	4
11	张某	华创证券	4	4
12	李某	国元证券	2	3
13	胡某	安信证券	3	3
14	丁某	国盛证券	3	3
15	梁某	国开证券	3	3
16	胡某	国泰君安证券	3	3
17	陈某	华泰证券	2	3
18	何某	中泰证券	3	3
19	漆某	招商证券	3	3
20	骆某	国信证券	3	3

表 4－39 展示该行业在 3 年期内基于风险—经验因子调整的可信度分数的分析师表现排名。可以看出，以风险—经验因子调整的可信度分数为评价指标时，排在前五名的分析师分别是：海通证券公司的刘某、安信证券公司的胡某、申港证券公司的曹某、海通证券公司的朱某及安信证券公司的苏某。

表 4－39　3 年期分析师荐股评级能力评价——风险—经验因子调整的可信度分数行业：原材料——原材料

表现排名	分析师姓名	隶属证券公司	评级个股数量	荐股评级次数
1	刘某	海通证券	31	40
2	胡某	安信证券	62	120
3	曹某	申港证券	17	17
4	朱某	海通证券	25	35
5	苏某	安信证券	35	58
6	王某	广发证券	25	57
7	佘某	海通证券	18	31
8	张某	国盛证券	55	103
9	王某	中原证券	6	6
10	王某	华金证券	4	6
11	周某	方正证券	31	46
12	潘某	天风证券	45	75
13	余某	海通证券	15	21
14	郑某	海通证券	27	45
15	范某	中泰证券	33	72
16	宋某	中信证券	11	26
17	陈某	东吴证券	50	82
18	黄某	太平洋证券	39	72
19	李某	华安证券	3	5
20	陈某	浙商证券	3	5

4.7.2　5 年期

基于表 3－5 中展示构建的行业评价指标体系，本节对主要消费——主要用品零售与个人用品这一行业在 5 年样本期内（2017 年 1 月 1 日至

2021 年 12 月 31 日）的各项指标进行统计计算，并依据各项指标的高低对行业进行排名，结果如图 4－14 中的雷达图所示。以主要消费——主要用品零售与个人用品行业内的上市公司股票作为荐股评级目标个股的分析师有 7 879 位（行业分析师关注度，行业排名第 2 位），他们来自 64 家不同的证券公司（行业券商关注度，行业排名第 2 位），针对该行业内的 490 只股票（被评个股占比 70. 71%，行业排名第 13 位）发布共计 24 453 条荐股评级观测（行业评级关注度，行业排名第 2 位）。该行业的个股平均关注度方面，个股平均评级关注度为 49. 9，行业排名第 17 位；个股平均分析师关注度为 1. 61，行业排名第 18 位；个股平均券商关注度为 0. 13，行业排名第 19 位。最后，该行业荐股评级的平均可信度为 0. 4161，行业排名第 4 位。

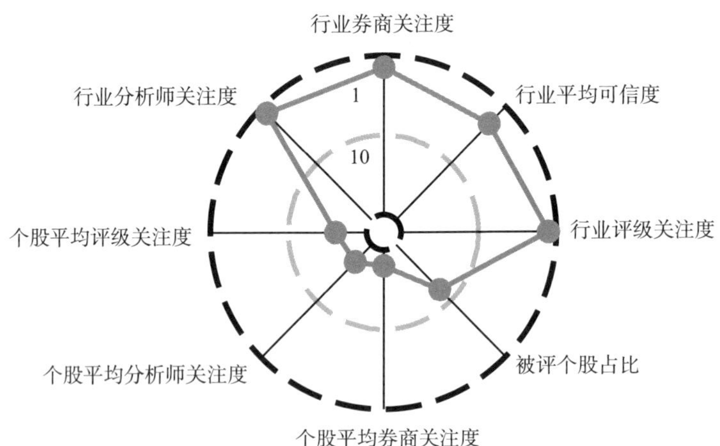

图 4－14　2017～2021 年原材料——原材料行业雷达图

表 4－40 展示该行业在 5 年期内基于平均可信度分数的分析师表现排名。可以看出，以平均信度分数为评价指标时，排在前五名的分析师分别是：中原证券公司的王某、华金证券公司的王某、华安证券公司的李某、浙商证券公司的陈某及信达证券公司的武某。

表 4 -40　　5 年期分析师荐股评级能力评价——平均可信度分数

行业：原材料——原材料

表现排名	分析师姓名	隶属证券公司	评级个股数量	荐股评级次数
1	王某	中原证券	6	6
2	王某	华金证券	4	6
3	李某	华安证券	3	5
4	陈某	浙商证券	3	5
5	武某	信达证券	5	5
6	尉某	广发证券	5	5
7	陈某	国金证券	5	5
8	庞某	西南证券	4	4
9	张某	国泰君安证券	2	4
10	李某	粤开证券	4	4
11	方某	爱建证券	4	4
12	张某	华创证券	4	4
13	赵某	兴业证券	3	3
14	张某	国盛证券	2	3
15	胡某	安信证券	3	3
16	丁某	国盛证券	3	3
17	梁某	国开证券	3	3
18	胡某	国泰君安证券	3	3
19	陈某	华泰证券	2	3
20	何某	中泰证券	3	3

表 4 -41 展示该行业在 5 年期内基于风险因子调整的可信度分数的分析师表现排名。可以看出，以风险因子调整的可信度分数为评价指标时，排在前五名的分析师分别是：中原证券公司的王某、华金证券公司的王某、华安证券公司的李某、浙商证券公司的陈某及信达证券公司的武某。

表 4－41　5 年期分析师荐股评级能力评价——风险因子调整的可信度分数行业：原材料——原材料

表现排名	分析师姓名	隶属证券公司	评级个股数量	荐股评级次数
1	王某	中原证券	6	6
2	王某	华金证券	4	6
3	李某	华安证券	3	5
4	陈某	浙商证券	3	5
5	武某	信达证券	5	5
6	尉某	广发证券	5	5
7	陈某	国金证券	5	5
8	庞某	西南证券	4	4
9	张某	国泰君安证券	2	4
10	李某	粤开证券	4	4
11	方某	爱建证券	4	4
12	张某	华创证券	4	4
13	赵某	兴业证券	3	3
14	张某	国盛证券	2	3
15	胡某	安信证券	3	3
16	丁某	国盛证券	3	3
17	梁某	国开证券	3	3
18	胡某	国泰君安证券	3	3
19	陈某	华泰证券	2	3
20	何某	中泰证券	3	3

表 4－42 展示该行业在 5 年期内基于风险—经验因子调整的可信度分数的分析师表现排名。可以看出，以风险—经验因子调整的可信度分数为评价指标时，排在前五名的分析师分别是：海通证券公司的刘某、申港证券公司的曹某、海通证券公司的朱某、安信证券公司的胡某及安信证券公司的苏某。

表 4－42 5 年期分析师荐股评级能力评价——风险—经验因子调整的可信度分数行业：原材料——原材料

表现排名	分析师姓名	隶属证券公司	评级个股数量	荐股评级次数
1	刘某	海通证券	32	41
2	曹某	申港证券	17	17
3	朱某	海通证券	25	35
4	胡某	安信证券	74	140
5	苏某	安信证券	39	70
6	佘某	海通证券	20	34
7	王某	广发证券	29	65
8	张某	国盛证券	57	107
9	王某	中原证券	6	6
10	王某	华金证券	4	6
11	周某	方正证券	31	46
12	潘某	天风证券	45	75
13	佘某	海通证券	15	21
14	郑某	海通证券	27	45
15	宋某	中信证券	11	26
16	陈某	东吴证券	63	106
17	邹某	广发证券	25	55
18	黄某	太平洋证券	50	96
19	范某	中泰证券	36	75
20	李某	华安证券	3	5

4.8 传　　媒

4.8.1 3 年期

基于表 3－5 中展示构建的行业评价指标体系，本节对通信服务——

传媒这一行业在3年样本期内（2019年1月1日至2021年12月31日）的各项指标进行统计计算，并依据各项指标的高低对行业进行排名，结果如图4－15中的雷达图所示。以通信服务——传媒行业内的上市公司股票作为荐股评级目标个股的分析师有166位（行业分析师关注度，行业排名第14位），他们来自55家不同的证券公司（行业券商关注度，行业排名第9位），针对该行业内的90只股票（被评个股占比62.94%，行业排名第8位）发布共计3 765条荐股评级观测（行业评级关注度，行业排名第11位）。该行业的个股平均关注度方面，个股平均评级关注度为41.83，行业排名第15位；个股平均分析师关注度为1.84，行业排名第13位；个股平均券商关注度为0.61，行业排名第11位。最后，该行业荐股评级的平均可信度为0.3798，行业排名第14位。

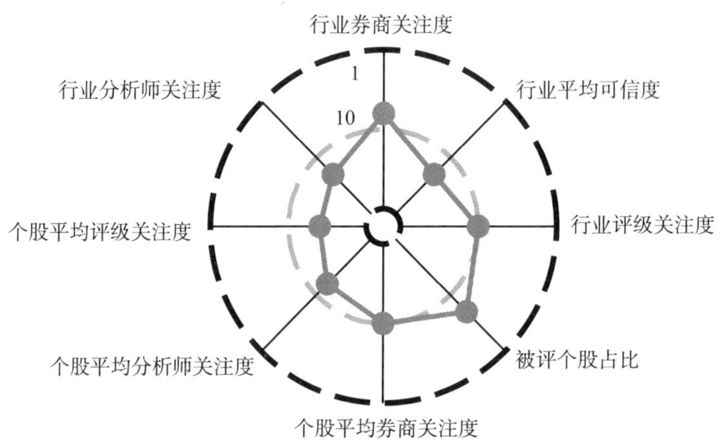

图4－15　2019～2021年通信服务——传媒行业雷达图

表4－43展示该行业在3年期内基于平均可信度分数的分析师表现排名。可以看出，以平均信度分数为评价指标时，排在前五名的分析师分别是：东方证券公司的叶某、海通证券公司的衣某、华西证券公司的宋某、长城国瑞证券公司的黄某及方正证券公司的陶某。

表 4 - 43　　3 年期分析师荐股评级能力评价——平均可信度分数行业：通信服务——传媒

表现排名	分析师姓名	隶属证券公司	评级个股数量	荐股评级次数
1	叶某	东方证券	3	6
2	衣某	海通证券	5	5
3	宋某	华西证券	4	5
4	黄某	长城国瑞证券	4	4
5	陶某	方正证券	3	4
6	黄某	东吴证券	3	4
7	张某	华创证券	3	3
8	江某	国信证券	2	3
9	王某	东吴证券	3	3
10	焦某	东吴证券	2	3
11	于某	国泰君安证券	2	3
12	王某	广发证券	3	3
13	李某	浙商证券	2	3
14	杨某	中国银河证券	3	3
15	李某	海通证券	3	3
16	刘某	兴业证券	3	3
17	马某	国信证券	3	3
18	邹某	广发证券	7	8
19	李某	国泰君安证券	7	8
20	王某	太平洋证券	7	7

表 4 - 44 展示该行业在 3 年期内基于风险因子调整的可信度分数的分析师表现排名。可以看出，以风险因子调整的可信度分数为评价指标时，排在前五名的分析师分别是：东方证券公司的叶某、海通证券公司的衣某、华西证券公司的宋某、长城国瑞证券公司的黄某及方正证券公司的陶某。

表 4-44　　3 年期分析师荐股评级能力评价——风险因子调整的可信度分数行业：通信服务——传媒

表现排名	分析师姓名	隶属证券公司	评级个股数量	荐股评级次数
1	叶某	东方证券	3	6
2	衣某	海通证券	5	5
3	宋某	华西证券	4	5
4	黄某	长城国瑞证券	4	4
5	陶某	方正证券	3	4
6	黄某	东吴证券	3	4
7	张某	华创证券	3	3
8	江某	国信证券	2	3
9	王某	东吴证券	3	3
10	焦某	东吴证券	2	3
11	于某	国泰君安证券	2	3
12	王某	广发证券	3	3
13	李某	浙商证券	2	3
14	杨某	中国银河证券	3	3
15	李某	海通证券	3	3
16	刘某	兴业证券	3	3
17	马某	国信证券	3	3
18	邹某	广发证券	7	8
19	李某	国泰君安证券	7	8
20	王某	太平洋证券	7	7

表 4-45 展示该行业在 3 年期内基于风险—经验因子调整的可信度分数的分析师表现排名。可以看出，以风险—经验因子调整的可信度分数为评价指标时，排在前五名的分析师分别是：东方证券公司的叶某、海通证券公司的衣某、华西证券公司的宋某、广发证券公司的邹某及国泰君安证券公司的李某。

表 4 - 45　　3 年期分析师荐股评级能力评价——风险—经验因子调整的可信度分数行业：通信服务——传媒

表现排名	分析师姓名	隶属证券公司	评级个股数量	荐股评级次数
1	叶某	东方证券	3	6
2	衣某	海通证券	5	5
3	宋某	华西证券	4	5
4	邹某	广发证券	7	8
5	李某	国泰君安证券	7	8
6	黄某	长城国瑞证券	4	4
7	陶某	方正证券	3	4
8	黄某	东吴证券	3	4
9	范某	中泰证券	12	18
10	张某	东吴证券	16	17
11	沈某	天风证券	23	24
12	胡某	安信证券	28	33
13	王某	太平洋证券	7	7
14	王某	华泰证券	7	7
15	陈某	广发证券	6	7
16	朱某	东吴证券	20	30
17	张某	华创证券	3	3
18	江某	国信证券	2	3
19	王某	东吴证券	3	3
20	焦某	东吴证券	2	3

4.8.2　5 年期

基于表 3 - 5 中展示构建的行业评价指标体系，本节对通信服务——传媒这一行业在 5 年样本期内（2017 年 1 月 1 日至 2021 年 12 月 31 日）

的各项指标进行统计计算，并依据各项指标的高低对行业进行排名，结果如图4－16中的雷达图所示。以通信服务——传媒行业内的上市公司股票作为荐股评级目标个股的分析师有253位（行业分析师关注度，行业排名第13位），他们来自59家不同的证券公司（行业券商关注度，行业排名第8位），针对该行业内的116只股票（被评个股占比81.11%，行业排名第4位）发布共计6 385条荐股评级观测（行业评级关注度，行业排名第11位）。该行业的个股平均关注度方面，个股平均评级关注度为55.04，行业排名第14位；个股平均分析师关注度为2.18，行业排名第15位；个股平均券商关注度为0.51，行业排名第10位。最后，该行业荐股评级的平均可信度为0.3561，行业排名第14位。

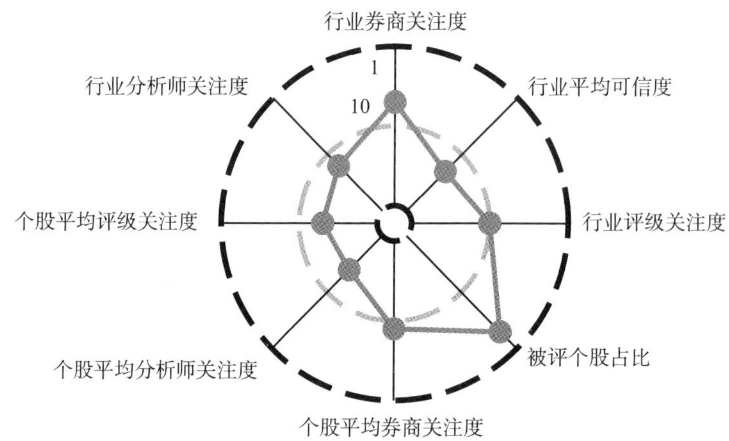

图4－16　2017～2021年通信服务——传媒行业雷达图

表4－46展示该行业在5年期内基于平均可信度分数的分析师表现排名。可以看出，以平均信度分数为评价指标时，排在前五名的分析师分别是：长城国瑞证券公司的黄某、东方证券公司的叶某、华西证券公司的宋某、方正证券公司的陶某及东吴证券公司的黄某。

表 4 -46　　5 年期分析师荐股评级能力评价——平均可信度分数

行业：通信服务——传媒

表现排名	分析师姓名	隶属证券公司	评级个股数量	荐股评级次数
1	黄某	长城国瑞证券	6	6
2	叶某	东方证券	3	6
3	宋某	华西证券	4	5
4	陶某	方正证券	3	4
5	黄某	东吴证券	3	4
6	王某	中信证券	3	3
7	康某	信达证券	2	3
8	张某	华创证券	3	3
9	焦某	东吴证券	2	3
10	于某	国泰君安证券	2	3
11	李某	浙商证券	2	3
12	杨某	中国银河证券	3	3
13	李某	海通证券	3	3
14	刘某	兴业证券	3	3
15	马某	国信证券	3	3
16	邹某	广发证券	10	11
17	李某	国泰君安证券	7	8
18	衣某	海通证券	7	7
19	王某	华泰证券	7	7
20	张某	德邦证券	5	6

表 4 -47 展示该行业在 5 年期内基于风险因子调整的可信度分数的分析师表现排名。可以看出，以风险因子调整的可信度分数为评价指标时，排在前五名的分析师分别是：长城国瑞证券公司的黄某、东方证券公司的叶某、华西证券公司的宋某、方正证券公司的陶某及东吴证券公司的黄某。

表 4－47　5 年期分析师荐股评级能力评价——风险因子调整的可信度分数行业：通信服务——传媒

表现排名	分析师姓名	隶属证券公司	评级个股数量	荐股评级次数
1	黄某	长城国瑞证券	6	6
2	叶某	东方证券	3	6
3	宋某	华西证券	4	5
4	陶某	方正证券	3	4
5	黄某	东吴证券	3	4
6	王某	中信证券	3	3
7	康某	信达证券	2	3
8	张某	华创证券	3	3
9	焦某	东吴证券	2	3
10	于某	国泰君安证券	2	3
11	李某	浙商证券	2	3
12	杨某	中国银河证券	3	3
13	李某	海通证券	3	3
14	刘某	兴业证券	3	3
15	马某	国信证券	3	3
16	邹某	广发证券	10	11
17	李某	国泰君安证券	7	8
18	衣某	海通证券	7	7
19	王某	华泰证券	7	7
20	张某	德邦证券	5	6

表 4－48 展示该行业在 5 年期内基于风险—经验因子调整的可信度分数的分析师表现排名。可以看出，以风险—经验因子调整的可信度分数为评价指标时，排在前五名的分析师分别是：广发证券公司的邹某、长城国瑞证券公司的黄某、东方证券公司的叶某、华西证券公司的宋某及安信证券公司的胡某。

表 4－48　5 年期分析师荐股评级能力评价——风险—经验因子调整的可信度分数行业：通信服务——传媒

表现排名	分析师姓名	隶属证券公司	评级个股数量	荐股评级次数
1	邹某	广发证券	10	11
2	黄某	长城国瑞证券	6	6
3	叶某	东方证券	3	6
4	宋某	华西证券	4	5
5	胡某	安信证券	40	48
6	李某	国泰君安证券	7	8
7	陶某	方正证券	3	4
8	黄某	东吴证券	3	4
9	范某	中泰证券	12	18
10	张某	东吴证券	16	17
11	衣某	海通证券	7	7
12	王某	华泰证券	7	7
13	鲍某	天风证券	25	29
14	沈某	天风证券	25	29
15	朱某	东吴证券	25	36
16	许某	广发证券	13	14
17	鄢某	招商证券	12	21
18	王某	中信证券	3	3
19	康某	信达证券	2	3
20	张某	华创证券	3	3

4.9　乘用车及零部件

4.9.1　3 年期

基于表 3－5 中展示构建的行业评价指标体系，本节对可选消费——

乘用车及零部件这一行业在3年样本期内（2019年1月1日至2021年12月31日）的各项指标进行统计计算，并依据各项指标的高低对行业进行排名，结果如图4-17中的雷达图所示。以可选消费——乘用车及零部件行业内的上市公司股票作为荐股评级目标个股的分析师有317位（行业分析师关注度，行业排名第6位），他们来自55家不同的证券公司（行业券商关注度，行业排名第9位），针对该行业内的121只股票（被评个股占比49.59%，行业排名第19位）发布共计6 290条荐股评级观测（行业评级关注度，行业排名第8位）。该行业的个股平均关注度方面，个股平均评级关注度为51.98，行业排名第7位；个股平均分析师关注度为2.62，行业排名第6位；个股平均券商关注度为0.45，行业排名第14位。最后，该行业荐股评级的平均可信度为0.4391，行业排名第6位。

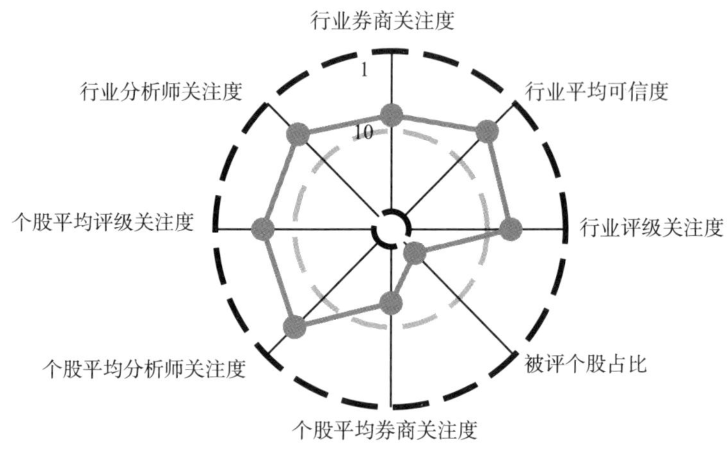

图4-17　2019~2021年可选消费——乘用车及零部件行业雷达图

表4-49展示该行业在3年期内基于平均可信度分数的分析师表现排名。可以看出，以平均信度分数为评价指标时，排在前五名的分析师分别是：中信建投证券公司的石某、东北证券公司的崔某、国泰君安证券公司的李某、光大证券公司的王某及华金证券公司的周某。

表 4－49　　3 年期分析师荐股评级能力评价——平均可信度分数

行业：可选消费——乘用车及零部件

表现排名	分析师姓名	隶属证券公司	评级个股数量	荐股评级次数
1	石某	中信建投证券	4	6
2	崔某	东北证券	5	5
3	李某	国泰君安证券	4	5
4	王某	光大证券	5	5
5	周某	华金证券	4	4
6	张某	中银国际证券	3	4
7	华某	中国银河证券	4	4
8	崔某	太平洋证券	4	4
9	和某	山西证券	2	4
10	衣某	海通证券	3	3
11	陈某	中信建投证券	3	3
12	杜某	上海证券	3	3
13	袁某	安信证券	2	3
14	林某	国盛证券	3	3
15	郑某	华泰证券	3	3
16	付某	华金证券	3	3
17	张某	海通证券	3	3
18	李某	东北证券	3	3
19	王某	光大证券	3	3
20	许某	兴业证券	3	3

表 4－50 展示该行业在 3 年期内基于风险因子调整的可信度分数的分析师表现排名。可以看出，以风险因子调整的可信度分数为评价指标时，排在前五名的分析师分别是：中信建投证券公司的石某、东北证券公司的崔某、国泰君安证券公司的李某、光大证券公司的王某及华金证券公司的周某。

表 4－50　3 年期分析师荐股评级能力评价——风险因子调整的可信度分数行业：可选消费——乘用车及零部件

表现排名	分析师姓名	隶属证券公司	评级个股数量	荐股评级次数
1	石某	中信建投证券	4	6
2	崔某	东北证券	5	5
3	李某	国泰君安证券	4	5
4	王某	光大证券	5	5
5	周某	华金证券	4	4
6	张某	中银国际证券	3	4
7	华某	中国银河证券	4	4
8	崔某	太平洋证券	4	4
9	和某	山西证券	2	4
10	衣某	海通证券	3	3
11	陈某	中信建投证券	3	3
12	杜某	上海证券	3	3
13	袁某	安信证券	2	3
14	林某	国盛证券	3	3
15	郑某	华泰证券	3	3
16	付某	华金证券	3	3
17	张某	海通证券	3	3
18	李某	东北证券	3	3
19	王某	光大证券	3	3
20	许某	兴业证券	3	3

表 4－51 展示该行业在 3 年期内基于风险—经验因子调整的可信度分数的分析师表现排名。可以看出，以风险—经验因子调整的可信度分数为评价指标时，排在前五名的分析师分别是：中信建投证券公司的石某、浙商证券公司的孙某、国盛证券公司的王某、海通证券公司的佘某及国盛证券公司的张某。

表 4－51　3 年期分析师荐股评级能力评价——风险—经验因子调整的可信度分数行业：可选消费——乘用车及零部件

表现排名	分析师姓名	隶属证券公司	评级个股数量	荐股评级次数
1	石某	中信建投证券	4	6
2	孙某	浙商证券	11	13
3	王某	国盛证券	9	9
4	佘某	海通证券	9	9
5	张某	国盛证券	31	48
6	胡某	安信证券	29	39
7	许某	广发证券	21	26
8	崔某	东北证券	5	5
9	李某	国泰君安证券	4	5
10	王某	光大证券	5	5
11	巨某	广发证券	12	17
12	陈某	海通证券	8	8
13	曹某	申港证券	8	8
14	刘某	国盛证券	18	22
15	江某	中泰证券	31	44
16	朱某	海通证券	15	18
17	曾某	东吴证券	30	56
18	花某	德邦证券	22	27
19	周某	华金证券	4	4
20	张某	中银国际证券	3	4

4.9.2　5 年期

基于表 3－5 中展示构建的行业评价指标体系，本节对可选消费——

乘用车及零部件这一行业在5年样本期内（2017年1月1日至2021年12月31日）的各项指标进行统计计算，并依据各项指标的高低对行业进行排名，结果如图4－18中的雷达图所示。以可选消费——乘用车及零部件行业内的上市公司股票作为荐股评级目标个股的分析师有451位（行业分析师关注度，行业排名第6位），他们来58家不同的证券公司（行业券商关注度，行业排名第9位），针对该行业内的151只股票（被评个股占比61.88%，行业排名第19位）发布共计9 836条荐股评级观测（行业评级关注度，行业排名第8位）。该行业的个股平均关注度方面，个股平均评级关注度为65.14，行业排名第9位；个股平均分析师关注度为2.98，行业排名第6位；个股平均券商关注度为0.38，行业排名第14位。最后，该行业荐股评级的平均可信度为0.2841，行业排名第11位。

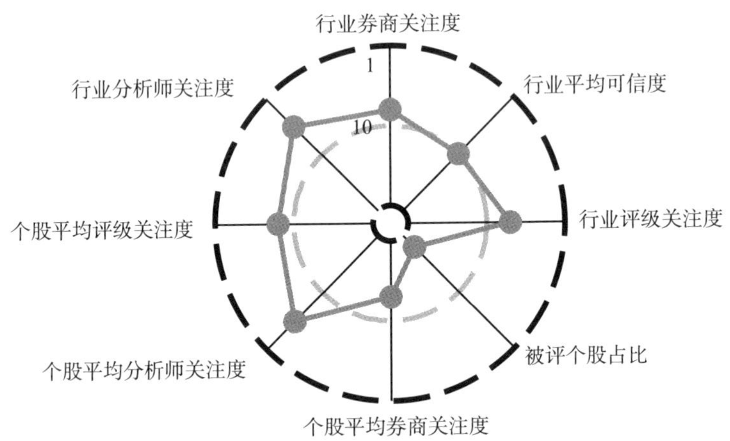

图4－18　2017～2021年可选消费——乘用车及零部件行业雷达图

表4－52展示该行业在5年期内基于平均可信度分数的分析师表现排名。可以看出，以平均信度分数为评价指标时，排在前五名的分析师分别是：中信建投证券公司的石某、东北证券公司的崔某、国泰君安证券公司的李某、光大证券公司的王某及海通证券公司的衣某。

表 4－52　　5 年期分析师荐股评级能力评价——平均可信度分数行业：可选消费——乘用车及零部件

表现排名	分析师姓名	隶属证券公司	评级个股数量	荐股评级次数
1	石某	中信建投证券	4	6
2	崔某	东北证券	5	5
3	李某	国泰君安证券	4	5
4	王某	光大证券	5	5
5	衣某	海通证券	4	4
6	袁某	安信证券	3	4
7	张某	中银国际证券	3	4
8	华某	中国银河证券	4	4
9	崔某	太平洋证券	4	4
10	和某	山西证券	2	4
11	苏某	华泰证券	2	3
12	杜某	上海证券	3	3
13	林某	国盛证券	3	3
14	郑某	华泰证券	3	3
15	付某	华金证券	3	3
16	张某	海通证券	3	3
17	李某	东北证券	3	3
18	王某	光大证券	3	3
19	许某	兴业证券	3	3
20	房某	海通证券	3	3

表 4－53 展示该行业在 5 年期内基于风险因子调整的可信度分数的分析师表现排名。可以看出，以风险因子调整的可信度分数为评价指标时，排在前五名的分析师分别是：中信建投证券公司的石某、东北证券公司的崔某、国泰君安证券公司的李某、光大证券公司的王某及海通证券公司的衣某。

表4-53　5年期分析师荐股评级能力评价——风险因子调整的可信度分数行业：可选消费——乘用车及零部件

表现排名	分析师姓名	隶属证券公司	评级个股数量	荐股评级次数
1	石某	中信建投证券	4	6
2	崔某	东北证券	5	5
3	李某	国泰君安证券	4	5
4	王某	光大证券	5	5
5	衣某	海通证券	4	4
6	袁某	安信证券	3	4
7	张某	中银国际证券	3	4
8	华某	中国银河证券	4	4
9	崔某	太平洋证券	4	4
10	和某	山西证券	2	4
11	苏某	华泰证券	2	3
12	杜某	上海证券	3	3
13	林某	国盛证券	3	3
14	郑某	华泰证券	3	3
15	付某	华金证券	3	3
16	张某	海通证券	3	3
17	李某	东北证券	3	3
18	王某	光大证券	3	3
19	许某	兴业证券	3	3
20	房某	海通证券	3	3

表4-54展示该行业在5年期内基于风险—经验因子调整的可信度分数的分析师表现排名。可以看出，以风险—经验因子调整的可信度分数为评价指标时，排在前五名的分析师分别是：中信建投证券公司的石某、国盛证券公司的张某、浙商证券公司的孙某、安信证券公司的胡某及海通证券公司的佘某。

表 4－54　5 年期分析师荐股评级能力评价——风险—经验因子调整的可信度分数行业：可选消费——乘用车及零部件

表现排名	分析师姓名	隶属证券公司	评级个股数量	荐股评级次数
1	石某	中信建投证券	4	6
2	张某	国盛证券	32	49
3	孙某	浙商证券	11	13
4	胡某	安信证券	32	44
5	佘某	海通证券	9	9
6	许某	广发证券	22	29
7	崔某	东北证券	5	5
8	李某	国泰君安证券	4	5
9	王某	光大证券	5	5
10	曾某	东吴证券	32	64
11	陈某	国泰君安证券	8	8
12	陈某	海通证券	8	8
13	曹某	申港证券	8	8
14	刘某	国盛证券	18	22
15	江某	中泰证券	31	44
16	朱某	海通证券	15	18
17	花某	德邦证券	28	35
18	衣某	海通证券	4	4
19	袁某	安信证券	3	4
20	张某	中银国际证券	3	4

4.10　消费者服务

4.10.1　3 年期

基于表 3－5 中展示构建的行业评价指标体系，本节对可选消费——

消费者服务这一行业在3年样本期内（2019年1月1日至2021年12月31日）的各项指标进行统计计算，并依据各项指标的高低对行业进行排名，结果如图4－19中的雷达图所示。以可选消费——消费者服务行业内的上市公司股票作为荐股评级目标个股的分析师有135位（行业分析师关注度，行业排名第16位），他们来自50家不同的证券公司（行业券商关注度，行业排名第14位），针对该行业内的36只股票（被评个股占比79.54%，行业排名第2位）发布共计2 107条荐股评级观测（行业评级关注度，行业排名第19位）。该行业的个股平均关注度方面，个股平均评级关注度为60.2，行业排名第4位；个股平均分析师关注度为3.86，行业排名第3位；个股平均券商关注度为1.43，行业排名第1位。最后，该行业荐股评级的平均可信度为0.4143，行业排名第11位。

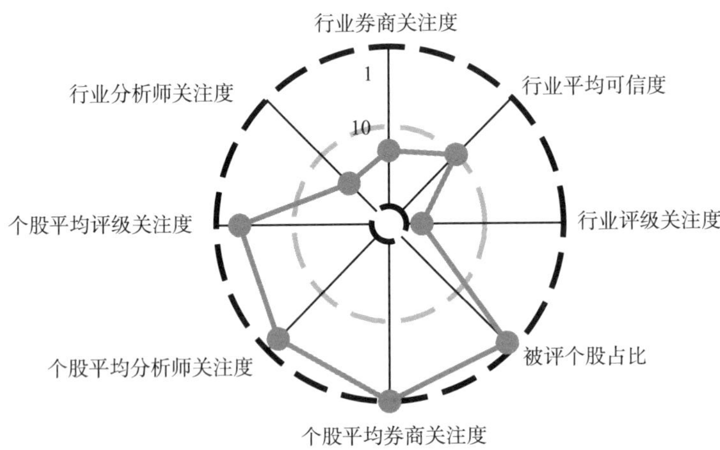

图4－19　2019～2021年可选消费——消费者服务行业雷达图

表4－55展示该行业在3年期内基于平均可信度分数的分析师表现排名。可以看出，以平均信度分数为评价指标时，排在前五名的分析师分别是：东吴证券公司的张某、中信证券公司的陈某、招商证券公司的杨某、国泰君安证券公司的刘某及开源证券公司的张某。

表 4－55　　3 年期分析师荐股评级能力评价——平均可信度分数

行业：可选消费——消费者服务

表现排名	分析师姓名	隶属证券公司	评级个股数量	荐股评级次数
1	张某	东吴证券	5	5
2	陈某	中信证券	4	5
3	杨某	招商证券	3	4
4	刘某	国泰君安证券	4	4
5	张某	开源证券	4	4
6	江某	国信证券	3	3
7	杨某	信达证券	3	3
8	钱某	太平洋证券	3	3
9	殷某	光大证券	3	3
10	陈某	海通证券	3	3
11	樊某	东兴证券	3	3
12	张某	海通证券	3	3
13	马某	太平洋证券	3	3
14	朱某	海通证券	3	3
15	余某	国盛证券	3	3
16	邓某	浙商证券	2	3
17	孙某	中泰证券	3	3
18	王某	广发证券	6	6
19	余某	招商证券	6	6
20	闫某	太平洋证券	5	6

表 4－56 展示该行业在 3 年期内基于风险因子调整的可信度分数的分析师表现排名。可以看出，以风险因子调整的可信度分数为评价指标时，排在前五名的分析师分别是：东吴证券公司的张某、中信证券公司的陈某、招商证券公司的杨某、国泰君安证券公司的刘某及开源证券公司的张某。

表4-56　3年期分析师荐股评级能力评价——风险因子调整的可信度分数行业：可选消费——消费者服务

表现排名	分析师姓名	隶属证券公司	评级个股数量	荐股评级次数
1	张某	东吴证券	5	5
2	陈某	中信证券	4	5
3	杨某	招商证券	3	4
4	刘某	国泰君安证券	4	4
5	张某	开源证券	4	4
6	江某	国信证券	3	3
7	杨某	信达证券	3	3
8	钱某	太平洋证券	3	3
9	殷某	光大证券	3	3
10	陈某	海通证券	3	3
11	樊某	东兴证券	3	3
12	张某	海通证券	3	3
13	马某	太平洋证券	3	3
14	朱某	海通证券	3	3
15	余某	国盛证券	3	3
16	邓某	浙商证券	2	3
17	孙某	中泰证券	3	3
18	王某	广发证券	6	6
19	余某	招商证券	6	6
20	闫某	太平洋证券	5	6

表4-57展示该行业在3年期内基于风险—经验因子调整的可信度分数的分析师表现排名。可以看出，以风险—经验因子调整的可信度分数为评价指标时，排在前五名的分析师分别是：东吴证券公司的张某、中信证券公司的陈某、招商证券公司的杨某、国泰君安证券公司的刘某及开源证券公司的张某。

表4－57 3年期分析师荐股评级能力评价——风险—经验因子调整的可信度分数行业：可选消费——消费者服务

表现排名	分析师姓名	隶属证券公司	评级个股数量	荐股评级次数
1	张某	东吴证券	5	5
2	陈某	中信证券	4	5
3	杨某	招商证券	3	4
4	刘某	国泰君安证券	4	4
5	张某	开源证券	4	4
6	鲍某	国泰君安证券	8	10
7	江某	国信证券	3	3
8	杨某	信达证券	3	3
9	钱某	太平洋证券	3	3
10	殷某	光大证券	3	3
11	陈某	海通证券	3	3
12	樊某	东兴证券	3	3
13	张某	海通证券	3	3
14	马某	太平洋证券	3	3
15	朱某	海通证券	3	3
16	余某	国盛证券	3	3
17	邓某	浙商证券	2	3
18	孙某	中泰证券	3	3
19	孙某	华西证券	18	19
20	江某	中泰证券	14	17

4.10.2 5年期

基于表3－5中展示构建的行业评价指标体系，本节对可选消费——消费者服务这一行业在5年样本期内（2017年1月1日至2021年12月

31 日）的各项指标进行统计计算，并依据各项指标的高低对行业进行排名，结果如图 4－20 中的雷达图所示。以可选消费——消费者服务行业内的上市公司股票作为荐股评级目标个股的分析师有 191 位（行业分析师关注度，行业排名第 17 位），他们来自 53 家不同的证券公司（行业券商关注度，行业排名第 13 位），针对该行业内的 43 只股票（被评个股占比 97.73%，行业排名第 1 位）发布共计 3 991 条荐股评级观测（行业评级关注度，行业排名第 18 位）。该行业的个股平均关注度方面，个股平均评级关注度为 92.81，行业排名第 3 位；个股平均分析师关注度为 4.44，行业排名第 3 位；个股平均券商关注度为 1.23，行业排名第 1 位。最后，该行业荐股评级的平均可信度为 0.3535，行业排名第 14 位。

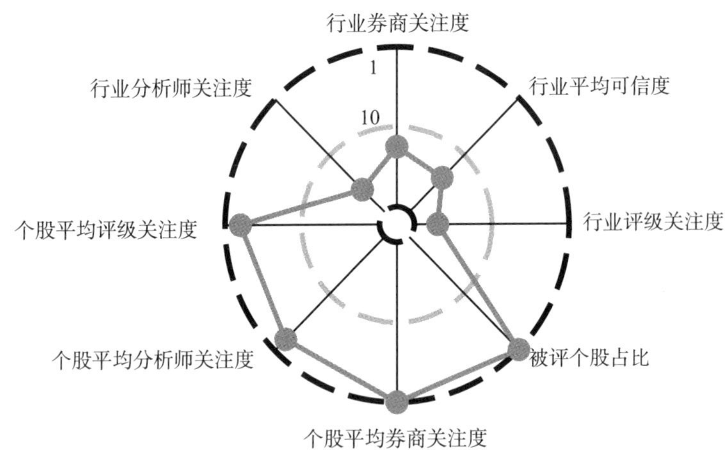

图 4－20　2017～2021 年可选消费——消费者服务行业雷达图

表 4－58 展示该行业在 5 年期内基于平均可信度分数的分析师表现排名。可以看出，以平均信度分数为评价指标时，排在前五名的分析师分别是：中信证券公司的陈某、招商证券公司的杨某、开源证券公司的张某、信达证券公司的杨某及太平洋证券公司的钱某。

表 4－58　　5 年期分析师荐股评级能力评价——平均可信度分数行业：可选消费——消费者服务

表现排名	分析师姓名	隶属证券公司	评级个股数量	荐股评级次数
1	陈某	中信证券	4	5
2	杨某	招商证券	3	4
3	张某	开源证券	4	4
4	杨某	信达证券	3	3
5	钱某	太平洋证券	3	3
6	殷某	光大证券	3	3
7	樊某	东兴证券	3	3
8	张某	海通证券	3	3
9	马某	太平洋证券	3	3
10	朱某	海通证券	3	3
11	余某	国盛证券	3	3
12	邓某	浙商证券	2	3
13	孙某	中泰证券	3	3
14	王某	广发证券	6	7
15	乐某	广发证券	6	6
16	余某	招商证券	6	6
17	闫某	太平洋证券	5	6
18	鲍某	国泰君安证券	8	11
19	刘某	国泰君安证券	5	5
20	刘某	长城证券	5	5

表 4－59 展示该行业在 5 年期内基于风险因子调整的可信度分数的分析师表现排名。可以看出，以风险因子调整的可信度分数为评价指标时，排在前五名的分析师分别是：中信证券公司的陈某、招商证券公司的杨某、开源证券公司的张某、信达证券公司的杨某及太平洋证券公司的钱某。

表 4－59　5 年期分析师荐股评级能力评价——风险因子调整的可信度分数行业：可选消费——消费者服务

表现排名	分析师姓名	隶属证券公司	评级个股数量	荐股评级次数
1	陈某	中信证券	4	5
2	杨某	招商证券	3	4
3	张某	开源证券	4	4
4	杨某	信达证券	3	3
5	钱某	太平洋证券	3	3
6	殷某	光大证券	3	3
7	樊某	东兴证券	3	3
8	张某	海通证券	3	3
9	马某	太平洋证券	3	3
10	朱某	海通证券	3	3
11	余某	国盛证券	3	3
12	邓某	浙商证券	2	3
13	孙某	中泰证券	3	3
14	王某	广发证券	6	7
15	乐某	广发证券	6	6
16	余某	招商证券	6	6
17	闫某	太平洋证券	5	6
18	鲍某	国泰君安证券	8	11
19	刘某	国泰君安证券	5	5
20	刘某	长城证券	5	5

表 4－60 展示该行业在 5 年期内基于风险—经验因子调整的可信度分数的分析师表现排名。可以看出，以风险—经验因子调整的可信度分数为评价指标时，排在前五名的分析师分别是：中信证券公司的陈某、招商证券公司的杨某、开源证券公司的张某、国泰君安证券公司的鲍某及广发证券公司的王某。

表 4－60　5 年期分析师荐股评级能力评价——风险—经验因子调整的可信度分数行业：可选消费——消费者服务

表现排名	分析师姓名	隶属证券公司	评级个股数量	荐股评级次数
1	陈某	中信证券	4	5
2	杨某	招商证券	3	4
3	张某	开源证券	4	4
4	鲍某	国泰君安证券	8	11
5	王某	广发证券	6	7
6	杨某	信达证券	3	3
7	钱某	太平洋证券	3	3
8	殷某	光大证券	3	3
9	樊某	东兴证券	3	3
10	张某	海通证券	3	3
11	马某	太平洋证券	3	3
12	朱某	海通证券	3	3
13	余某	国盛证券	3	3
14	邓某	浙商证券	2	3
15	孙某	中泰证券	3	3
16	孙某	华西证券	19	21
17	江某	中泰证券	14	17
18	张某	东吴证券	8	9
19	闻某	中泰证券	8	9
20	郑某	国盛证券	9	9

4.11　耐用消费品与服装珠宝

4.11.1　3 年期

基于表 3－5 中展示构建的行业评价指标体系，本节对可选消费——

耐用消费品与服装珠宝这一行业在3年样本期内（2019年1月1日至2021年12月31日）的各项指标进行统计计算，并依据各项指标的高低对行业进行排名，结果如图4－21中的雷达图所示。以可选消费——耐用消费品与服装珠宝行业内的上市公司股票作为荐股评级目标个股的分析师有382位（行业分析师关注度，行业排名第5位），他们来自58家不同的证券公司（行业券商关注度，行业排名第6位），针对该行业内的171只股票（被评个股占比63.80%，行业排名第6位）发布共计8 957条荐股评级观测（行业评级关注度，行业排名第6位）。该行业的个股平均关注度方面，个股平均评级关注度为52.38，行业排名第6位；个股平均分析师关注度为2.23，行业排名第9位；个股平均券商关注度为0.34，行业排名第15位。最后，该行业荐股评级的平均可信度为0.3814，行业排名第13位。

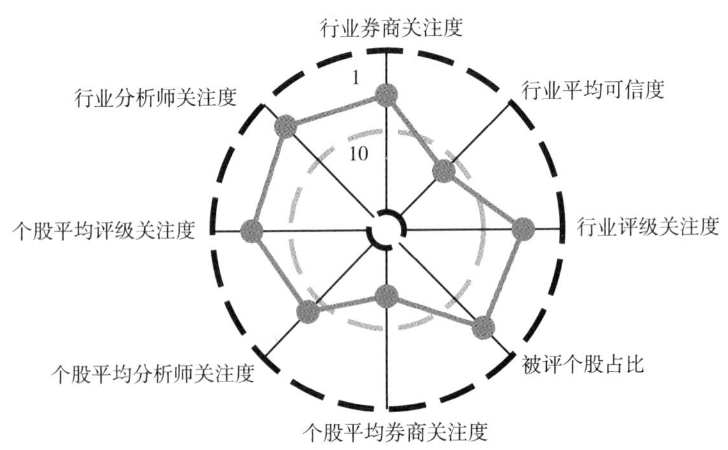

图4－21　2019～2021年可选消费——耐用消费品与服装珠宝行业雷达图

表4－61展示该行业在3年期内基于平均可信度分数的分析师表现排名。可以看出，以平均信度分数为评价指标时，排在前五名的分析师分别是：民生证券公司的杨某、中泰证券公司的陈某、中信建投证券公司的石某、华创证券公司的张某及东兴证券公司的林某。

表 4-61　3 年期分析师荐股评级能力评价——平均可信度分数

行业：可选消费——耐用消费品与服装珠宝

表现排名	分析师姓名	隶属证券公司	评级个股数量	荐股评级次数
1	杨某	民生证券	6	6
2	陈某	中泰证券	5	6
3	石某	中信建投证券	4	5
4	张某	华创证券	5	5
5	林某	东兴证券	2	3
6	黄某	中信建投证券	3	3
7	陈某	海通证券	3	3
8	胡某	民生证券	3	3
9	胡某	国泰君安证券	3	3
10	何某	中泰证券	2	3
11	陶某	方正证券	3	3
12	沈某	中航证券	3	3
13	王某	中信证券	3	3
14	赵某	华西证券	3	3
15	张某	海通证券	3	3
16	柳某	东吴证券	14	17
17	吴某	光大证券	8	8
18	邓某	海通证券	11	15
19	郑某	海通证券	12	15
20	房某	海通证券	6	7

表 4-62 展示该行业在 3 年期内基于风险因子调整的可信度分数的分析师表现排名。可以看出，以风险因子调整的可信度分数为评价指标时，排在前五名的分析师分别是：民生证券公司的杨某、中泰证券公司的陈某、中信建投证券公司的石某、华创证券公司的张某及东兴证券公司的林某。

表 4-62　3 年期分析师荐股评级能力评价——风险因子调整的可信度分数行业：可选消费——耐用消费品与服装珠宝

表现排名	分析师姓名	隶属证券公司	评级个股数量	荐股评级次数
1	杨某	民生证券	6	6
2	陈某	中泰证券	5	6
3	石某	中信建投证券	4	5
4	张某	华创证券	5	5
5	林某	东兴证券	2	3
6	黄某	中信建投证券	3	3
7	陈某	海通证券	3	3
8	胡某	民生证券	3	3
9	胡某	国泰君安证券	3	3
10	何某	中泰证券	2	3
11	陶某	方正证券	3	3
12	沈某	中航证券	3	3
13	王某	中信证券	3	3
14	赵某	华西证券	3	3
15	张某	海通证券	3	3
16	柳某	东吴证券	14	17
17	吴某	光大证券	8	8
18	邓某	海通证券	11	15
19	郑某	海通证券	12	15
20	房某	海通证券	6	7

表 4-63 展示该行业在 3 年期内基于风险—经验因子调整的可信度分数的分析师表现排名。可以看出，以风险—经验因子调整的可信度分数为评价指标时，排在前五名的分析师分别是：东吴证券公司的柳某、民生证券公司的杨某、中泰证券公司的陈某、海通证券公司的邓某及海通证券公司的郑某。

表 4－63　3 年期分析师荐股评级能力评价——风险—经验因子调整的可信度分数行业：可选消费——耐用消费品与服装珠宝

表现排名	分析师姓名	隶属证券公司	评级个股数量	荐股评级次数
1	柳某	东吴证券	14	17
2	杨某	民生证券	6	6
3	陈某	中泰证券	5	6
4	邓某	海通证券	11	15
5	郑某	海通证券	12	15
6	张某	国盛证券	38	62
7	胡某	安信证券	40	61
8	石某	中信建投证券	4	5
9	张某	华创证券	5	5
10	曾某	东吴证券	26	41
11	周某	方正证券	18	25
12	范某	中泰证券	27	41
13	邓某	民生证券	32	41
14	江某	中泰证券	34	65
15	李某	国海证券	29	44
16	孙某	海通证券	19	28
17	旷某	广发证券	16	26
18	李某	海通证券	8	12
19	许某	广发证券	36	50
20	强某	民生证券	16	19

4.11.2　5 年期

基于表 3－5 中展示构建的行业评价指标体系，本节对可选消费——耐用消费品与服装珠宝这一行业在 5 年样本期内（2017 年 1 月 1 日至

2021 年 12 月 31 日）的各项指标进行统计计算，并依据各项指标的高低对行业进行排名，结果如图 4－22 中的雷达图所示。以可选消费——耐用消费品与服装珠宝行业内的上市公司股票作为荐股评级目标个股的分析师有 551 位（行业分析师关注度，行业排名第 5 位），他们来自 61 家不同的证券公司（行业券商关注度，行业排名第 6 位），针对该行业内的 197 只股票（被评个股占比 73.51%，行业排名第 9 位）发布共计 14 124 条荐股评级观测（行业评级关注度，行业排名第 5 位）。该行业的个股平均关注度方面，个股平均评级关注度为 71.70，行业排名第 6 位；个股平均分析师关注度为 2.30，行业排名第 8 位；个股平均券商关注度为 0.31，行业排名第 15 位。最后，该行业荐股评级的平均可信度为 0.3728，行业排名第 13 位。

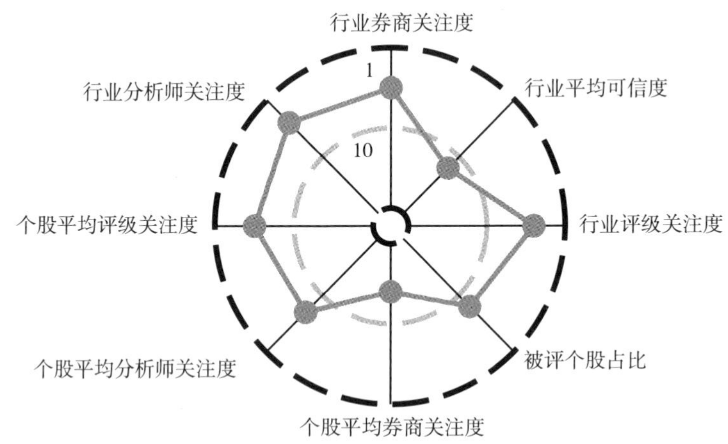

图 4－22　2017～2021 年可选消费——耐用消费品与服装珠宝行业雷达图

表 4－64 展示该行业在 5 年期内基于平均可信度分数的分析师表现排名。可以看出，以平均信度分数为评价指标时，排在前五名的分析师分别是：民生证券公司的杨某、中泰证券公司的陈某、中信建投证券公司的石某、华创证券公司的张某及中信证券公司的王某。

表 4－64　　5 年期分析师荐股评级能力评价——平均可信度分数

行业：可选消费——耐用消费品与服装珠宝

表现排名	分析师姓名	隶属证券公司	评级个股数量	荐股评级次数
1	杨某	民生证券	6	6
2	陈某	中泰证券	5	6
3	石某	中信建投证券	4	5
4	张某	华创证券	5	5
5	王某	中信证券	3	4
6	黄某	中信建投证券	3	3
7	陈某	海通证券	3	3
8	胡某	民生证券	3	3
9	胡某	国泰君安证券	3	3
10	何某	中泰证券	2	3
11	陶某	方正证券	3	3
12	沈某	中航证券	3	3
13	王某	中信证券	3	3
14	赵某	华西证券	3	3
15	张某	海通证券	3	3
16	柳某	东吴证券	14	17
17	吴某	光大证券	8	8
18	邓某	海通证券	11	15
19	郑某	海通证券	12	15
20	房某	海通证券	6	7

表 4－65 展示该行业在 5 年期内基于风险因子调整的可信度分数的分析师表现排名。可以看出，以风险因子调整的可信度分数为评价指标时，排在前五名的分析师分别是：民生证券公司的杨某、中泰证券公司的陈某、中信建投证券公司的石某、华创证券公司的张某及中信证券公司的王某。

表 4－65　5 年期分析师荐股评级能力评价——风险因子调整的可信度分数行业：可选消费——耐用消费品与服装珠宝

表现排名	分析师姓名	隶属证券公司	评级个股数量	荐股评级次数
1	杨某	民生证券	6	6
2	陈某	中泰证券	5	6
3	石某	中信建投证券	4	5
4	张某	华创证券	5	5
5	王某	中信证券	3	4
6	黄某	中信建投证券	3	3
7	陈某	海通证券	3	3
8	胡某	民生证券	3	3
9	胡某	国泰君安证券	3	3
10	何某	中泰证券	2	3
11	陶某	方正证券	3	3
12	沈某	中航证券	3	3
13	王某	中信证券	3	3
14	赵某	华西证券	3	3
15	张某	海通证券	3	3
16	柳某	东吴证券	14	17
17	吴某	光大证券	8	8
18	邓某	海通证券	11	15
19	郑某	海通证券	12	15
20	房某	海通证券	6	7

表 4－66 展示该行业在 5 年期内基于风险—经验因子调整的可信度分数的分析师表现排名。可以看出，以风险—经验因子调整的可信度分数为评价指标时，排在前五名的分析师分别是：东吴证券公司的柳某、民生证券公司的杨某、中泰证券公司的陈某、海通证券公司的邓某及海通证券公司的郑某。

表4－66　5年期分析师荐股评级能力评价——风险—经验因子调整的可信度分数行业：可选消费——耐用消费品与服装珠宝

表现排名	分析师姓名	隶属证券公司	评级个股数量	荐股评级次数
1	柳某	东吴证券	14	17
2	杨某	民生证券	6	6
3	陈某	中泰证券	5	6
4	邓某	海通证券	11	15
5	郑某	海通证券	12	15
6	胡某	安信证券	47	72
7	石某	中信建投证券	4	5
8	张某	华创证券	5	5
9	张某	国盛证券	41	68
10	王某	中信证券	3	4
11	曾某	东吴证券	32	53
12	周某	方正证券	18	25
13	范某	中泰证券	27	41
14	邓某	民生证券	32	41
15	江某	中泰证券	34	65
16	李某	国海证券	29	44
17	孙某	海通证券	19	28
18	旷某	广发证券	16	26
19	李某	海通证券	8	12
20	许某	广发证券	39	56

4.12　零　售　业

4.12.1　3年期

基于表3－5中展示构建的行业评价指标体系，本节对可选消费——

零售业这一行业在3年样本期内（2019年1月1日至2021年12月31日）的各项指标进行统计计算，并依据各项指标的高低对行业进行排名，结果如图4－23中的雷达图所示。以可选消费——零售业行业内的上市公司股票作为荐股评级目标个股的分析师有198位（行业分析师关注度，行业排名第12位），他们来自49家不同的证券公司（行业券商关注度，行业排名第15位），针对该行业内的39只股票（被评个股占比54.93%，行业排名第16位）发布共计2 451条荐股评级观测（行业评级关注度，行业排名第17位）。该行业的个股平均关注度方面，个股平均评级关注度为62.84，行业排名第3位；个股平均分析师关注度为5.07，行业排名第2位；个股平均券商关注度为1.25，行业排名第2位。最后，该行业荐股评级的平均可信度为0.3590，行业排名第15位。

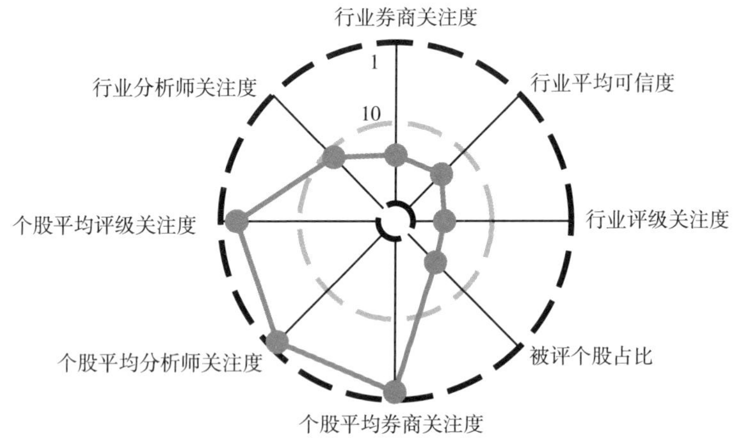

图4－23　2019～2021年可选消费——零售业行业雷达图

表4－67展示该行业在3年期内基于平均可信度分数的分析师表现排名。可以看出，以平均信度分数为评价指标时，排在前五名的分析师分别是：安信证券公司的马某、长城证券公司的吴某、国泰君安证券公司的李某、国金证券公司的吴某及华金证券公司的徐某。

表 4－67　　3 年期分析师荐股评级能力评价——平均可信度分数

行业：可选消费——零售业

表现排名	分析师姓名	隶属证券公司	评级个股数量	荐股评级次数
1	马某	安信证券	6	6
2	吴某	长城证券	5	5
3	李某	国泰君安证券	4	4
4	吴某	国金证券	3	4
5	徐某	华金证券	3	3
6	申某	方正证券	2	3
7	孙某	天风证券	3	3
8	张某	太平洋证券	3	3
9	仇某	西南证券	3	3
10	洪某	光大证券	3	3
11	刘某	天风证券	8	8
12	侯某	东吴证券	6	7
13	徐某	兴业证券	6	6
14	刘某	中信证券	5	6
15	钱某	太平洋证券	4	6
16	柳某	东吴证券	6	6
17	强某	民生证券	6	6
18	张某	安信证券	6	6
19	曾某	广发证券	8	10
20	罗某	广发证券	5	5

表 4－68 展示该行业在 3 年期内基于风险因子调整的可信度分数的分析师表现排名。可以看出，以风险因子调整的可信度分数为评价指标时，排在前五名的分析师分别是：安信证券公司的马某、长城证券公司的吴某、国泰君安证券公司的李某、国金证券公司的吴某及华金证券公司的徐某。

表 4－68　3 年期分析师荐股评级能力评价——风险因子调整的可信度分数行业：可选消费——零售业

表现排名	分析师姓名	隶属证券公司	评级个股数量	荐股评级次数
1	马某	安信证券	6	6
2	吴某	长城证券	5	5
3	李某	国泰君安证券	4	4
4	吴某	国金证券	3	4
5	徐某	华金证券	3	3
6	申某	方正证券	2	3
7	孙某	天风证券	3	3
8	张某	太平洋证券	3	3
9	仇某	西南证券	3	3
10	洪某	光大证券	3	3
11	刘某	天风证券	8	8
12	侯某	东吴证券	6	7
13	徐某	兴业证券	6	6
14	刘某	中信证券	5	6
15	钱某	太平洋证券	4	6
16	柳某	东吴证券	6	6
17	强某	民生证券	6	6
18	张某	安信证券	6	6
19	曾某	广发证券	8	10
20	罗某	广发证券	5	5

表 4－69 展示该行业在 3 年期内基于风险—经验因子调整的可信度分数的分析师表现排名。可以看出，以风险—经验因子调整的可信度分数为评价指标时，排在前五名的分析师分别是：安信证券公司的马某、长城证券公司的吴某、国泰君安证券公司的李某、国金证券公司的吴某及天风证券公司的刘某。

表4-69　3年期分析师荐股评级能力评价——风险—经验因子调整的可信度分数行业：可选消费——零售业

表现排名	分析师姓名	隶属证券公司	评级个股数量	荐股评级次数
1	马某	安信证券	6	6
2	吴某	长城证券	5	5
3	李某	国泰君安证券	4	4
4	吴某	国金证券	3	4
5	刘某	天风证券	8	8
6	王某	东北证券	15	16
7	曾某	广发证券	8	10
8	侯某	东吴证券	6	7
9	徐某	华金证券	3	3
10	申某	方正证券	2	3
11	孙某	天风证券	3	3
12	张某	太平洋证券	3	3
13	仇某	西南证券	3	3
14	洪某	光大证券	3	3
15	郝某	东吴证券	9	9
16	江某	中泰证券	14	18
17	徐某	兴业证券	6	6
18	刘某	中信证券	5	6
19	钱某	太平洋证券	4	6
20	柳某	东吴证券	6	6

4.12.2　5年期

基于表3-5中展示构建的行业评价指标体系，本节对可选消费——零售业这一行业在5年样本期内（2017年1月1日至2021年12月31

日）的各项指标进行统计计算，并依据各项指标的高低对行业进行排名，结果如图4－24中的雷达图所示。以可选消费——零售业行业内的上市公司股票作为荐股评级目标个股的分析师有275位（行业分析师关注度，行业排名第12位），他们来自53家不同的证券公司（行业券商关注度，行业排名第13位），针对该行业内的52只股票（被评个股占比73.24%，行业排名第10位）发布共计4 254条荐股评级观测（行业评级关注度，行业排名第16位）。该行业的个股平均关注度方面，个股平均评级关注度为81.81，行业排名第4位；个股平均分析师关注度为5.29，行业排名第2位；个股平均券商关注度为1.02，行业排名第3位。最后，该行业荐股评级的平均可信度为0.3768，行业排名第12位。

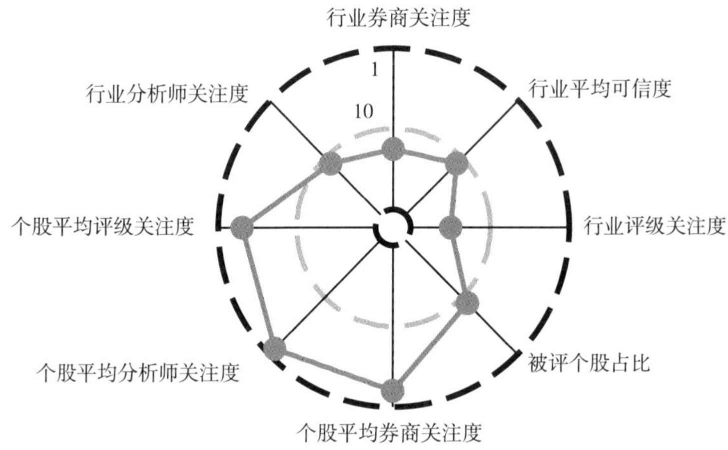

图4－24　2017～2021年可选消费——零售业行业雷达图

表4－70展示该行业在5年期内基于平均可信度分数的分析师表现排名。可以看出，以平均信度分数为评价指标时，排在前五名的分析师分别是：安信证券公司的马某、长城证券公司的吴某、国泰君安证券公司的李某、国金证券公司的吴某及国泰君安证券公司的孙某。

表 4－70　　5 年期分析师荐股评级能力评价——平均可信度分数行业：可选消费——零售业

表现排名	分析师姓名	隶属证券公司	评级个股数量	荐股评级次数
1	马某	安信证券	6	6
2	吴某	长城证券	5	5
3	李某	国泰君安证券	4	4
4	吴某	国金证券	3	4
5	孙某	国泰君安证券	3	3
6	徐某	华金证券	3	3
7	申某	方正证券	2	3
8	孙某	天风证券	3	3
9	张某	太平洋证券	3	3
10	仇某	西南证券	3	3
11	洪某	光大证券	3	3
12	刘某	天风证券	8	8
13	侯某	东吴证券	6	7
14	钱某	太平洋证券	4	6
15	柳某	东吴证券	6	6
16	强某	民生证券	6	6
17	张某	安信证券	6	6
18	胡某	华创证券	5	5
19	王某	华泰证券	5	5
20	何某	财富证券	5	5

表 4－71 展示该行业在 5 年期内基于风险因子调整的可信度分数的分析师表现排名。可以看出，以风险因子调整的可信度分数为评价指标时，排在前五名的分析师分别是：安信证券公司的马某、长城证券公司的吴某、国泰君安证券公司的李某、国金证券公司的吴某及国泰君安证券公司的孙某。

表 4－71　　5 年期分析师荐股评级能力评价——风险因子调整的可信度分数行业：可选消费——零售业

表现排名	分析师姓名	隶属证券公司	评级个股数量	荐股评级次数
1	马某	安信证券	6	6
2	吴某	长城证券	5	5
3	李某	国泰君安证券	4	4
4	吴某	国金证券	3	4
5	孙某	国泰君安证券	3	3
6	徐某	华金证券	3	3
7	申某	方正证券	2	3
8	孙某	天风证券	3	3
9	张某	太平洋证券	3	3
10	仇某	西南证券	3	3
11	洪某	光大证券	3	3
12	刘某	天风证券	8	8
13	侯某	东吴证券	6	7
14	钱某	太平洋证券	4	6
15	柳某	东吴证券	6	6
16	强某	民生证券	6	6
17	张某	安信证券	6	6
18	胡某	华创证券	5	5
19	王某	华泰证券	5	5
20	何某	财富证券	5	5

表 4－72 展示该行业在 5 年期内基于风险—经验因子调整的可信度分数的分析师表现排名。可以看出，以风险—经验因子调整的可信度分数为评价指标时，排在前五名的分析师分别是：安信证券公司的马某、长城证券公司的吴某、国泰君安证券公司的李某、国金证券公司的吴某及天风证券公司的刘某。

表 4－72　　5 年期分析师荐股评级能力评价——风险—经验因子调整的可信度分数行业：可选消费——零售业

表现排名	分析师姓名	隶属证券公司	评级个股数量	荐股评级次数
1	马某	安信证券	6	6
2	吴某	长城证券	5	5
3	李某	国泰君安证券	4	4
4	吴某	国金证券	3	4
5	刘某	天风证券	8	8
6	侯某	东吴证券	6	7
7	孙某	国泰君安证券	3	3
8	徐某	华金证券	3	3
9	申某	方正证券	2	3
10	孙某	天风证券	3	3
11	张某	太平洋证券	3	3
12	仇某	西南证券	3	3
13	洪某	光大证券	3	3
14	王某	东北证券	17	18
15	曾某	广发证券	10	12
16	江某	中泰证券	14	18
17	胡某	安信证券	28	34
18	钱某	太平洋证券	4	6
19	柳某	东吴证券	6	6
20	强某	民生证券	6	6

4.13　交通运输

4.13.1　3 年期

基于表 3－5 中展示构建的行业评价指标体系，本节对工业——交通运输这一行业在3年样本期内（2019年1月1日至2021年12月31日）的各项指标进行统计计算，并依据各项指标的高低对行业进行排名，结果如图4-25中的雷达图所示。以工业——交通运输行业内的上市公司股票作为荐股评级目标个股的分析师有132位（行业分析师关注度，行业排名第17位），他们来自46家不同的证券公司（行业券商关注度，行业排名第17位），针对该行业内的72只股票（被评个股占比56.25%，行业排名第13位）发布共计3 078条荐股评级观测（行业评级关注度，行业排名第12位）。该行业的个股平均关注度方面，个股平均评级关注度为42.75，行业排名第14位；个股平均分析师关注度为1.83，行业排名第14位；个股平均券商关注度为0.64，行业排名第9位。最后，该行业荐股评级的平均可信度为0.3304，行业排名第17位。

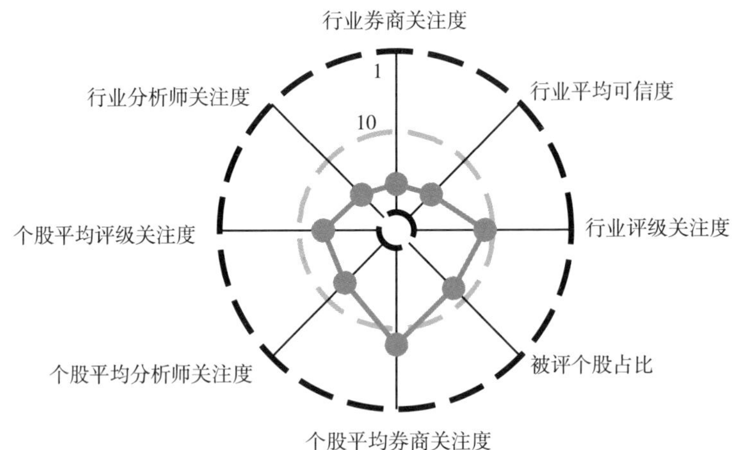

图4-25　2019~2021年工业——交通运输行业雷达图

表4-73展示该行业在3年期内基于平均可信度分数的分析师表现排名。可以看出，以平均信度分数为评价指标时，排在前五名的分析师分别是：东吴证券公司的王某、财通证券公司的沈某、海通证券公司的张某、国金证券公司的汪某及天风证券公司的李某。

表 4－73　　3 年期分析师荐股评级能力评价——平均可信度分数行业：工业——交通运输

表现排名	分析师姓名	隶属证券公司	评级个股数量	荐股评级次数
1	王某	东吴证券	3	4
2	沈某	财通证券	3	4
3	张某	海通证券	4	4
4	汪某	国金证券	4	4
5	李某	天风证券	4	4
6	宋某	国盛证券	3	3
7	马某	国联证券	2	3
8	孙某	国金证券	3	3
9	范某	中泰证券	3	3
10	胡某	民生证券	3	3
11	杜某	海通证券	3	3
12	曹某	太平洋证券	3	3
13	孙某	天风证券	3	3
14	孙某	广发证券	3	3
15	张某	兴业证券	3	3
16	吕某	民生证券	3	3
17	王某	国盛证券	2	3
18	寇某	华西证券	8	8
19	李某	招商证券	6	7
20	强某	民生证券	6	6

表 4－74 展示该行业在 3 年期内基于风险因子调整的可信度分数的分析师表现排名。可以看出，以风险因子调整的可信度分数为评价指标时，排在前五名的分析师分别是：东吴证券公司的王某、财通证券公司的沈某、海通证券公司的张某、国金证券公司的汪某及天风证券公司的李某。

表 4－74　　3 年期分析师荐股评级能力评价——风险因子调整的可信度分数行业：工业——交通运输

表现排名	分析师姓名	隶属证券公司	评级个股数量	荐股评级次数
1	王某	东吴证券	3	4
2	沈某	财通证券	3	4
3	张某	海通证券	4	4
4	汪某	国金证券	4	4
5	李某	天风证券	4	4
6	宋某	国盛证券	3	3
7	马某	国联证券	2	3
8	孙某	国金证券	3	3
9	范某	中泰证券	3	3
10	胡某	民生证券	3	3
11	杜某	海通证券	3	3
12	曹某	太平洋证券	3	3
13	孙某	天风证券	3	3
14	孙某	广发证券	3	3
15	张某	兴业证券	3	3
16	吕某	民生证券	3	3
17	王某	国盛证券	2	3
18	寇某	华西证券	8	8
19	李某	招商证券	6	7
20	强某	民生证券	6	6

表 4－75 展示该行业在 3 年期内基于风险—经验因子调整的可信度分数的分析师表现排名。可以看出，以风险—经验因子调整的可信度分数为评价指标时，排在前五名的分析师分别是：东吴证券公司的王某、财通证券公司的沈某、海通证券公司的张某、国金证券公司的汪某及天风证券公司的李某。

表 4－75　　3 年期分析师荐股评级能力评价——风险—经验因子调整的可信度分数行业：工业——交通运输

表现排名	分析师姓名	隶属证券公司	评级个股数量	荐股评级次数
1	王某	东吴证券	3	4
2	沈某	财通证券	3	4
3	张某	海通证券	4	4
4	汪某	国金证券	4	4
5	李某	天风证券	4	4
6	寇某	华西证券	8	8
7	林某	华泰证券	10	11
8	胡某	安信证券	22	28
9	李某	招商证券	6	7
10	宋某	国盛证券	3	3
11	马某	国联证券	2	3
12	孙某	国金证券	3	3
13	范某	中泰证券	3	3
14	胡某	民生证券	3	3
15	杜某	海通证券	3	3
16	曹某	太平洋证券	3	3
17	孙某	天风证券	3	3
18	孙某	广发证券	3	3
19	张某	兴业证券	3	3
20	吕某	民生证券	3	3

4.13.2　5 年期

基于表 3－5 中展示构建的行业评价指标体系，本节对工业——交通运输这一行业在 5 年样本期内（2017 年 1 月 1 日至 2021 年 12 月 31 日）

的各项指标进行统计计算，并依据各项指标的高低对行业进行排名，结果如图 4－26 中的雷达图所示。以工业——交通运输行业内的上市公司股票作为荐股评级目标个股的分析师有 199 位（行业分析师关注度，行业排名第 16 位），他们来自 49 家不同的证券公司（行业券商关注度，行业排名第 18 位），针对该行业内的 102 只股票（被评个股占比 79.69%，行业排名第 5 位）发布共计 5 130 条荐股评级观测（行业评级关注度，行业排名第 12 位）。该行业的个股平均关注度方面，个股平均评级关注度为 50.29，行业排名第 16 位；个股平均分析师关注度为 1.95，行业排名第 16 位；个股平均券商关注度为 0.48，行业排名第 12 位。最后，该行业荐股评级的平均可信度为 0.3267，行业排名第 19 位。

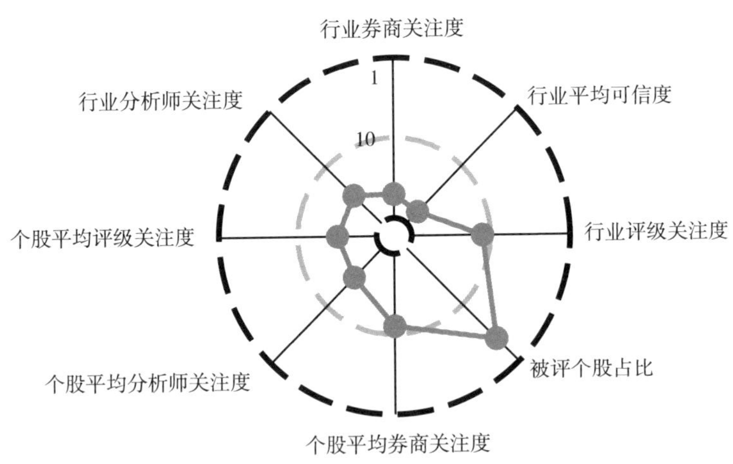

图 4－26　2017～2021 年工业——交通运输行业雷达图

表 4－76 展示该行业在 5 年期内基于平均可信度分数的分析师表现排名。可以看出，以平均信度分数为评价指标时，排在前五名的分析师分别是：安信证券公司的赵某、东吴证券公司的王某、财通证券公司的沈某、海通证券公司的张某及国金证券公司的汪某。

表 4－76　　5 年期分析师荐股评级能力评价——平均可信度分数

行业：工业——交通运输

表现排名	分析师姓名	隶属证券公司	评级个股数量	荐股评级次数
1	赵某	安信证券	4	4
2	王某	东吴证券	3	4
3	沈某	财通证券	3	4
4	张某	海通证券	4	4
5	汪某	国金证券	4	4
6	李某	天风证券	4	4
7	李某	中泰证券	3	3
8	侯某	国泰君安证券	2	3
9	吴某	天风证券	2	3
10	苏某	安信证券	3	3
11	徐某	民生证券	3	3
12	孙某	国金证券	3	3
13	范某	中泰证券	3	3
14	胡某	民生证券	3	3
15	杜某	海通证券	3	3
16	曹某	太平洋证券	3	3
17	孙某	天风证券	3	3
18	孙某	广发证券	3	3
19	张某	兴业证券	3	3
20	吕某	民生证券	3	3

表 4－77 展示该行业在 5 年期内基于风险因子调整的可信度分数的分析师表现排名。可以看出，以风险因子调整的可信度分数为评价指标时，排在前五名的分析师分别是：安信证券公司的赵某、东吴证券公司的王某、财通证券公司的沈某、海通证券公司的张某及国金证券公司的汪某。

表 4－77　5 年期分析师荐股评级能力评价——风险因子调整的可信度分数行业：工业——交通运输

表现排名	分析师姓名	隶属证券公司	评级个股数量	荐股评级次数
1	赵某	安信证券	4	4
2	王某	东吴证券	3	4
3	沈某	财通证券	3	4
4	张某	海通证券	4	4
5	汪某	国金证券	4	4
6	李某	天风证券	4	4
7	李某	中泰证券	3	3
8	侯某	国泰君安证券	2	3
9	吴某	天风证券	2	3
10	苏某	安信证券	3	3
11	徐某	民生证券	3	3
12	孙某	国金证券	3	3
13	范某	中泰证券	3	3
14	胡某	民生证券	3	3
15	杜某	海通证券	3	3
16	曹某	太平洋证券	3	3
17	孙某	天风证券	3	3
18	孙某	广发证券	3	3
19	张某	兴业证券	3	3
20	吕某	民生证券	3	3

表 4－78 展示该行业在 5 年期内基于风险—经验因子调整的可信度分数的分析师表现排名。可以看出，以风险—经验因子调整的可信度分数为评价指标时，排在前五名的分析师分别是：安信证券公司的赵某、东吴证券公司的王某、财通证券公司的沈某、海通证券公司的张某及国金证券公司的汪某。

表 4-78　　5 年期分析师荐股评级能力评价——风险—经验因子调整的可信度分数行业：工业——交通运输

表现排名	分析师姓名	隶属证券公司	评级个股数量	荐股评级次数
1	赵某	安信证券	4	4
2	王某	东吴证券	3	4
3	沈某	财通证券	3	4
4	张某	海通证券	4	4
5	汪某	国金证券	4	4
6	李某	天风证券	4	4
7	寇某	华西证券	8	8
8	胡某	安信证券	24	31
9	许某	广发证券	8	10
10	李某	招商证券	6	7
11	李某	中泰证券	3	3
12	侯某	国泰君安证券	2	3
13	吴某	天风证券	2	3
14	苏某	安信证券	3	3
15	徐某	民生证券	3	3
16	孙某	国金证券	3	3
17	范某	中泰证券	3	3
18	胡某	民生证券	3	3
19	杜某	海通证券	3	3
20	曹某	太平洋证券	3	3

4.14　商业服务与用品

4.14.1　3 年期

基于表 3-5 中展示构建的行业评价指标体系，本节对工业——商业服务与用品这一行业在3年样本期内（2019年1月1日至2021年12月31日）的各项指标进行统计计算，并依据各项指标的高低对行业进行排名，结果如图4-27中的雷达图所示。以工业——商业服务与用品行业内的上市公司股票作为荐股评级目标个股的分析师有282位（行业分析师关注度，行业排名第9位），他们来自51家不同的证券公司（行业券商关注度，行业排名第12位），针对该行业内的47只股票（被评个股占比42.73%，行业排名第20位）发布共计1 838条荐股评级观测（行业评级关注度，行业排名第20位）。该行业的个股平均关注度方面，个股平均评级关注度为39.11，行业排名第16位；个股平均分析师关注度为6，行业排名第1位；个股平均券商关注度为1.08，行业排名第3位。最后，该行业荐股评级的平均可信度为0.4287，行业排名第9位。

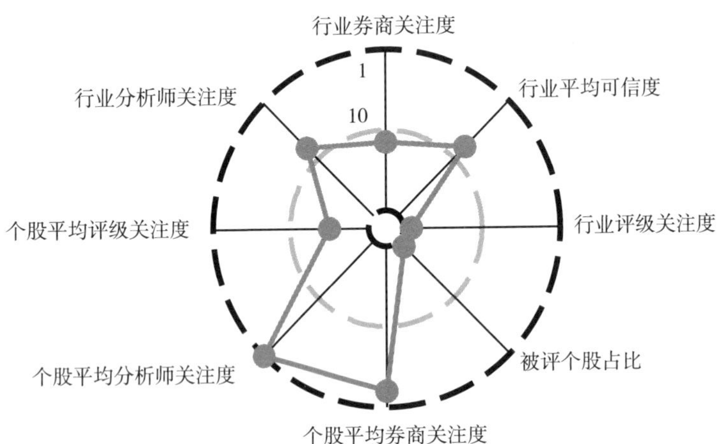

图4-27　2019~2021年工业——商业服务与用品行业雷达图

表4-79展示该行业在3年期内基于平均可信度分数的分析师表现排名。可以看出，以平均信度分数为评价指标时，排在前五名的分析师分别是：东吴证券公司的吴某、安信证券公司的苏某、海通证券公司的丁某、东北证券公司的笪某及华泰证券公司的王某。

表 4－79　　3 年期分析师荐股评级能力评价——平均可信度分数行业：工业——商业服务与用品

表现排名	分析师姓名	隶属证券公司	评级个股数量	荐股评级次数
1	吴某	东吴证券	5	6
2	苏某	安信证券	5	5
3	丁某	海通证券	5	5
4	笪某	东北证券	4	4
5	王某	华泰证券	4	4
6	谢某	中泰证券	4	4
7	齐某	安信证券	3	3
8	张某	浙商证券	2	3
9	张某	国泰君安证券	3	3
10	邱某	兴业证券	3	3
11	杨某	光大证券	3	3
12	方某	方正证券	3	3
13	闻某	海通证券	3	3
14	杨某	东吴证券	2	3
15	李某	东北证券	3	3
16	王某	国泰君安证券	2	3
17	吴某	国泰君安证券	3	3
18	梁某	海通证券	2	3
19	朱某	海通证券	3	3
20	姜某	东方证券	3	3

表 4－80 展示该行业在 3 年期内基于风险因子调整的可信度分数的分析师表现排名。可以看出，以风险因子调整的可信度分数为评价指标时，排在前五名的分析师分别是：东吴证券公司的吴某、安信证券公司的苏某、海通证券公司的丁某、东北证券公司的笪某及华泰证券公司的王某。

表 4－80　3 年期分析师荐股评级能力评价——风险因子调整的可信度分数行业：工业——商业服务与用品

表现排名	分析师姓名	隶属证券公司	评级个股数量	荐股评级次数
1	吴某	东吴证券	5	6
2	苏某	安信证券	5	5
3	丁某	海通证券	5	5
4	笪某	东北证券	4	4
5	王某	华泰证券	4	4
6	谢某	中泰证券	4	4
7	齐某	安信证券	3	3
8	张某	浙商证券	2	3
9	张某	国泰君安证券	3	3
10	邱某	兴业证券	3	3
11	杨某	光大证券	3	3
12	方某	方正证券	3	3
13	闻某	海通证券	3	3
14	杨某	东吴证券	2	3
15	李某	东北证券	3	3
16	王某	国泰君安证券	2	3
17	吴某	国泰君安证券	3	3
18	梁某	海通证券	2	3
19	朱某	海通证券	3	3
20	姜某	东方证券	3	3

表 4－81 展示该行业在 3 年期内基于风险—经验因子调整的可信度分数的分析师表现排名。可以看出，以风险—经验因子调整的可信度分数为评价指标时，排在前五名的分析师分别是：东吴证券公司的吴某、安信证券公司的苏某、海通证券公司的丁某、中信证券公司的李某及东北证券公司的笪某。

表 4-81　3 年期分析师荐股评级能力评价——风险—经验因子调整的可信度分数行业：工业——商业服务与用品

表现排名	分析师姓名	隶属证券公司	评级个股数量	荐股评级次数
1	吴某	东吴证券	5	6
2	苏某	安信证券	5	5
3	丁某	海通证券	5	5
4	李某	中信证券	6	7
5	笪某	东北证券	4	4
6	王某	华泰证券	4	4
7	谢某	中泰证券	4	4
8	郝某	东吴证券	6	6
9	徐某	国泰君安证券	5	6
10	齐某	安信证券	3	3
11	张某	浙商证券	2	3
12	张某	国泰君安证券	3	3
13	邱某	兴业证券	3	3
14	杨某	光大证券	3	3
15	方某	方正证券	3	3
16	闻某	海通证券	3	3
17	杨某	东吴证券	2	3
18	李某	东北证券	3	3
19	王某	国泰君安证券	2	3
20	吴某	国泰君安证券	3	3

4.14.2　5 年期

基于表 3-5 中展示构建的行业评价指标体系，本节对工业——商业服务与用品这一行业在 5 年样本期内（2017 年 1 月 1 日至 2021 年 12 月

31 日）的各项指标进行统计计算，并依据各项指标的高低对行业进行排名，结果如图 4－28 中的雷达图所示。以工业——商业服务与用品行业内的上市公司股票作为荐股评级目标个股的分析师有 367 位（行业分析师关注度，行业排名第 9 位），他们来自 51 家不同的证券公司（行业券商关注度，行业排名第 16 位），针对该行业内的 58 只股票（被评个股占比 52.73%，行业排名第 20 位）发布共计 2 549 条荐股评级观测（行业评级关注度，行业排名第 20 位）。该行业的个股平均关注度方面，个股平均评级关注度为 43.95，行业排名第 19 位；个股平均分析师关注度为 6.33，行业排名第 1 位；个股平均券商关注度为 0.88，行业排名第 4 位。最后，该行业荐股评级的平均可信度为 0.4115，行业排名第 6 位。

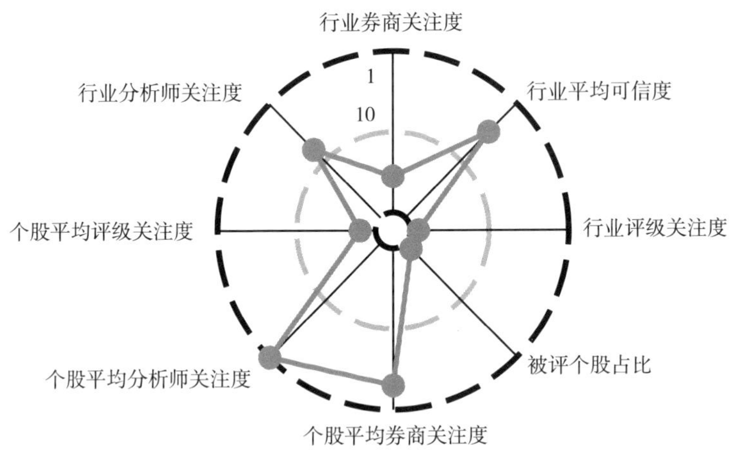

图 4－28　2017～2021 年工业——商业服务与用品行业雷达图

表 4－82 展示该行业在 5 年期内基于平均可信度分数的分析师表现排名。可以看出，以平均信度分数为评价指标时，排在前五名的分析师分别是：东吴证券公司的吴某、海通证券公司的丁某、东北证券公司的笪某、中泰证券公司的谢某及西部证券公司的雒某。

表4－82　　5年期分析师荐股评级能力评价——平均可信度分数

行业：工业——商业服务与用品

表现排名	分析师姓名	隶属证券公司	评级个股数量	荐股评级次数
1	吴某	东吴证券	5	6
2	丁某	海通证券	5	5
3	笪某	东北证券	4	4
4	谢某	中泰证券	4	4
5	雒某	西部证券	3	3
6	齐某	安信证券	3	3
7	张某	浙商证券	2	3
8	张某	国泰君安证券	3	3
9	邱某	兴业证券	3	3
10	杨某	光大证券	3	3
11	方某	方正证券	3	3
12	闻某	海通证券	3	3
13	杨某	东吴证券	2	3
14	李某	东北证券	3	3
15	王某	国泰君安证券	2	3
16	吴某	国泰君安证券	3	3
17	梁某	海通证券	2	3
18	朱某	海通证券	3	3
19	姜某	东方证券	3	3
20	邓某	中泰证券	3	3

表4－83展示该行业在5年期内基于风险因子调整的可信度分数的分析师表现排名。可以看出，以风险因子调整的可信度分数为评价指标时，排在前五名的分析师分别是：东吴证券公司的吴某、海通证券公司的丁某、东北证券公司的笪某、中泰证券公司的谢某及西部证券公司的雒某。

表 4－83　5 年期分析师荐股评级能力评价——风险因子调整的可信度分数行业：工业——商业服务与用品

表现排名	分析师姓名	隶属证券公司	评级个股数量	荐股评级次数
1	吴某	东吴证券	5	6
2	丁某	海通证券	5	5
3	笪某	东北证券	4	4
4	谢某	中泰证券	4	4
5	雒某	西部证券	3	3
6	齐某	安信证券	3	3
7	张某	浙商证券	2	3
8	张某	国泰君安证券	3	3
9	邱某	兴业证券	3	3
10	杨某	光大证券	3	3
11	方某	方正证券	3	3
12	闻某	海通证券	3	3
13	杨某	东吴证券	2	3
14	李某	东北证券	3	3
15	王某	国泰君安证券	2	3
16	吴某	国泰君安证券	3	3
17	梁某	海通证券	2	3
18	朱某	海通证券	3	3
19	姜某	东方证券	3	3
20	邓某	中泰证券	3	3

表 4－84 展示该行业在 5 年期内基于风险—经验因子调整的可信度分数的分析师表现排名。可以看出，以风险—经验因子调整的可信度分数为评价指标时，排在前五名的分析师分别是：东吴证券公司的吴某、海通证券公司的丁某、广发证券公司的罗某、国泰君安证券公司的丁某及安信证券公司的苏某。

表 4－84　　5 年期分析师荐股评级能力评价——风险—经验因子调整的可信度分数行业：工业——商业服务与用品

表现排名	分析师姓名	隶属证券公司	评级个股数量	荐股评级次数
1	吴某	东吴证券	5	6
2	丁某	海通证券	5	5
3	罗某	广发证券	7	7
4	丁某	国泰君安证券	6	7
5	苏某	安信证券	7	7
6	李某	中信证券	6	7
7	笪某	东北证券	4	4
8	谢某	中泰证券	4	4
9	徐某	国泰君安证券	5	6
10	雒某	西部证券	3	3
11	齐某	安信证券	3	3
12	张某	浙商证券	2	3
13	张某	国泰君安证券	3	3
14	邱某	兴业证券	3	3
15	杨某	光大证券	3	3
16	方某	方正证券	3	3
17	闻某	海通证券	3	3
18	杨某	东吴证券	2	3
19	李某	东北证券	3	3
20	王某	国泰君安证券	2	3

4.15　资　本　品

4.15.1　3 年期

基于表 3－5 中展示构建的行业评价指标体系，本节对工业——资本品这一行业在3年样本期内（2019年1月1日至2021年12月31日）的各项指标进行统计计算，并依据各项指标的高低对行业进行排名，结果如图4-29中的雷达图所示。以工业——资本品行业内的上市公司股票作为荐股评级目标个股的分析师有825位（行业分析师关注度，行业排名第1位），他们来自65家不同的证券公司（行业券商关注度，行业排名第1位），针对该行业内的737只股票（被评个股占比54.67%，行业排名第17位）发布共计24 751条荐股评级观测（行业评级关注度，行业排名第1位）。该行业的个股平均关注度方面，个股平均评级关注度为33.58，行业排名第19位；个股平均分析师关注度为1.12，行业排名第20位；个股平均券商关注度为0.09，行业排名第20位。最后，该行业荐股评级的平均可信度为0.4343，行业排名第7位。

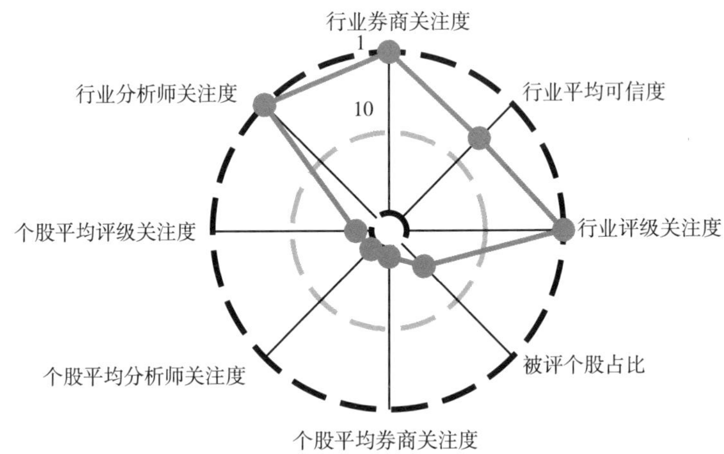

图4-29　2019~2021年工业——资本品行业雷达图

表4-85展示该行业在3年期内基于平均可信度分数的分析师表现排名。可以看出，以平均信度分数为评价指标时，排在前五名的分析师分别是：方正证券公司的陈某、开源证券公司的赖某、申港证券公司的贺某、国泰君安证券公司的张某及山西证券公司的李某。

表 4－85　　3 年期分析师荐股评级能力评价——平均可信度分数行业：工业——资本品

表现排名	分析师姓名	隶属证券公司	评级个股数量	荐股评级次数
1	陈某	方正证券	4	6
2	赖某	开源证券	4	6
3	贺某	申港证券	5	5
4	张某	国泰君安证券	3	4
5	李某	山西证券	4	4
6	何某	天风证券	3	3
7	符某	中航证券	2	3
8	蒋某	广发证券	2	3
9	韩某	东兴证券	3	3
10	孟某	国盛证券	2	3
11	梁某	中信证券	2	3
12	冯某	天风证券	3	3
13	甄某	中国银河证券	3	3
14	李某	海通证券	7	12
15	刘某	太平洋证券	7	11
16	周某	华金证券	6	9
17	岳某	招商证券	7	8
18	骆某	国金证券	5	7
19	郑某	海通证券	9	13
20	罗某	国金证券	8	12

表 4－86 展示该行业在 3 年期内基于风险因子调整的可信度分数的分析师表现排名。可以看出，以风险因子调整的可信度分数为评价指标时，排在前五名的分析师分别是：方正证券公司的陈某、开源证券公司的赖某、申港证券公司的贺某、国泰君安证券公司的张某及山西证券公司的李某。

表 4－86　3 年期分析师荐股评级能力评价——风险因子调整的可信度分数行业：工业——资本品

表现排名	分析师姓名	隶属证券公司	评级个股数量	荐股评级次数
1	陈某	方正证券	4	6
2	赖某	开源证券	4	6
3	贺某	申港证券	5	5
4	张某	国泰君安证券	3	4
5	李某	山西证券	4	4
6	何某	天风证券	3	3
7	符某	中航证券	2	3
8	蒋某	广发证券	2	3
9	韩某	东兴证券	3	3
10	孟某	国盛证券	2	3
11	梁某	中信证券	2	3
12	冯某	天风证券	3	3
13	甄某	中国银河证券	3	3
14	李某	海通证券	7	12
15	刘某	太平洋证券	7	11
16	周某	华金证券	6	9
17	岳某	招商证券	7	8
18	骆某	国金证券	5	7
19	郑某	海通证券	9	13
20	罗某	国金证券	8	12

表 4－87 展示该行业在 3 年期内基于风险—经验因子调整的可信度分数的分析师表现排名。可以看出，以风险—经验因子调整的可信度分数为评价指标时，排在前五名的分析师分别是：安信证券公司的胡某、中泰证券公司的江某、华西证券公司的孙某、海通证券公司的李某及广发证券公司的许某。

表 4 -87　　3 年期分析师荐股评级能力评价——风险—经验因子调整的可信度分数行业：工业——资本品

表现排名	分析师姓名	隶属证券公司	评级个股数量	荐股评级次数
1	胡某	安信证券	86	206
2	江某	中泰证券	53	186
3	孙某	华西证券	47	117
4	李某	海通证券	7	12
5	许某	广发证券	50	94
6	潘某	天风证券	64	123
7	李某	安信证券	37	61
8	李某	东北证券	66	125
9	曾某	东吴证券	53	153
10	郑某	国盛证券	62	103
11	范某	中泰证券	38	106
12	张某	东吴证券	39	100
13	陈某	东吴证券	66	161
14	张某	国盛证券	77	180
15	于某	民生证券	48	108
16	刘某	国盛证券	47	92
17	丁某	国泰君安证券	40	106
18	鲍某	国泰君安证券	48	101
19	王某	浙商证券	64	158
20	薛某	方正证券	37	102

4.15.2　5 年期

基于表 3 -5 中展示构建的行业评价指标体系，本节对工业——资本品这一行业在 5 年样本期内（2017 年 1 月 1 日至 2021 年 12 月 31 日）

的各项指标进行统计计算，并依据各项指标的高低对行业进行排名，结果如图 4－30 中的雷达图所示。以工业——资本品行业内的上市公司股票作为荐股评级目标个股的分析师有 1 081 位（行业分析师关注度，行业排名第 1 位），他们来自 67 家不同的证券公司（行业券商关注度，行业排名第 1 位），针对该行业内的 868 只股票（被评个股占比 64.39%，行业排名第 18 位）发布共计 40 699 条荐股评级观测（行业评级关注度，行业排名第 1 位）。该行业的个股平均关注度方面，个股平均评级关注度为 46.89，行业排名第 18 位；个股平均分析师关注度为 1.24，行业排名第 20 位；个股平均券商关注度为 0.08，行业排名第 20 位。最后，该行业荐股评级的平均可信度为 0.3924，行业排名第 8 位。

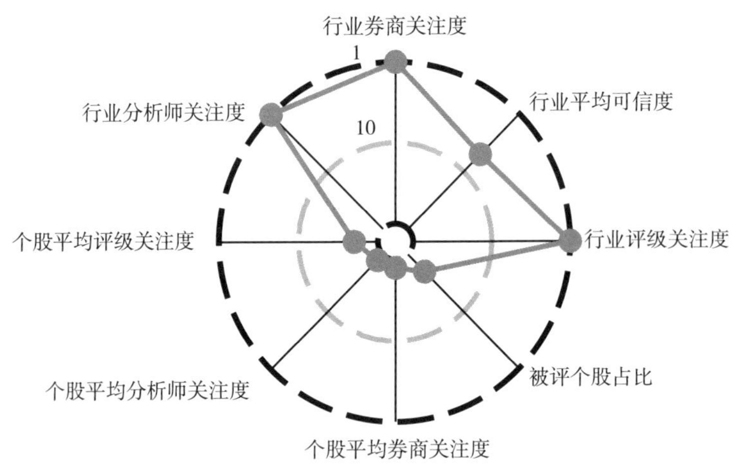

图 4－30　2017～2021 年工业——资本品行业雷达图

表 4－88 展示该行业在 5 年期内基于平均可信度分数的分析师表现排名。可以看出，以平均信度分数为评价指标时，排在前五名的分析师分别是：方正证券公司的陈某、开源证券公司的赖某、申港证券公司的贺某、中航证券公司的符某及东北证券公司的陈某。

表 4－88　　5 年期分析师荐股评级能力评价——平均可信度分数行业：工业——资本品

表现排名	分析师姓名	隶属证券公司	评级个股数量	荐股评级次数
1	陈某	方正证券	4	6
2	赖某	开源证券	4	6
3	贺某	申港证券	5	5
4	符某	中航证券	3	4
5	陈某	东北证券	4	4
6	张某	国泰君安证券	3	4
7	李某	山西证券	4	4
8	谢某	中泰证券	3	3
9	张某	长城证券	3	3
10	何某	天风证券	3	3
11	蒋某	广发证券	2	3
12	韩某	东兴证券	3	3
13	孟某	国盛证券	2	3
14	梁某	中信证券	2	3
15	冯某	天风证券	3	3
16	甄某	中国银河证券	3	3
17	李某	海通证券	7	12
18	刘某	太平洋证券	7	11
19	周某	华金证券	6	9
20	岳某	招商证券	7	8

表 4－89 展示该行业在 5 年期内基于风险因子调整的可信度分数的分析师表现排名。可以看出，以风险因子调整的可信度分数为评价指标时，排在前五名的分析师分别是：方正证券公司的陈某、开源证券公司的赖某、申港证券公司的贺某、中航证券公司的符某及东北证券公司的陈某。

表 4－89　5 年期分析师荐股评级能力评价——风险因子调整的可信度分数行业：工业——资本品

表现排名	分析师姓名	隶属证券公司	评级个股数量	荐股评级次数
1	陈某	方正证券	4	6
2	赖某	开源证券	4	6
3	贺某	申港证券	5	5
4	符某	中航证券	3	4
5	陈某	东北证券	4	4
6	张某	国泰君安证券	3	4
7	李某	山西证券	4	4
8	谢某	中泰证券	3	3
9	张某	长城证券	3	3
10	何某	天风证券	3	3
11	蒋某	广发证券	2	3
12	韩某	东兴证券	3	3
13	孟某	国盛证券	2	3
14	梁某	中信证券	2	3
15	冯某	天风证券	3	3
16	甄某	中国银河证券	3	3
17	李某	海通证券	7	12
18	刘某	太平洋证券	7	11
19	周某	华金证券	6	9
20	岳某	招商证券	7	8

表 4－90 展示该行业在 5 年期内基于风险—经验因子调整的可信度分数的分析师表现排名。可以看出，以风险—经验因子调整的可信度分数为评价指标时，排在前五名的分析师分别是：中泰证券公司的江某、东吴证券公司的曾某、广发证券公司的许某、东吴证券公司的陈某及海通证券公司的李某。

表 4-90 5 年期分析师荐股评级能力评价——风险—经验因子调整的可信度分数行业：工业——资本品

表现排名	分析师姓名	隶属证券公司	评级个股数量	荐股评级次数
1	江某	中泰证券	53	186
2	曾某	东吴证券	64	197
3	许某	广发证券	54	109
4	陈某	东吴证券	79	200
5	李某	海通证券	7	12
6	潘某	天风证券	64	123
7	孙某	华西证券	49	126
8	李某	安信证券	37	61
9	王某	浙商证券	77	197
10	范某	中泰证券	40	109
11	郑某	国盛证券	62	104
12	张某	东吴证券	43	107
13	鲍某	国泰君安证券	57	121
14	丁某	国泰君安证券	48	121
15	胡某	安信证券	107	283
16	李某	东北证券	79	148
17	张某	国盛证券	78	185
18	刘某	国盛证券	47	92
19	于某	民生证券	50	118
20	薛某	方正证券	37	107

4.16 电信服务与设备

4.16.1 3 年期

基于表 3-5 中展示构建的行业评价指标体系，本节对通信服务——

电信服务与设备这一行业在3年样本期内（2019年1月1日至2021年12月31日）的各项指标进行统计计算，并依据各项指标的高低对行业进行排名，结果如图4－31中的雷达图所示。以通信服务——电信服务与设备行业内的上市公司股票作为荐股评级目标个股的分析师有247位（行业分析师关注度，行业排名第10位），他们来自55家不同的证券公司（行业券商关注度，行业排名第9位），针对该行业内的65只股票（被评个股占比57.14%，行业排名第12位）发布共计3 057条荐股评级观测（行业评级关注度，行业排名第14位）。该行业的个股平均关注度方面，个股平均评级关注度为43.67，行业排名第13位；个股平均分析师关注度为2.57，行业排名第7位；个股平均券商关注度为0.57，行业排名第12位。最后，该行业荐股评级的平均可信度为0.4241，行业排名第10位。

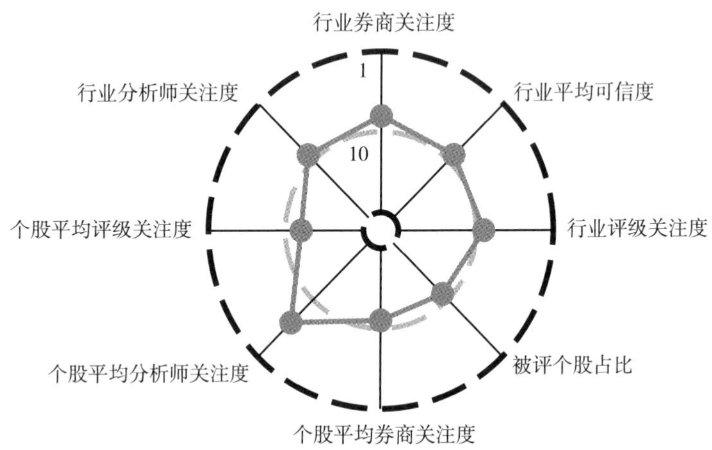

图4－31　2019～2021年通信服务——电信服务与设备行业雷达图

表4－91展示该行业在3年期内基于平均可信度分数的分析师表现排名。可以看出，以平均信度分数为评价指标时，排在前五名的分析师分别是：海通证券公司的陈某、海通证券公司的杜某、东吴证券公司的马某、山西证券公司的徐某及中信建投证券公司的石某。

表 4 – 91　　3 年期分析师荐股评级能力评价——平均可信度分数

行业：通信服务——电信服务与设备

表现排名	分析师姓名	隶属证券公司	评级个股数量	荐股评级次数
1	陈某	海通证券	5	5
2	杜某	海通证券	4	5
3	马某	东吴证券	4	4
4	徐某	山西证券	4	4
5	石某	中信建投证券	4	4
6	李某	招商证券	4	4
7	张某	海通证券	4	4
8	任某	开源证券	4	4
9	唐某	天风证券	1	3
10	周某	华西证券	3	3
11	刘某	广发证券	3	3
12	段某	开源证券	3	3
13	胡某	国元证券	3	3
14	梁某	海通证券	3	3
15	马某	民生证券	3	3
16	邹某	长城证券	2	3
17	彭某	国泰君安证券	3	3
18	胡某	民生证券	3	3
19	傅某	光大证券	2	3
20	余某	中银国际证券	2	3

表 4 – 92 展示该行业在 3 年期内基于风险因子调整的可信度分数的分析师表现排名。可以看出，以风险因子调整的可信度分数为评价指标时，排在前五名的分析师分别是：海通证券公司的陈某、海通证券公司的杜某、东吴证券公司的马某、山西证券公司的徐某及中信建投证券公司的石某。

表 4－92　3 年期分析师荐股评级能力评价——风险因子调整的可信度分数行业：通信服务——电信服务与设备

表现排名	分析师姓名	隶属证券公司	评级个股数量	荐股评级次数
1	陈某	海通证券	5	5
2	杜某	海通证券	4	5
3	马某	东吴证券	4	4
4	徐某	山西证券	4	4
5	石某	中信建投证券	4	4
6	李某	招商证券	4	4
7	张某	海通证券	4	4
8	任某	开源证券	4	4
9	唐某	天风证券	1	3
10	周某	华西证券	3	3
11	刘某	广发证券	3	3
12	段某	开源证券	3	3
13	胡某	国元证券	3	3
14	梁某	海通证券	3	3
15	马某	民生证券	3	3
16	邹某	长城证券	2	3
17	彭某	国泰君安证券	3	3
18	胡某	民生证券	3	3
19	傅某	光大证券	2	3
20	余某	中银国际证券	2	3

表 4－93 展示该行业在 3 年期内基于风险—经验因子调整的可信度分数的分析师表现排名。可以看出，以风险—经验因子调整的可信度分数为评价指标时，排在前五名的分析师分别是：海通证券公司的佘某、海通证券公司的陈某、海通证券公司的杜某、国金证券公司的姚某及东吴证券公司的郝某。

表 4－93　　3 年期分析师荐股评级能力评价——风险—经验因子调整的可信度分数行业：通信服务——电信服务与设备

表现排名	分析师姓名	隶属证券公司	评级个股数量	荐股评级次数
1	佘某	海通证券	6	9
2	陈某	海通证券	5	5
3	杜某	海通证券	4	5
4	姚某	国金证券	7	8
5	郝某	东吴证券	8	8
6	杨某	中银国际证券	7	11
7	罗某	广发证券	14	18
8	马某	东吴证券	4	4
9	徐某	山西证券	4	4
10	石某	中信建投证券	4	4
11	李某	招商证券	4	4
12	张某	海通证券	4	4
13	任某	开源证券	4	4
14	唐某	东北证券	17	23
15	王某	广发证券	12	17
16	鲍某	国泰君安证券	14	17
17	吴某	国泰君安证券	9	10
18	胡某	安信证券	33	38
19	袁某	国金证券	7	7
20	涂某	海通证券	7	7

4.16.2　5 年期

基于表 3－5 中展示构建的行业评价指标体系，本节对通信服务——电信服务与设备这一行业在 5 年样本期内（2017 年 1 月 1 日至 2021 年

12 月 31 日）的各项指标进行统计计算，并依据各项指标的高低对行业进行排名，结果如图 4－32 中的雷达图所示。以通信服务——电信服务与设备行业内的上市公司股票作为荐股评级目标个股的分析师有 357 位（行业分析师关注度，行业排名第 10 位），他们来自 56 家不同的证券公司（行业券商关注度，行业排名第 10 位），针对该行业内的 89 只股票（被评个股占比45.90%，行业排名第13 位）发布共计4 974 条荐股评级观测（行业评级关注度，行业排名第 13 位）。该行业的个股平均关注度方面，个股平均评级关注度为 58.18，行业排名第 12 位；个股平均分析师关注度为 2.92，行业排名第 7 位；个股平均券商关注度为 0.46，行业排名第 13 位。最后，该行业荐股评级的平均可信度为 0.4064，行业排名第 7 位。

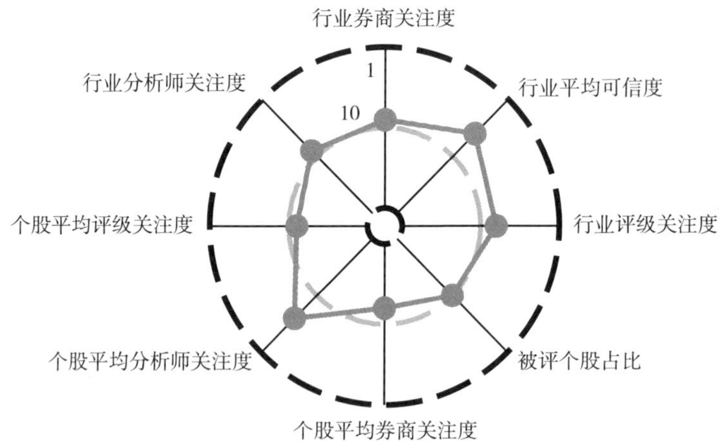

图 4－32　2017～2021 年通信服务——电信服务与设备行业雷达图

表 4－94 展示该行业在 5 年期内基于平均可信度分数的分析师表现排名。可以看出，以平均信度分数为评价指标时，排在前五名的分析师分别是：东吴证券公司的马某、海通证券公司的陈某、海通证券公司的杜某、广发证券公司的刘某及中信建投证券公司的石某。

表 4 –94　　5 年期分析师荐股评级能力评价——平均可信度分数

行业：通信服务——电信服务与设备

表现排名	分析师姓名	隶属证券公司	评级个股数量	荐股评级次数
1	马某	东吴证券	5	6
2	陈某	海通证券	5	5
3	杜某	海通证券	4	5
4	刘某	广发证券	4	4
5	石某	中信建投证券	4	4
6	李某	招商证券	4	4
7	张某	海通证券	4	4
8	任某	开源证券	4	4
9	唐某	天风证券	1	3
10	周某	华西证券	3	3
11	段某	开源证券	3	3
12	胡某	国元证券	3	3
13	梁某	海通证券	3	3
14	马某	民生证券	3	3
15	邹某	长城证券	2	3
16	彭某	国泰君安证券	3	3
17	胡某	民生证券	3	3
18	傅某	光大证券	2	3
19	余某	中银国际证券	2	3
20	王某	国泰君安证券	3	3

表 4 –95 展示该行业在 5 年期内基于风险因子调整的可信度分数的分析师表现排名。可以看出，以风险因子调整的可信度分数为评价指标时，排在前五名的分析师分别是：东吴证券公司的马某、海通证券公司的陈某、海通证券公司的杜某、广发证券公司的刘某及中信建投证券公司的石某。

表 4 - 95　　5 年期分析师荐股评级能力评价——风险因子调整的可信度分数行业：通信服务——电信服务与设备

表现排名	分析师姓名	隶属证券公司	评级个股数量	荐股评级次数
1	马某	东吴证券	5	6
2	陈某	海通证券	5	5
3	杜某	海通证券	4	5
4	刘某	广发证券	4	4
5	石某	中信建投证券	4	4
6	李某	招商证券	4	4
7	张某	海通证券	4	4
8	任某	开源证券	4	4
9	唐某	天风证券	1	3
10	周某	华西证券	3	3
11	段某	开源证券	3	3
12	胡某	国元证券	3	3
13	梁某	海通证券	3	3
14	马某	民生证券	3	3
15	邹某	长城证券	2	3
16	彭某	国泰君安证券	3	3
17	胡某	民生证券	3	3
18	傅某	光大证券	2	3
19	余某	中银国际证券	2	3
20	王某	国泰君安证券	3	3

表 4 - 96 展示该行业在 5 年期内基于风险—经验因子调整的可信度分数的分析师表现排名。可以看出，以风险—经验因子调整的可信度分数为评价指标时，排在前五名的分析师分别是：东吴证券公司的马某、海通证券公司的陈某、海通证券公司的杜某、海通证券公司的余某及广发证券公司的罗某。

表 4－96　　5 年期分析师荐股评级能力评价——风险—经验因子调整的可信度分数行业：通信服务——电信服务与设备

表现排名	分析师姓名	隶属证券公司	评级个股数量	荐股评级次数
1	马某	东吴证券	5	6
2	陈某	海通证券	5	5
3	杜某	海通证券	4	5
4	佘某	海通证券	8	12
5	罗某	广发证券	16	21
6	姚某	国金证券	8	11
7	杨某	中银国际证券	7	11
8	王某	广发证券	13	18
9	刘某	广发证券	4	4
10	石某	中信建投证券	4	4
11	李某	招商证券	4	4
12	张某	海通证券	4	4
13	任某	开源证券	4	4
14	王某	东北证券	24	28
15	唐某	东北证券	17	23
16	胡某	安信证券	37	44
17	鲍某	国泰君安证券	14	17
18	吴某	国泰君安证券	9	10
19	陈某	东吴证券	22	28
20	袁某	国金证券	7	7

4.17　能　　源

4.17.1　3 年期

基于表 3－5 中展示构建的行业评价指标体系，本节对能源——能源这一行业在3年样本期内（2019年1月1日至2021年12月31日）的各项指标进行统计计算，并依据各项指标的高低对行业进行排名，结果如图4-33中的雷达图所示。以能源——能源行业内的上市公司股票作为荐股评级目标个股的分析师有187位（行业分析师关注度，行业排名第13位），他们来自46家不同的证券公司（行业券商关注度，行业排名第17位），针对该行业内的65只股票（被评个股占比66.67%，行业排名第5位）发布共计3 057条荐股评级观测（行业评级关注度，行业排名第14位）。该行业的个股平均关注度方面，个股平均评级关注度为47.30，行业排名第9位；个股平均分析师关注度为3.46，行业排名第5位；个股平均券商关注度为0.85，行业排名第5位。最后，该行业荐股评级的平均可信度为0.4127，行业排名第12位。

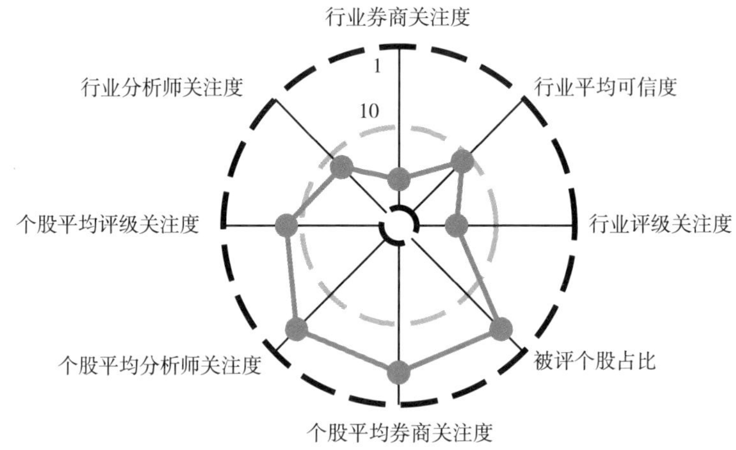

图4-33　2019~2021年能源——能源行业雷达图

表4-97展示该行业在3年期内基于平均可信度分数的分析师表现排名。可以看出，以平均信度分数为评价指标时，排在前五名的分析师分别是：广发证券公司的罗某、太平洋证券公司的柳某、中泰证券公司的张某、中银国际证券公司的杨某及德邦证券公司的闫某。

表 4－97　　3 年期分析师荐股评级能力评价——平均可信度分数行业：能源——能源

表现排名	分析师姓名	隶属证券公司	评级个股数量	荐股评级次数
1	罗某	广发证券	5	5
2	柳某	太平洋证券	5	5
3	张某	中泰证券	5	5
4	杨某	中银国际证券	4	4
5	闫某	德邦证券	3	4
6	赵某	光大证券	4	4
7	王某	国泰君安证券	4	4
8	马某	国联证券	3	3
9	高某	浙商证券	3	3
10	王某	光大证券	3	3
11	张某	光大证券	2	3
12	孙某	中信证券	3	3
13	杜某	海通证券	3	3
14	季某	东方证券	6	7
15	林某	华金证券	6	6
16	安某	东北证券	6	6
17	刘某	华西证券	13	16
18	丁某	国泰君安证券	10	10
19	王某	国盛证券	5	5
20	黄某	国盛证券	5	5

表 4－98 展示该行业在 3 年期内基于风险因子调整的可信度分数的分析师表现排名。可以看出，以风险因子调整的可信度分数为评价指标时，排在前五名的分析师分别是：广发证券公司的罗某、太平洋证券公司的柳某、中泰证券公司的张某、中银国际证券公司的杨某及德邦证券公司的闫某。

表 4－98　3 年期分析师荐股评级能力评价——风险因子调整的可信度分数行业：能源——能源

表现排名	分析师姓名	隶属证券公司	评级个股数量	荐股评级次数
1	罗某	广发证券	5	5
2	柳某	太平洋证券	5	5
3	张某	中泰证券	5	5
4	杨某	中银国际证券	4	4
5	闫某	德邦证券	3	4
6	赵某	光大证券	4	4
7	王某	国泰君安证券	4	4
8	马某	国联证券	3	3
9	高某	浙商证券	3	3
10	王某	光大证券	3	3
11	张某	光大证券	2	3
12	孙某	中信证券	3	3
13	杜某	海通证券	3	3
14	季某	东方证券	6	7
15	林某	华金证券	6	6
16	安某	东北证券	6	6
17	刘某	华西证券	13	16
18	丁某	国泰君安证券	10	10
19	王某	国盛证券	5	5
20	黄某	国盛证券	5	5

表 4－99 展示该行业在 3 年期内基于风险—经验因子调整的可信度分数的分析师表现排名。可以看出，以风险—经验因子调整的可信度分数为评价指标时，排在前五名的分析师分别是：华西证券公司的刘某、广发证券公司的罗某、太平洋证券公司的柳某、中泰证券公司的张某及东方证券公司的姜某。

表 4 -99　　3 年期分析师荐股评级能力评价——风险—经验因子调整的可信度分数行业：能源——能源

表现排名	分析师姓名	隶属证券公司	评级个股数量	荐股评级次数
1	刘某	华西证券	13	16
2	罗某	广发证券	5	5
3	柳某	太平洋证券	5	5
4	张某	中泰证券	5	5
5	姜某	东方证券	10	15
6	杨某	中银国际证券	4	4
7	闫某	德邦证券	3	4
8	赵某	光大证券	4	4
9	王某	国泰君安证券	4	4
10	丁某	国泰君安证券	10	10
11	季某	东方证券	6	7
12	周某	国海证券	9	11
13	花某	德邦证券	10	11
14	马某	国联证券	3	3
15	高某	浙商证券	3	3
16	王某	光大证券	3	3
17	张某	光大证券	2	3
18	孙某	中信证券	3	3
19	杜某	海通证券	3	3
20	林某	华金证券	6	6

4.17.2　5 年期

基于表 3 -5 中展示构建的行业评价指标体系，本节对能源——能源这一行业在 5 年样本期内（2017 年 1 月 1 日至 2021 年 12 月 31 日）的各项指标进行统计计算，并依据各项指标的高低对行业进行排名，结果如图 4－34 中的雷达图所示。以能源——能源行业内的上市公司股票作为荐股评级目标个股的分析师有 240 位（行业分析师关注度，行业排名第 14 位），他们来自 51 家不同的证券公司（行业券商关注度，行业排名第 16 位），针对该行业内的 89 只股票（被评个股占比 79.69%，行业排名第 5 位）发布共计 4 974 条荐股评级观测（行业评级关注度，行业排名第 13 位）。该行业的个股平均关注度方面，个股平均评级关注度为 65.75，行业排名第 7 位；个股平均分析师关注度为 3.75，行业排名第 5 位；个股平均券商关注度为 0.79，行业排名第 5 位。最后，该行业荐股评级的平均可信度为 0.3878，行业排名第 10 位。

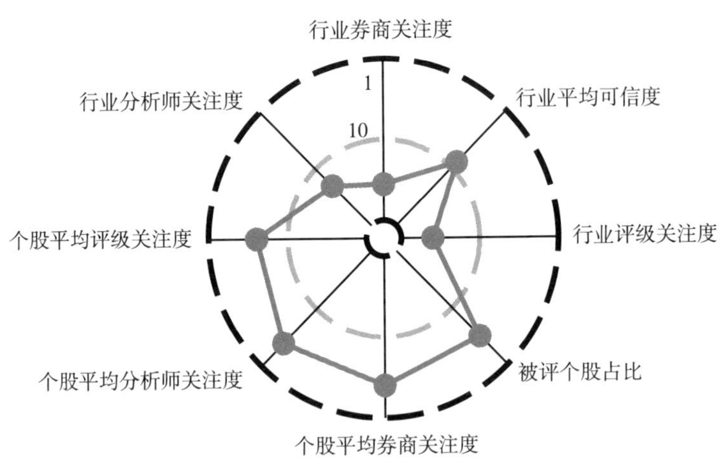

图 4－34　2017～2021 年能源——能源行业雷达图

表 4－100 展示该行业在 5 年期内基于平均可信度分数的分析师表现排名。可以看出，以平均信度分数为评价指标时，排在前五名的分析师分别是：广发证券公司的罗某、太平洋证券公司的柳某、中泰证券公司的张某、中银国际证券公司的杨某及德邦证券公司的闫某。

表 4－100　5 年期分析师荐股评级能力评价——平均可信度分数行业：能源——能源

表现排名	分析师姓名	隶属证券公司	评级个股数量	荐股评级次数
1	罗某	广发证券	5	5
2	柳某	太平洋证券	5	5
3	张某	中泰证券	5	5
4	杨某	中银国际证券	4	4
5	闫某	德邦证券	3	4
6	赵某	光大证券	4	4
7	王某	国泰君安证券	4	4
8	骆某	国金证券	3	3
9	马某	国联证券	3	3
10	王某	光大证券	3	3
11	张某	光大证券	2	3
12	孙某	中信证券	3	3
13	杜某	海通证券	3	3
14	季某	东方证券	6	7
15	王某	国盛证券	6	6
16	林某	华金证券	6	6
17	安某	东北证券	6	6
18	刘某	华西证券	14	17
19	丁某	国泰君安证券	11	11
20	戴某	中信证券	4	5

表 4－101 展示该行业在 5 年期内基于风险因子调整的可信度分数的分析师表现排名。可以看出，以风险因子调整的可信度分数为评价指标时，排在前五名的分析师分别是：广发证券公司的罗某、太平洋证券公司的柳某、中泰证券公司的张某、中银国际证券公司的杨某及德邦证券公司的闫某。

表 4－101　5 年期分析师荐股评级能力评价——风险因子调整的可信度分数行业：能源——能源

表现排名	分析师姓名	隶属证券公司	评级个股数量	荐股评级次数
1	罗某	广发证券	5	5
2	柳某	太平洋证券	5	5
3	张某	中泰证券	5	5
4	杨某	中银国际证券	4	4
5	闫某	德邦证券	3	4
6	赵某	光大证券	4	4
7	王某	国泰君安证券	4	4
8	骆某	国金证券	3	3
9	马某	国联证券	3	3
10	王某	光大证券	3	3
11	张某	光大证券	2	3
12	孙某	中信证券	3	3
13	杜某	海通证券	3	3
14	季某	东方证券	6	7
15	刘某	华西证券	14	17
16	王某	国盛证券	6	6
17	林某	华金证券	6	6
18	安某	东北证券	6	6
19	丁某	国泰君安证券	11	11
20	戴某	中信证券	4	5

表 4－102 展示该行业在 5 年期内基于风险—经验因子调整的可信度分数的分析师表现排名。可以看出，以风险—经验因子调整的可信度分数为评价指标时，排在前五名的分析师分别是：华西证券公司的刘某、广发证券公司的罗某、太平洋证券公司的柳某、中泰证券公司的张某及国泰君安证券公司的丁某。

表 4-102　5 年期分析师荐股评级能力评价——风险—经验因子调整的可信度分数行业：能源——能源

表现排名	分析师姓名	隶属证券公司	评级个股数量	荐股评级次数
1	刘某	华西证券	14	17
2	罗某	广发证券	5	5
3	柳某	太平洋证券	5	5
4	张某	中泰证券	5	5
5	丁某	国泰君安证券	11	11
6	姜某	东方证券	10	15
7	杨某	中银国际证券	4	4
8	闫某	德邦证券	3	4
9	赵某	光大证券	4	4
10	王某	国泰君安证券	4	4
11	季某	东方证券	6	7
12	邹某	广发证券	9	9
13	李某	东北证券	19	21
14	周某	国海证券	9	11
15	花某	德邦证券	15	16
16	骆某	国金证券	3	3
17	马某	国联证券	3	3
18	王某	光大证券	3	3
19	张某	光大证券	2	3
20	孙某	中信证券	3	3

4.18 其他金融

4.18.1 3 年期

基于表 3-5 中展示构建的行业评价指标体系，本节对金融——其他金融这一行业在3年样本期内（2019年1月1日至2021年12月31日）的各项指标进行统计计算，并依据各项指标的高低对行业进行排名，结果如图4－35中的雷达图所示。以金融——其他金融行业内的上市公司股票作为荐股评级目标个股的分析师有128位（行业分析师关注度，行业排名第18位），他们来自51家不同的证券公司（行业券商关注度，行业排名第12位），针对该行业内的65只股票（被评个股占比72.53%，行业排名第3位）发布共计3 057条荐股评级观测（行业评级关注度，行业排名第14位）。该行业的个股平均关注度方面，个股平均评级关注度为46.44，行业排名第11位；个股平均分析师关注度为1.94，行业排名第12位；个股平均券商关注度为0.77，行业排名第6位。最后，该行业荐股评级的平均可信度为0.3514，行业排名第16位。

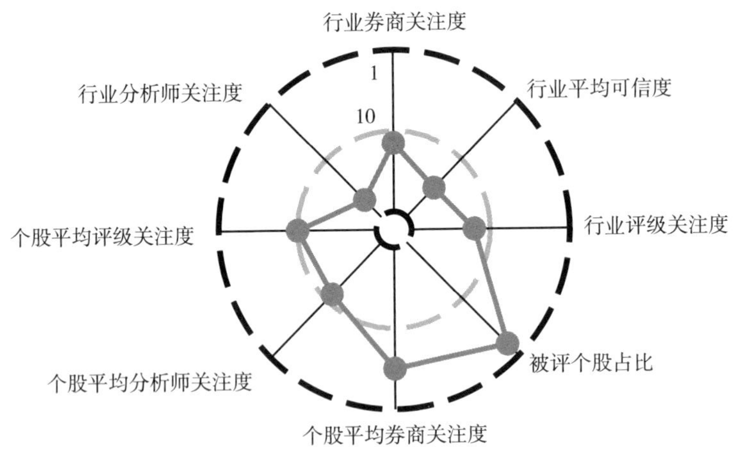

图4－35　2019～2021年金融——其他金融行业雷达图

表4－103展示该行业在3年期内基于平均可信度分数的分析师表现排名。可以看出，以平均信度分数为评价指标时，排在前五名的分析师分别是：太平洋证券公司的刘某、东吴证券公司的王某、国泰君安证券公司的黄某、东兴证券公司的赵某及华创证券公司的曹某。

表 4－103　　3 年期分析师荐股评级能力评价——平均可信度分数行业：金融——其他金融

表现排名	分析师姓名	隶属证券公司	评级个股数量	荐股评级次数
1	刘某	太平洋证券	7	7
2	王某	东吴证券	7	7
3	黄某	国泰君安证券	3	6
4	赵某	东兴证券	5	5
5	曹某	华创证券	4	4
6	徐某	国泰君安证券	4	4
7	宋某	中信证券	4	4
8	吴某	国海证券	4	4
9	骆某	国金证券	3	3
10	李某	天风证券	3	3
11	吴某	招商证券	3	3
12	吴某	中泰证券	3	3
13	陈某	中泰证券	2	3
14	吉某	兴业证券	3	3
15	刘某	华西证券	3	3
16	石某	中信建投证券	3	3
17	罗某	招商证券	2	3
18	樊某	国金证券	3	3
19	李某	天风证券	3	3
20	任某	开源证券	3	3

表 4－104 展示该行业在 3 年期内基于风险因子调整的可信度分数的分析师表现排名。可以看出，以风险因子调整的可信度分数为评价指标时，排在前五名的分析师分别是：太平洋证券公司的刘某、东吴证券公司的王某、国泰君安证券公司的黄某、东兴证券公司的赵某及华创证券公司的曹某。

表 4－104　3 年期分析师荐股评级能力评价——风险因子调整的可信度分数行业：金融——其他金融

表现排名	分析师姓名	隶属证券公司	评级个股数量	荐股评级次数
1	刘某	太平洋证券	7	7
2	王某	东吴证券	7	7
3	黄某	国泰君安证券	3	6
4	赵某	东兴证券	5	5
5	曹某	华创证券	4	4
6	徐某	国泰君安证券	4	4
7	宋某	中信证券	4	4
8	吴某	国海证券	4	4
9	骆某	国金证券	3	3
10	李某	天风证券	3	3
11	吴某	招商证券	3	3
12	吴某	中泰证券	3	3
13	陈某	中泰证券	2	3
14	吉某	兴业证券	3	3
15	刘某	华西证券	3	3
16	石某	中信建投证券	3	3
17	罗某	招商证券	2	3
18	樊某	国金证券	3	3
19	李某	天风证券	3	3
20	任某	开源证券	3	3

表 4－105 展示该行业在 3 年期内基于风险—经验因子调整的可信度分数的分析师表现排名。可以看出，以风险—经验因子调整的可信度分数为评价指标时，排在前五名的分析师分别是：太平洋证券公司的刘某、东吴证券公司的王某、中信建投证券公司的吕某、国泰君安证券公司的黄某及东兴证券公司的赵某。

表 4-105　3 年期分析师荐股评级能力评价——风险—经验因子调整的可信度分数行业：金融——其他金融

表现排名	分析师姓名	隶属证券公司	评级个股数量	荐股评级次数
1	刘某	太平洋证券	7	7
2	王某	东吴证券	7	7
3	吕某	中信建投证券	10	10
4	黄某	国泰君安证券	3	6
5	赵某	东兴证券	5	5
6	朱某	海通证券	7	8
7	谢某	中泰证券	7	8
8	曹某	华创证券	4	4
9	徐某	国泰君安证券	4	4
10	宋某	中信证券	4	4
11	吴某	国海证券	4	4
12	张某	国盛证券	14	22
13	曾某	东吴证券	19	25
14	陈某	国信证券	7	7
15	刘某	开源证券	20	24
16	孙某	华西证券	14	19
17	訾某	国泰君安证券	17	19
18	骆某	国金证券	3	3
19	李某	天风证券	3	3
20	吴某	招商证券	3	3

4.18.2　5 年期

基于表 3-5 中展示构建的行业评价指标体系，本节对金融——其他金融这一行业在 5 年样本期内（2017 年 1 月 1 日至 2021 年 12 月 31 日）

的各项指标进行统计计算，并依据各项指标的高低对行业进行排名，结果如图 4 – 36 中的雷达图所示。以金融——其他金融行业内的上市公司股票作为荐股评级目标个股的分析师有 187 位（行业分析师关注度，行业排名第 18 位），他们来自 53 家不同的证券公司（行业券商关注度，行业排名第 13 位），针对该行业内的 78 只股票（被评个股占比 85.71%，行业排名第 3 位）发布共计 4 921 条荐股评级观测（行业评级关注度，行业排名第 14 位）。该行业的个股平均关注度方面，个股平均评级关注度为 63.09，行业排名第 10 位；个股平均分析师关注度为 2.39，行业排名第 13 位；个股平均券商关注度为 0.68，行业排名第 6 位。最后，该行业荐股评级的平均可信度为 0.3316，行业排名第 18 位。

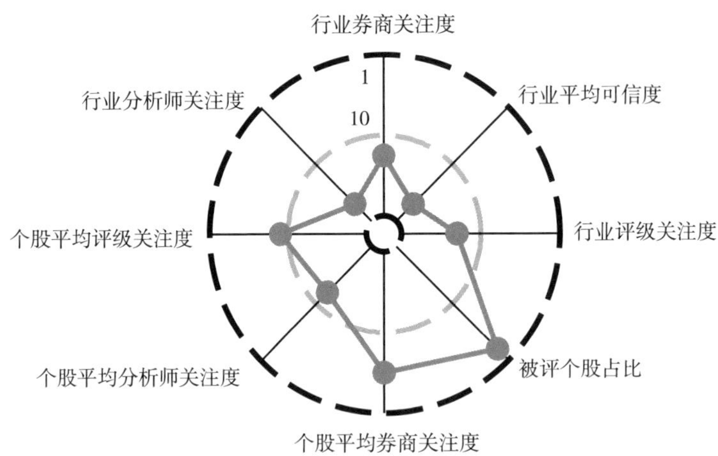

图 4 – 36　2017 ~ 2021 年金融——其他金融行业雷达图

表 4 – 106 展示该行业在 5 年期内基于平均可信度分数的分析师表现排名。可以看出，以平均信度分数为评价指标时，排在前五名的分析师分别是：太平洋证券公司的刘某、东吴证券公司的王某、国泰君安证券公司的徐某、中信证券公司的宋某及国海证券公司的吴某。

表 4－106　　5 年期分析师荐股评级能力评价——平均可信度分数行业：金融——其他金融

表现排名	分析师姓名	隶属证券公司	评级个股数量	荐股评级次数
1	刘某	太平洋证券	7	7
2	王某	东吴证券	7	7
3	徐某	国泰君安证券	4	4
4	宋某	中信证券	4	4
5	吴某	国海证券	4	4
6	黄某	中信证券	3	3
7	洪某	东吴证券	3	3
8	张某	广发证券	3	3
9	李某	天风证券	3	3
10	吴某	招商证券	3	3
11	吴某	中泰证券	3	3
12	陈某	中泰证券	2	3
13	吉某	兴业证券	3	3
14	刘某	华西证券	3	3
15	石某	中信建投证券	3	3
16	罗某	招商证券	2	3
17	樊某	国金证券	3	3
18	李某	天风证券	3	3
19	任某	开源证券	3	3
20	张某	开源证券	3	3

表 4－107 展示该行业在 5 年期内基于风险因子调整的可信度分数的分析师表现排名。可以看出，以风险因子调整的可信度分数为评价指标时，排在前五名的分析师分别是：太平洋证券公司的刘某、东吴证券公司的王某、国泰君安证券公司的徐某、中信证券公司的宋某及国海证券公司的吴某。

表 4－107　5 年期分析师荐股评级能力评价——风险因子调整的可信度分数行业：金融——其他金融

表现排名	分析师姓名	隶属证券公司	评级个股数量	荐股评级次数
1	刘某	太平洋证券	7	7
2	王某	东吴证券	7	7
3	徐某	国泰君安证券	4	4
4	宋某	中信证券	4	4
5	吴某	国海证券	4	4
6	黄某	中信证券	3	3
7	洪某	东吴证券	3	3
8	张某	广发证券	3	3
9	李某	天风证券	3	3
10	吴某	招商证券	3	3
11	吴某	中泰证券	3	3
12	陈某	中泰证券	2	3
13	吉某	兴业证券	3	3
14	刘某	华西证券	3	3
15	石某	中信建投证券	3	3
16	罗某	招商证券	2	3
17	樊某	国金证券	3	3
18	李某	天风证券	3	3
19	任某	开源证券	3	3
20	张某	开源证券	3	3

表 4－108 展示该行业在 5 年期内基于风险—经验因子调整的可信度分数的分析师表现排名。可以看出，以风险—经验因子调整的可信度分数为评价指标时，排在前五名的分析师分别是：太平洋证券公司的刘某、东吴证券公司的王某、国泰君安证券公司的黄某、东兴证券公司的赵某及海通证券公司的朱某。

表 4 – 108　5 年期分析师荐股评级能力评价——风险—经验因子调整的可信度分数行业：金融——其他金融

表现排名	分析师姓名	隶属证券公司	评级个股数量	荐股评级次数
1	刘某	太平洋证券	7	7
2	王某	东吴证券	7	7
3	黄某	国泰君安证券	5	8
4	赵某	东兴证券	7	8
5	朱某	海通证券	7	8
6	谢某	中泰证券	7	8
7	徐某	国泰君安证券	4	4
8	宋某	中信证券	4	4
9	吴某	国海证券	4	4
10	郝某	东吴证券	11	15
11	张某	国盛证券	14	22
12	邹某	广发证券	8	10
13	陈某	国信证券	7	7
14	姜某	东方证券	8	12
15	刘某	开源证券	20	24
16	鲍某	天风证券	23	28
17	黄某	中信证券	3	3
18	洪某	东吴证券	3	3
19	张某	广发证券	3	3
20	李某	天风证券	3	3

4.19　房　地　产

4.19.1　3 年期

基于表 3 – 5 中展示构建的行业评价指标体系，本节对房地产——房地产这一行业在 3 年样本期内（2019 年 1 月 1 日至 2021 年 12 月 31 日）的各项指标进行统计计算，并依据各项指标的高低对行业进行排名，结果如图 4 – 37 中的雷达图所示。以房地产——房地产行业内的上市公司股票作为荐股评级目标个股的分析师有 105 位（行业分析师关注度，行业排名第 19 位），他们来自 43 家不同的证券公司（行业券商关注度，行业排名第 19 位），针对该行业内的 65 只股票（被评个股占比 54.17%，行业排名第 18 位）发布共计 3 057 条荐股评级观测（行业评级关注度，行业排名第 14 位）。该行业的个股平均关注度方面，个股平均评级关注度为 47.03，行业排名第 10 位；个股平均分析师关注度为 1.61，行业排名第 17 位；个股平均券商关注度为 0.66，行业排名第 8 位。最后，该行业荐股评级的平均可信度为 0.2918，行业排名第 20 位。

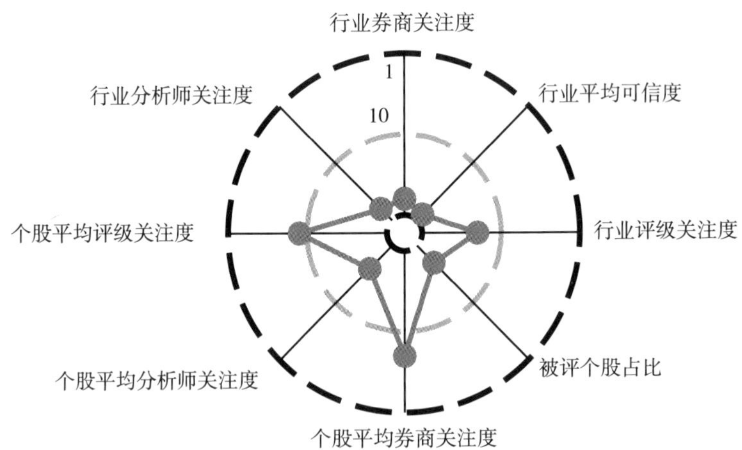

图 4 – 37　2019 ~ 2021 年房地产——房地产行业雷达图

表 4 – 109 展示该行业在 3 年期内基于平均可信度分数的分析师表现排名。可以看出，以平均信度分数为评价指标时，排在前五名的分析师分别是：海通证券公司的朱某、海通证券公司的郑某、海通证券公司的陈某、长城证券公司的孙某及东北证券公司的笪某。

表 4－109　　3 年期分析师荐股评级能力评价——平均可信度分数行业：房地产——房地产

表现排名	分析师姓名	隶属证券公司	评级个股数量	荐股评级次数
1	朱某	海通证券	5	5
2	郑某	海通证券	3	4
3	陈某	海通证券	3	4
4	孙某	长城证券	4	4
5	笪某	东北证券	4	4
6	焦某	东吴证券	3	3
7	于某	国泰君安证券	1	3
8	洪某	财通证券	3	3
9	衣某	海通证券	2	3
10	雷某	安信证券	3	3
11	张某	海通证券	3	3
12	张某	海通证券	3	3
13	郑某	招商证券	3	3
14	肖某	华金证券	3	3
15	马某	太平洋证券	3	3
16	樊某	东兴证券	3	3
17	许某	广发证券	8	10
18	金某	光大证券	8	8
19	范某	中泰证券	10	13
20	董某	华创证券	5	6

表 4－110 展示该行业在 3 年期内基于风险因子调整的可信度分数的分析师表现排名。可以看出，以风险因子调整的可信度分数为评价指标时，排在前五名的分析师分别是：海通证券公司的朱某、海通证券公司的郑某、海通证券公司的陈某、长城证券公司的孙某及东北证券公司的笪某。

表 4－110　3 年期分析师荐股评级能力评价——风险因子调整的可信度分数行业：房地产——房地产

表现排名	分析师姓名	隶属证券公司	评级个股数量	荐股评级次数
1	朱某	海通证券	5	5
2	郑某	海通证券	3	4
3	陈某	海通证券	3	4
4	孙某	长城证券	4	4
5	笪某	东北证券	4	4
6	焦某	东吴证券	3	3
7	于某	国泰君安证券	1	3
8	洪某	财通证券	3	3
9	衣某	海通证券	2	3
10	雷某	安信证券	3	3
11	张某	海通证券	3	3
12	张某	海通证券	3	3
13	郑某	招商证券	3	3
14	肖某	华金证券	3	3
15	马某	太平洋证券	3	3
16	樊某	东兴证券	3	3
17	许某	广发证券	8	10
18	金某	光大证券	8	8
19	范某	中泰证券	10	13
20	董某	华创证券	5	6

表 4－111 展示该行业在 3 年期内基于风险—经验因子调整的可信度分数的分析师表现排名。可以看出，以风险—经验因子调整的可信度分数为评价指标时，排在前五名的分析师分别是：广发证券公司的许某、海通证券公司的朱某、中泰证券公司的范某、海通证券公司的郑某及海通证券公司的陈某。

表 4-111　3 年期分析师荐股评级能力评价——风险—经验因子调整的可信度分数行业：房地产——房地产

表现排名	分析师姓名	隶属证券公司	评级个股数量	荐股评级次数
1	许某	广发证券	8	10
2	朱某	海通证券	5	5
3	范某	中泰证券	10	13
4	郑某	海通证券	3	4
5	陈某	海通证券	3	4
6	孙某	长城证券	4	4
7	笪某	东北证券	4	4
8	孙某	华西证券	15	20
9	金某	光大证券	8	8
10	焦某	东吴证券	3	3
11	于某	国泰君安证券	1	3
12	洪某	财通证券	3	3
13	衣某	海通证券	2	3
14	雷某	安信证券	3	3
15	张某	海通证券	3	3
16	张某	海通证券	3	3
17	郑某	招商证券	3	3
18	肖某	华金证券	3	3
19	马某	太平洋证券	3	3
20	樊某	东兴证券	3	3

4.19.2　5 年期

基于表 3-5 中展示构建的行业评价指标体系，本节对房地产——房地产这一行业在 5 年样本期内（2017 年 1 月 1 日至 2021 年 12 月 31 日）

的各项指标进行统计计算，并依据各项指标的高低对行业进行排名，结果如图4-38中的雷达图所示。以房地产——房地产行业内的上市公司股票作为荐股评级目标个股的分析师有150位（行业分析师关注度，行业排名第19位），他们来自48家不同的证券公司（行业券商关注度，行业排名第19位），针对该行业内的89只股票（被评个股占比74.17%，行业排名第8位）发布共计4 974条荐股评级观测（行业评级关注度，行业排名第13位）。该行业的个股平均关注度方面，个股平均评级关注度为55.89，行业排名第13位；个股平均分析师关注度为1.68，行业排名第17位；个股平均券商关注度为0.54，行业排名第9位。最后，该行业荐股评级的平均可信度为0.3458，行业排名第16位。

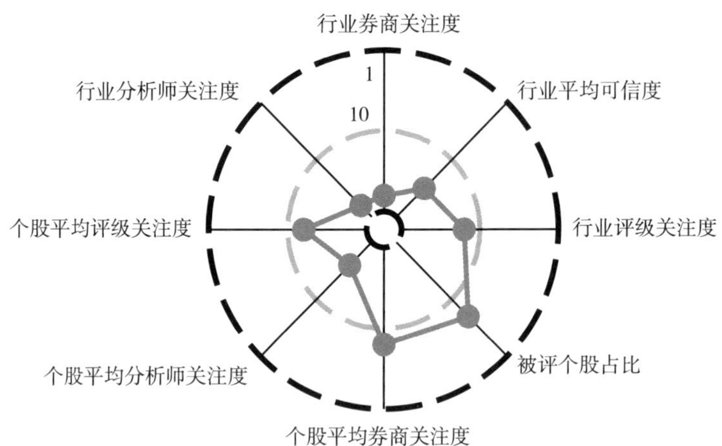

图4-38　2017~2021年房地产——房地产行业雷达图

表4-112展示该行业在5年期内基于平均可信度分数的分析师表现排名。可以看出，以平均信度分数为评价指标时，排在前五名的分析师分别是：国泰君安证券公司的闫某、海通证券公司的朱某、海通证券公司的郑某、海通证券公司的陈某及长城证券公司的孙某。

表 4－112　　5 年期分析师荐股评级能力评价——平均可信度分数行业：房地产——房地产

表现排名	分析师姓名	隶属证券公司	评级个股数量	荐股评级次数
1	闫某	国泰君安证券	5	6
2	朱某	海通证券	5	5
3	郑某	海通证券	3	4
4	陈某	海通证券	3	4
5	孙某	长城证券	4	4
6	笪某	东北证券	4	4
7	王某	招商证券	3	3
8	胡某	广发证券	3	3
9	刘某	华西证券	3	3
10	焦某	东吴证券	3	3
11	于某	国泰君安证券	1	3
12	洪某	财通证券	3	3
13	雷某	安信证券	3	3
14	张某	海通证券	3	3
15	张某	海通证券	3	3
16	郑某	招商证券	3	3
17	肖某	华金证券	3	3
18	马某	太平洋证券	3	3
19	樊某	东兴证券	3	3
20	金某	光大证券	10	12

表 4－113 展示该行业在 5 年期内基于风险因子调整的可信度分数的分析师表现排名。可以看出，以风险因子调整的可信度分数为评价指标时，排在前五名的分析师分别是：国泰君安证券公司的闫某、海通证券公司的朱某、海通证券公司的郑某、海通证券公司的陈某及长城证券公司的孙某。

表 4－113　5 年期分析师荐股评级能力评价——风险因子调整的可信度分数行业：房地产——房地产

表现排名	分析师姓名	隶属证券公司	评级个股数量	荐股评级次数
1	闫某	国泰君安证券	5	6
2	朱某	海通证券	5	5
3	郑某	海通证券	3	4
4	陈某	海通证券	3	4
5	孙某	长城证券	4	4
6	笪某	东北证券	4	4
7	王某	招商证券	3	3
8	胡某	广发证券	3	3
9	刘某	华西证券	3	3
10	焦某	东吴证券	3	3
11	于某	国泰君安证券	1	3
12	洪某	财通证券	3	3
13	雷某	安信证券	3	3
14	张某	海通证券	3	3
15	张某	海通证券	3	3
16	郑某	招商证券	3	3
17	肖某	华金证券	3	3
18	马某	太平洋证券	3	3
19	樊某	东兴证券	3	3
20	金某	光大证券	10	12

表 4－114 展示该行业在 5 年期内基于风险—经验因子调整的可信度分数的分析师表现排名。可以看出，以风险—经验因子调整的可信度分数为评价指标时，排在前五名的分析师分别是：光大证券公司的金某、广发证券公司的许某、国泰君安证券公司的闫某、海通证券公司的朱某及中泰证券公司的范某。

表 4 – 114　5 年期分析师荐股评级能力评价——风险—经验因子调整的可信度分数行业：房地产——房地产

表现排名	分析师姓名	隶属证券公司	评级个股数量	荐股评级次数
1	金某	光大证券	10	12
2	许某	广发证券	9	11
3	闫某	国泰君安证券	5	6
4	朱某	海通证券	5	5
5	范某	中泰证券	10	13
6	郑某	海通证券	3	4
7	陈某	海通证券	3	4
8	孙某	长城证券	4	4
9	笪某	东北证券	4	4
10	孙某	华西证券	16	23
11	訾某	国泰君安证券	21	25
12	王某	招商证券	3	3
13	胡某	广发证券	3	3
14	刘某	华西证券	3	3
15	焦某	东吴证券	3	3
16	于某	国泰君安证券	1	3
17	洪某	财通证券	3	3
18	雷某	安信证券	3	3
19	张某	海通证券	3	3
20	张某	海通证券	3	3

4.20　银　　行

4.20.1　3 年期

基于表 3 – 5 中展示构建的行业评价指标体系，本节对金融——银行这一行业在 3 年样本期内（2019 年 1 月 1 日至 2021 年 12 月 31 日）的各项指标进行统计计算，并依据各项指标的高低对行业进行排名，结果如图 4－39 中的雷达图所示。以金融——银行行业内的上市公司股票作为荐股评级目标个股的分析师有 71 位（行业分析师关注度，行业排名第 20 位），他们来自 39 家不同的证券公司（行业券商关注度，行业排名第 20 位），针对该行业内的 40 只股票（被评个股占比 95.24%，行业排名第 1 位）发布共计 3 022 条荐股评级观测（行业评级关注度，行业排名第 15 位）。该行业的个股平均关注度方面，个股平均评级关注度为 75.55，行业排名第 2 位；个股平均分析师关注度为 1.775，行业排名第 15 位；个股平均券商关注度为 0.975，行业排名第 4 位。最后，该行业荐股评级的平均可信度为 0.3147，行业排名第 18 位。

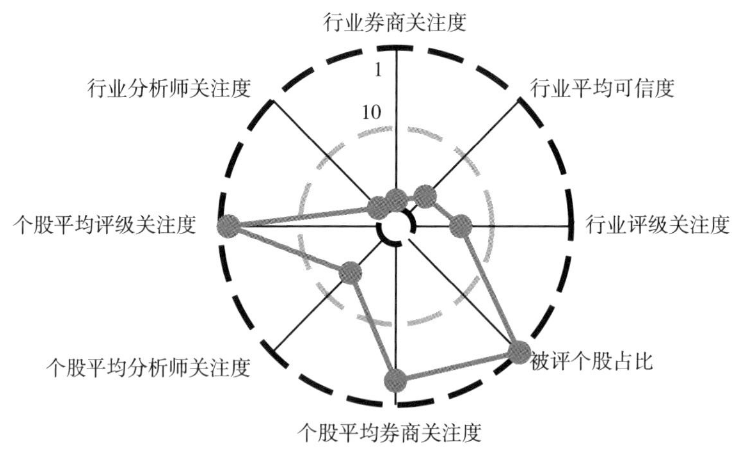

图 4－39　2019～2021 年金融——银行行业雷达图

表 4－115 展示该行业在 3 年期内基于平均可信度分数的分析师表现排名。可以看出，以平均信度分数为评价指标时，排在前五名的分析师分别是：中信建投证券公司的黄某、中泰证券公司的谢某、兴业证券公司的阎某、国泰君安证券公司的王某及国联证券公司的马某。

表 4－115　　3 年期分析师荐股评级能力评价——平均可信度分数行业：金融——银行

表现排名	分析师姓名	隶属证券公司	评级个股数量	荐股评级次数
1	黄某	中信建投证券	5	5
2	谢某	中泰证券	5	5
3	阎某	兴业证券	2	4
4	王某	国泰君安证券	3	4
5	马某	国联证券	3	3
6	夏某	安信证券	3	3
7	杨某	光大证券	3	3
8	宋某	万联证券	3	3
9	谷某	山西证券	3	3
10	佘某	海通证券	3	3
11	王乾	广发证券	3	3
12	石某	中信建投证券	3	3
13	周某	万联证券	3	3
14	倪某	东方证券	3	3
15	陈某	浙商证券	2	3
16	杨某	东吴证券	3	3
17	马某	国信证券	3	3
18	许某	广发证券	9	11
19	黎某	中信建投证券	8	8
20	李某	国泰君安证券	8	8

表 4－116 展示该行业在 3 年期内基于风险因子调整的可信度分数的分析师表现排名。可以看出，以风险因子调整的可信度分数为评价指标时，排在前五名的分析师分别是：中信建投证券公司的黄某、中泰证券公司的谢某、兴业证券公司的阎某、国泰君安证券公司的王某及国联证券公司的马某。

表 4－116　3 年期分析师荐股评级能力评价——风险因子调整的可信度分数行业：金融——银行

表现排名	分析师姓名	隶属证券公司	评级个股数量	荐股评级次数
1	黄某	中信建投证券	5	5
2	谢某	中泰证券	5	5
3	阎某	兴业证券	2	4
4	王某	国泰君安证券	3	4
5	马某	国联证券	3	3
6	夏某	安信证券	3	3
7	杨某	光大证券	3	3
8	宋某	万联证券	3	3
9	谷某	山西证券	3	3
10	佘某	海通证券	3	3
11	王乾	广发证券	3	3
12	石某	中信建投证券	3	3
13	周某	万联证券	3	3
14	倪某	东方证券	3	3
15	陈某	浙商证券	2	3
16	杨某	东吴证券	3	3
17	马某	国信证券	3	3
18	许某	广发证券	9	11
19	黎某	中信建投证券	8	8
20	李某	国泰君安证券	8	8

表 4－117 展示该行业在 3 年期内基于风险—经验因子调整的可信度分数的分析师表现排名。可以看出，以风险—经验因子调整的可信度分数为评价指标时，排在前五名的分析师分别是：广发证券公司的许某、中信建投证券公司的黄某、中泰证券公司的谢某、中信建投证券公司的黎某及国泰君安证券公司的李某。

表 4－117　3 年期分析师荐股评级能力评价——风险—经验因子调整的可信度分数行业：金融——银行

表现排名	分析师姓名	隶属证券公司	评级个股数量	荐股评级次数
1	许某	广发证券	9	11
2	黄某	中信建投证券	5	5
3	谢某	中泰证券	5	5
4	黎某	中信建投证券	8	8
5	李某	国泰君安证券	8	8
6	于某	民生证券	14	16
7	阎某	兴业证券	2	4
8	王某	国泰君安证券	3	4
9	邹某	广发证券	11	13
10	刘某	天风证券	11	15
11	贺某	华泰证券	6	7
12	符某	国盛证券	7	7
13	马某	安信证券	7	7
14	鲍某	国泰君安证券	8	12
15	张某	国盛证券	18	22
16	马某	国联证券	3	3
17	夏某	安信证券	3	3
18	杨某	光大证券	3	3
19	宋某	万联证券	3	3
20	谷某	山西证券	3	3

4.20.2　5 年期

基于表 3－5 中展示构建的行业评价指标体系，本节对金融——银行这一行业在 5 年样本期内（2017 年 1 月 1 日至 2021 年 12 月 31 日）的各项指标进行统计计算，并依据各项指标的高低对行业进行排名，结果如图4-40中的雷达图所示。以金融——银行行业内的上市公司股票作为荐股评级目标个股的分析师有91位（行业分析师关注度，行业排名第20位），他们来自43家不同的证券公司（行业券商关注度，行业排名第20位），针对该行业内的40只股票（被评个股占比95.24%，行业排名第2位）发布共计4 419条荐股评级观测（行业评级关注度，行业排名第15位）。该行业的个股平均关注度方面，个股平均评级关注度为110.475，行业排名第2位；个股平均分析师关注度为2.275，行业排名第14位；个股平均券商关注度为1.075，行业排名第2位。最后，该行业荐股评级的平均可信度为0.3345，行业排名第17位。

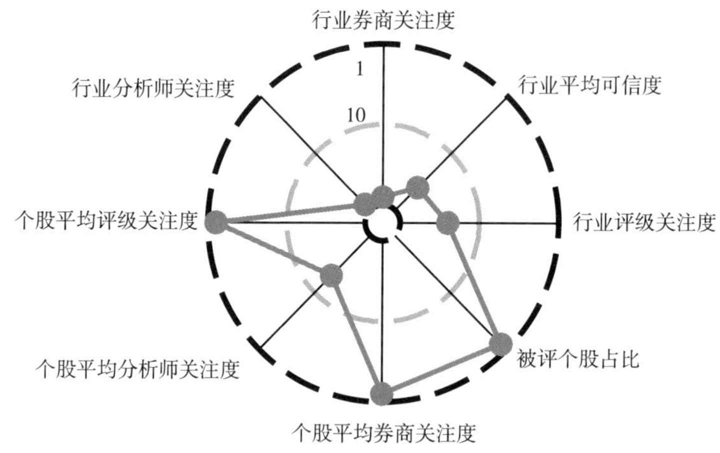

图4-40　2017~2021年金融——银行行业雷达图

表4-118展示该行业在5年期内基于平均可信度分数的分析师表现排名。可以看出，以平均信度分数为评价指标时，排在前五名的分析师分别是：中信建投证券公司的黄某、中泰证券公司的谢某、东吴证券公司的杨某、国泰君安证券公司的王某及国泰君安证券公司的李某。

表 4－118　　5 年期分析师荐股评级能力评价——平均可信度分数行业：金融——银行

表现排名	分析师姓名	隶属证券公司	评级个股数量	荐股评级次数
1	黄某	中信建投证券	5	5
2	谢某	中泰证券	5	5
3	杨某	东吴证券	4	4
4	王某	国泰君安证券	3	4
5	李某	国泰君安证券	3	3
6	夏某	安信证券	3	3
7	杨某	光大证券	3	3
8	宋某	万联证券	3	3
9	谷某	山西证券	3	3
10	余某	海通证券	3	3
11	石某	中信建投证券	3	3
12	周某	万联证券	3	3
13	倪某	东方证券	3	3
14	陈某	浙商证券	2	3
15	马某	国信证券	3	3
16	许某	广发证券	10	12
17	贺某	华泰证券	7	8
18	黎某	中信建投证券	8	8
19	李某	国泰君安证券	8	8
20	弓某	中信证券	7	7

表 4－119 展示该行业在 5 年期内基于风险因子调整的可信度分数的分析师表现排名。可以看出，以风险因子调整的可信度分数为评价指标时，排在前五名的分析师分别是：中信建投证券公司的黄某、中泰证券公司的谢某、东吴证券公司的杨某、国泰君安证券公司的王某及国泰君安证券公司的李某。

表 4－119　5 年期分析师荐股评级能力评价——风险因子调整的可信度分数行业：金融——银行

表现排名	分析师姓名	隶属证券公司	评级个股数量	荐股评级次数
1	黄某	中信建投证券	5	5
2	谢某	中泰证券	5	5
3	杨某	东吴证券	4	4
4	王某	国泰君安证券	3	4
5	李某	国泰君安证券	3	3
6	夏某	安信证券	3	3
7	杨某	光大证券	3	3
8	宋某	万联证券	3	3
9	谷某	山西证券	3	3
10	佘某	海通证券	3	3
11	石某	中信建投证券	3	3
12	周某	万联证券	3	3
13	倪某	东方证券	3	3
14	陈某	浙商证券	2	3
15	马某	国信证券	3	3
16	许某	广发证券	10	12
17	贺某	华泰证券	7	8
18	黎某	中信建投证券	8	8
19	李某	国泰君安证券	8	8
20	弓某	中信证券	7	7

表 4－120 展示该行业在 5 年期内基于风险—经验因子调整的可信度分数的分析师表现排名。可以看出，以风险—经验因子调整的可信度分数为评价指标时，排在前五名的分析师分别是：广发证券公司的许某、中信建投证券公司的黄某、中泰证券公司的谢某、华泰证券公司的贺某及中信建投证券公司的黎某。

表 4－120　5 年期分析师荐股评级能力评价——风险—经验因子调整的可信度分数行业：金融——银行

表现排名	分析师姓名	隶属证券公司	评级个股数量	荐股评级次数
1	许某	广发证券	10	12
2	黄某	中信建投证券	5	5
3	谢某	中泰证券	5	5
4	贺某	华泰证券	7	8
5	黎某	中信建投证券	8	8
6	李某	国泰君安证券	8	8
7	于某	民生证券	14	16
8	杨某	东吴证券	4	4
9	王某	国泰君安证券	3	4
10	刘某	天风证券	11	15
11	邹某	广发证券	12	17
12	弓某	中信证券	7	7
13	符某	国盛证券	7	7
14	马某	安信证券	7	7
15	鲍某	国泰君安证券	8	12
16	朱某	东吴证券	22	25
17	张某	国盛证券	18	22
18	李某	国泰君安证券	3	3
19	夏某	安信证券	3	3
20	杨某	光大证券	3	3

第5章　证券公司评价结果

5.1　3年期证券公司评价

3年期的证券公司荐股评级能力评价是基于发布日期于2019年1月1日至2021年12月31日的分析师荐股评级数据做出的，该数据集来源国泰数据库CSMAR数据库。为计算分析师荐股评级的可信度，本书从Wind金融数据库收集了相关股票以及大盘指数在2019年1月1日至2022年12月31日的日交易价格数据。

数据显示，在3年评价期内，共有来自67家证券公司的1 867名证券分析师对3 053只A股股票进行了荐股评级，发布的荐股评级总量为132 445。其中有12家证券公司在3年评价期内发布的荐股评级不足30条，所以本书选择将其剔除，也就是说，本书在对证券公司在3年期内的荐股评级能力进行评价时，只选择其中发布至少30条荐股评级的55家证券公司进行分析。

本书按照3.5节给出的评价方案对证券公司的荐股评级能力进行评价。在评级过程中，本书一方面依据证券公司平均可信度分数、风险因子调整的可信度分数以及风险—经验因子调整的可信度分数对证券公司的表现进行排名，同时给出各个证券公司在评价期内最关注的行业、可信度最高的行业、最关注的5只股票及可信度最高的5只股票等信息；另一方面，本书根据证券公司在上述各个评价指标下的明星分析师数量来对证券公司的荐股评级能力进行排名，同时给出各证券公司在评价期内的活动分析师数量，评级股票数量以及发布的荐股评级数量。

5.1.1　平均可信度分数

依据证券公司的平均可信度分数对证券公司进行评价的结果如表 5－1 所示[①]。可以看出，在 2019 年 1 月 1 日至 2021 年 12 月 31 日的评价期内，荐股评级能力排在前五名的证券公司分别是：①中航证券（最关注的行业是工业——资本品，可信度最高的行业是主要消费——主要用品零售与个人用品，最关注的股票代码是 603590，可信度最高的股票代码是 603259）；②海通证券（最关注的行业是工业——资本品，可信度最高的行业是工业——商业服务与用品，最关注的股票代码是 601318，可信度最高的股票代码是 600406）；③申港证券（最关注的行业是工业——资本品，可信度最高的行业是可选消费——乘用车及零部件，最关注的股票代码是 603568，可信度最高的股票代码是 002597）；④粤开证券（最关注的行业是工业——资本品，可信度最高的行业是金融——银行，最关注的股票代码是 603606，可信度最高的股票代码是 603606）；⑤国金证券（最关注的行业是工业——资本品，可信度最高的行业是主要消费主要用品零售与个人用品，最关注的股票代码是 300760，可信度最高的股票代码是 600031）。

表 5－1　3 年期证券公司荐股评级可信度评价——平均可信度分数

排名	证券公司	最关注的行业	可信度最高的行业	最关注的股票代码	可信度最高的股票代码
1	中航证券	工业资本品	主要消费——主要用品零售与个人用品	603590 300760 603259 688006 603825	603259 002422 300015 601888 688122

① 因篇幅限制，在给定的评价期与评价指标下，本书只列出排名前 30 位的证券公司，下同。

续表

排名	证券公司	最关注的行业	可信度最高的行业	最关注的股票代码	可信度最高的股票代码
2	海通证券	工业资本品	工业——商业服务与用品	601318 000002 600028 002648 600803	600406 603259 600580 601009 600985
3	申港证券	工业资本品	可选消费——乘用车及零部件	603568 688019 600426 600309 601888	002597 002080 300750 000887 603659
4	粤开证券	工业资本品	金融——银行	603606 002810 002007 002129 002531	603606 002129 002271 000661 300122
5	国金证券	工业资本品	主要消费——主要用品零售与个人用品	300760 002007 300261 601012 002607	600031 000425 300012 601100 000739
6	民生证券	工业资本品	金融——银行	300347 603866 300207 601888 002557	002821 605111 600426 600573 300750
7	太平洋证券	工业资本品	房地产——房地产	601633 000625 600519 603833 600031	002675 000887 600741 002645 603936
8	华安证券	工业资本品	可选消费——消费者服务	600309 601633 600588 002304 603369	002597 002648 688567 688188 002970

续表

排名	证券公司	最关注的行业	可信度最高的行业	最关注的股票代码	可信度最高的股票代码
9	安信证券	工业资本品	能源——能源	601238 002594 002123 002405 600066	000547 601899 002690 300777 600197
10	东吴证券	工业资本品	主要消费——主要用品零售与个人用品	601633 300316 300750 601238 600104	600019 002028 603456 300347 600600
11	东北证券	工业资本品	通信服务——电信服务与设备	600567 002803 300616 603866 600984	300118 300726 300196 603712 603008
12	国泰君安证券	工业资本品	公用事业——公用事业	002129 601012 601186 600519 601117	002821 600732 603198 688100 600588
13	国盛证券	工业资本品	金融——银行	601668 002832 300122 603019 000977	300352 603589 002643 300638 605111
14	中泰证券	工业资本品	金融——其他金融	600309 600196 300244 300192 300122	300630 002597 002353 000547 603666
15	广发证券	工业资本品	金融——银行	300498 600031 300496 300253 002832	600456 002938 603993 002821 002532

续表

排名	证券公司	最关注的行业	可信度最高的行业	最关注的股票代码	可信度最高的股票代码
16	西部证券	工业资本品	信息技术——计算机运用与半导体	300413 002624 601633 000651 601615	600085 688122 600426 002064 600732
17	华金证券	工业资本品	金融——其他金融	601633 601318 600732 601688 601601	601799 002028 300699 002572 603811
18	华西证券	工业资本品	房地产——房地产	000625 601633 600104 603501 000582	002372 002880 002273 002293 600690
19	财通证券	工业资本品	能源——能源	000625 600104 300233 603920 600309	600426 601966 300595 002129 300316
20	中信建投证券	工业资本品	房地产——房地产	300699 300347 300567 000538 600048	300347 300760 601012 300529 300773
21	东兴证券	工业资本品	金融——其他金融	601238 002268 601888 002179 603916	002129 600305 688058 002568 000799
22	开源证券	工业资本品	房地产——房地产	688169 601012 603505 600989 300413	002906 300687 603995 601137 600985

续表

排名	证券公司	最关注的行业	可信度最高的行业	最关注的股票代码	可信度最高的股票代码
23	光大证券	工业资本品	可选消费——消费者服务	002607 000651 000625 300136 300725	300357 002821 002353 688099 000902
24	东方证券	工业资本品	信息技术——电子	000625 601238 600104 002126 002594	300699 600803 603881 000547 002410
25	招商证券	工业资本品	金融——其他金融	601888 000858 601633 002594 600183	600600 688122 600456 300482 300595
26	中信证券	工业资本品	金融——其他金融	002594 600066 601633 601888 300750	300014 002906 603338 002833 002324
27	信达证券	工业资本品	公用事业——公用事业	601058 601666 600188 601233 601088	002240 601168 300073 002129 600989
28	中国银河证券	工业资本品	金融——银行	002100 600036 000002 002419 603605	300015 603127 002353 603658 300347
29	国海证券	工业资本品	工业——商业服务与用品	601633 300073 002594 300388 600519	603466 300602 002001 300416 300007

续表

排名	证券公司	最关注的行业	可信度最高的行业	最关注的股票代码	可信度最高的股票代码
30	国元证券	工业资本品	能源——能源	300316 300792 603605 300014 002624	002607 603259 002508 603338 300911

如3.5节中给出的明星分析师数量评价方案所述，本书根据3.4节中给出的行业划分方法，按照分析师的平均可信度分数对各行业在各年份的可信度表现进行排名，选取各行业排在前五名的分析师为明星分析师。因此，2019～2021年3个年度内20个行业共产生明星分析师100名。依据3年评价期内明星分析师的数量对证券公司进行评价的结果如表5－2所示。

可以看出，在2019年1月1日至2021年12月31日的评价期内，以平均可信度分数为分析师评价指标时，拥有明星分析师数量排在前五名的证券公司分别是：①广发证券（拥有明星分析师累计10位，活动分析师57位，评级股票860只，发布荐股评级累计5 261次）；②太平洋证券（拥有明星分析师累计10位，活动分析师57位，评级股票786只，发布荐股评级累计2 979次）；③海通证券（拥有明星分析师累计9位，活动分析师60位，评级股票1 080只，发布荐股评级累计4 139次）；④民生证券（拥有明星分析师累计8位，活动分析师55位，评级股票826只，发布荐股评级累计3 090次）；⑤中信建投证券（拥有明星分析师累计7位，活动分析师51位，评级股票701只，发布荐股评级累计2 063次）。

表 5-2　3 年期证券公司明星分析师席位排名——平均可信度分数

排名	证券公司	分析师数量（人）	评级的股票数量（只）	荐股评级数量（次）	明星分析师数量（位）
1	广发证券	57	860	5 261	10
2	太平洋证券	57	786	2 979	10
3	海通证券	60	1 080	4 139	9
4	民生证券	55	826	3 090	8
5	中信建投证券	51	701	2 063	7
6	国泰君安证券	80	1 211	6 174	5
7	国盛证券	50	746	4 614	5
8	东吴证券	33	640	4 045	5
9	方正证券	55	698	2 986	5
10	安信证券	58	1 105	5 419	4
11	国信证券	61	869	4 015	4
12	天风证券	83	1 238	7 237	3
13	东北证券	52	974	3 725	3
14	国金证券	63	534	2 633	3
15	粤开证券	13	142	298	3
16	中信证券	66	991	6 904	2
17	华泰证券	73	837	5 660	2
18	中泰证券	59	857	5 073	2
19	光大证券	65	844	4 596	2
20	招商证券	67	857	4 568	2
21	华西证券	34	706	3 228	2
22	西南证券	46	729	2 854	1
23	长城证券	37	468	2 318	1
24	东方证券	42	429	2 167	1
25	中国银河证券	32	511	1 412	1
26	兴业证券	85	1 028	5 202	0
27	华创证券	55	612	2 882	0
28	浙商证券	54	555	2 392	0
29	开源证券	27	476	2 294	0
30	中银国际证券	44	406	2 188	0

5.1.2 风险因子调整的可信度分数

依据证券公司的风险因子调整的可信度分数对证券公司进行评价的结果如表5－3所示。可以看出，在2019年1月1日至2021年12月31日的评价期内，荐股评级能力排在前五名的证券公司分别是：①海通证券（最关注的行业是工业——资本品，可信度最高的行业是工业——商业服务与用品，最关注的股票代码是601318，可信度最高的股票代码是600406）；②中航证券（最关注的行业是工业——资本品，可信度最高的行业是主要消费——主要用品零售与个人用品，最关注的股票代码是603590，可信度最高的股票代码是603259）；③申港证券（最关注的行业是工业——资本品，可信度最高的行业是可选消费——乘用车及零部件，最关注的股票代码是603568，可信度最高的股票代码是025970）；④粤开证券（最关注的行业是工业——资本品，可信度最高的行业是金融——银行，最关注的股票代码是603606，可信度最高的股票代码是603606）；⑤国金证券（最关注的行业是工业——资本品，可信度最高的行业是主要消费——主要用品零售与个人用品，最关注的股票代码是300760，可信度最高的股票代码是600031）。

表5－3　　3年期证券公司荐股评级可信度评价——风险因子调整的可信度分数

排名	证券公司	最关注的行业	可信度最高的行业	最关注的股票代码	可信度最高的股票代码
1	海通证券	工业——资本品	工业——商业服务与用品	601318 000002 600028 002648 600803	600406 603259 600580 601009 600985

续表

排名	证券公司	最关注的行业	可信度最高的行业	最关注的股票代码	可信度最高的股票代码
2	中航证券	工业——资本品	主要消费——主要用品零售与个人用品	603590 300760 603259 688006 603825	603259 002422 300015 601888 688122
3	申港证券	工业——资本品	可选消费——乘用车及零部件	603568 688019 600426 600309 601888	025970 002080 300750 000887 603659
4	粤开证券	工业——资本品	金融——银行	603606 002810 002007 002129 002531	603606 002129 002271 000661 300122
5	国金证券	工业——资本品	主要消费——主要用品零售与个人用品	300760 002007 300261 601012 002607	600031 000425 300012 601100 000739
6	民生证券	工业——资本品	金融——银行	300347 603866 300207 601888 002557	0002821 605111 600426 600573 300750
7	太平洋证券	工业——资本品	房地产——房地产	601633 000625 600519 603833 600031	002675 000887 600741 002645 603936
8	华安证券	工业——资本品	可选消费——消费者服务	600309 601633 600588 002304 603369	002597 002648 688567 688188 002970

续表

排名	证券公司	最关注的行业	可信度最高的行业	最关注的股票代码	可信度最高的股票代码
9	安信证券	工业——资本品	能源——能源	601238 002594 002123 002405 600066	00547 601899 002690 300777 600197
10	东吴证券	工业——资本品	主要消费——主要用品零售与个人用品	601633 300316 300750 601238 600104	600019 002028 603456 300347 600600
11	东北证券	工业——资本品	通信服务——电信服务与设备	600567 002803 300616 603866 600984	300118 300726 300196 603712 603008
12	国泰君安证券	工业——资本品	公用事业——公用事业	002129 601012 601186 600519 601117	002821 600732 603198 688100 600588
13	国盛证券	工业——资本品	金融——银行	601668 002832 300122 603019 000977	300352 603589 002643 300638 605111
14	中泰证券	工业——资本品	金融——其他金融	600309 600196 300244 300192 300122	300630 002597 002353 000547 603666
15	广发证券	工业——资本品	金融——银行	300498 600031 300496 300253 002832	600456 002938 603993 002821 002532

续表

排名	证券公司	最关注的行业	可信度最高的行业	最关注的股票代码	可信度最高的股票代码
16	西部证券	工业——资本品	信息技术——计算机运用与半导体	300413 002624 601633 000651 601615	600085 688122 600426 002064 600732
17	华金证券	工业——资本品	金融——其他金融	601633 601318 600732 601688 601601	601799 002028 300699 002572 603811
18	华西证券	工业——资本品	房地产——房地产	000625 601633 600104 603501 000582	002372 002880 002273 002293 600690
19	财通证券	工业——资本品	能源——能源	000625 600104 300233 603920 600309	600426 601966 300595 002129 300316
20	中信建投证券	工业——资本品	房地产——房地产	300699 300347 300567 000538 600048	300347 300760 601012 300529 300773
21	东兴证券	工业——资本品	金融——其他金融	601238 002268 601888 002179 603916	002129 600305 688058 002568 000799
22	开源证券	工业——资本品	房地产——房地产	688169 601012 603505 600989 300413	002906 300687 603995 601137 600985

续表

排名	证券公司	最关注的行业	可信度最高的行业	最关注的股票代码	可信度最高的股票代码
23	光大证券	工业——资本品	可选消费——消费者服务	002607 000651 000625 300136 300725	300357 002821 002353 688099 00902
24	东方证券	工业——资本品	信息技术——电子	000625 601238 600104 002126 002594	300699 600803 603881 000547 002410
25	招商证券	工业——资本品	金融——其他金融	601888 000858 601633 002594 600183	600600 688122 600456 300482 300595
26	中信证券	工业——资本品	金融——其他金融	002594 600066 601633 601888 300750	300014 002906 603338 002833 002324
27	信达证券	工业——资本品	公用事业——公用事业	601058 601666 600188 601233 601088	002240 601168 300073 002129 600989
28	中国银河证券	工业——资本品	金融——银行	002100 600036 000002 002419 603605	300015 603127 002353 603658 300347
29	国海证券	工业——资本品	工业——商业服务与用品	601633 300073 002594 300388 600519	603466 300602 002001 300416 300007

续表

排名	证券公司	最关注的行业	可信度最高的行业	最关注的股票代码	可信度最高的股票代码
30	国元证券	工业——资本品	能源——能源	300316 300792 603605 300014 002624	002607 603259 002508 603338 300911

如 3.5 节中给出的明星分析师数量评价方案所述，本书根据 3.4 节中给出的行业划分方法，按照分析师的风险因子调整的可信度分数对各行业在各年份的可信度表现进行排名，选取各行业排在前五名的分析师为明星分析师。因此，2019～2021 年 3 个年度内 20 个行业共产生明星分析师 100 名。依据 3 年评价期内明星分析师的数量对证券公司进行评价的结果如表 5－4 所示。

表 5－4　　3 年期证券公司明星分析师席位排名——风险因子调整的可信度分数

排名	证券公司	分析师数量（人）	评级的股票数量（只）	荐股评级数量（次）	明星分析师数量（位）
1	广发证券	57	860	5 261	10
2	太平洋证券	57	786	2 979	10
3	海通证券	60	1 080	4 139	9
4	民生证券	55	826	3 090	8
5	中信建投证券	51	701	2 063	7
6	国泰君安证券	80	1 211	6 174	5
7	国盛证券	50	746	4 614	5
8	东吴证券	33	640	4 045	5
9	方正证券	55	698	2 986	5

续表

排名	证券公司	分析师数量（人）	评级的股票数量（只）	荐股评级数量（次）	明星分析师数量（位）
10	安信证券	58	1 105	5 419	4
11	国信证券	61	869	4 015	4
12	天风证券	83	1 238	7 237	3
13	东北证券	52	974	3 725	3
14	国金证券	63	534	2 633	3
15	粤开证券	13	142	298	3
16	中信证券	66	991	6 904	2
17	华泰证券	73	837	5 660	2
18	中泰证券	59	857	5 073	2
19	光大证券	65	844	4 596	2
20	招商证券	67	857	4 568	2
21	华西证券	34	706	3 228	2
22	西南证券	46	729	2 854	1
23	长城证券	37	468	2 318	1
24	东方证券	42	429	2 167	1
25	中国银河证券	32	511	1 412	1
26	兴业证券	85	1 028	5 202	0
27	华创证券	55	612	2 882	0
28	浙商证券	54	555	2 392	0
29	开源证券	27	476	2 294	0
30	中银国际证券	44	406	2 188	0

可以看出，在2019年1月1日至2021年12月31日的评价期内，以风险因子调整的可信度分数为分析师评价指标时，拥有明星分析师数量排在前五名的证券公司分别是：①广发证券（拥有明星分析师累计10

位，活动分析师57位，评级股票860只，发布荐股评级累计5 261次）；②太平洋证券（拥有明星分析师累计10位，活动分析师57位，评级股票786只，发布荐股评级累计2 979次）；③海通证券（拥有明星分析师累计9位，活动分析师60位，评级股票1 080只，发布荐股评级累计4 139次）；④民生证券（拥有明星分析师累计8位，活动分析师55位，评级股票826只，发布荐股评级累计3 090次）；⑤中信建投证券（拥有明星分析师累计7位，活动分析师51位，评级股票701只，发布荐股评级累计2 063次）。

5.1.3 风险—经验因子调整的可信度分数

依据证券公司的风险—经验因子调整的可信度分数对证券公司进行评价的结果如表5-5所示。可以看出，在2019年1月1日至2021年12月31日的评价期内，荐股评级能力排在前五名的证券公司分别是：①海通证券（最关注的行业是工业——资本品，可信度最高的行业是工业——商业服务与用品，最关注的股票代码是601318，可信度最高的股票代码是600406）；②申港证券（最关注的行业是工业——资本品，可信度最高的行业是可选消费——乘用车及零部件，最关注的股票代码是603568，可信度最高的股票代码是002597）；③粤开证券（最关注的行业是工业——资本品，可信度最高的行业是金融——银行，最关注的股票代码是603606，可信度最高的股票代码是603606）；④国金证券（最关注的行业是工业——资本品，可信度最高的行业是主要消费——主要用品零售与个人用品，最关注的股票代码是300760，可信度最高的股票代码是600031）；⑤民生证券（最关注的行业是工业——资本品，可信度最高的行业是金融——银行，最关注的股票代码是300347，可信度最高的股票代码是002821）。

表 5-5　　3 年期证券公司荐股评级可信度评价——风险—经验因子调整的可信度分数

排名	证券公司	最关注的行业	可信度最高的行业	最关注的股票代码	可信度最高的股票代码
1	海通证券	工业——资本品	工业——商业服务与用品	601318 000002 600028 002648 600803	600406 603259 600580 601009 600985
2	申港证券	工业——资本品	可选消费——乘用车及零部件	603568 688019 600426 600309 601888	002597 002080 300750 000887 603659
3	粤开证券	工业——资本品	金融——银行	603606 002810 002007 002129 002531	603606 002129 002271 000661 300122
4	国金证券	工业——资本品	主要消费——主要用品零售与个人用品	300760 002007 300261 601012 002607	600031 000425 300012 601100 000739
5	民生证券	工业——资本品	金融——银行	300347 603866 300207 601888 002557	002821 605111 600426 600573 300750
6	太平洋证券	工业——资本品	房地产——房地产	601633 000625 600519 603833 600031	002675 000887 600741 002645 603936
7	华安证券	工业——资本品	可选消费——消费者服务	600309 601633 600588 002304 603369	002597 002648 688567 688188 002970

续表

排名	证券公司	最关注的行业	可信度最高的行业	最关注的股票代码	可信度最高的股票代码
8	安信证券	工业——资本品	能源——能源	601238 002594 002123 002405 600066	000547 601899 002690 300777 600197
9	中航证券	工业——资本品	主要消费——主要用品零售与个人用品	603590 300760 603259 688006 603825	603259 002422 300015 601888 688122
10	东吴证券	工业——资本品	主要消费——主要用品零售与个人用品	601633 300316 300750 601238 600104	600019 002028 603456 300347 600600
11	东北证券	工业——资本品	通信服务——电信服务与设备	600567 002803 300616 603866 600984	300118 300726 300196 603712 603008
12	国泰君安证券	工业——资本品	公用事业——公用事业	002129 601012 601186 600519 601117	002821 600732 603198 688100 600588
13	国盛证券	工业——资本品	金融——银行	601668 002832 300122 603019 000977	300352 603589 002643 300638 605111
14	中泰证券	工业——资本品	金融——其他金融	600309 600196 300244 300192 300122	300630 002597 002353 000547 603666

续表

排名	证券公司	最关注的行业	可信度最高的行业	最关注的股票代码	可信度最高的股票代码
15	广发证券	工业——资本品	金融——银行	300498 600031 300496 300253 002832	600456 002938 603993 002821 002532
16	西部证券	工业——资本品	信息技术——计算机运用与半导体	300413 002624 601633 000651 601615	600085 688122 600426 002064 600732
17	华金证券	工业——资本品	金融——其他金融	601633 601318 600732 601688 601601	601799 002028 300699 002572 603811
18	华西证券	工业——资本品	房地产——房地产	000625 601633 600104 603501 000582	002372 002880 002273 002293 600690
19	财通证券	工业——资本品	能源——能源	000625 600104 300233 603920 600309	600426 601966 300595 002129 300316
20	中信建投证券	工业——资本品	房地产——房地产	300699 300347 300567 000538 600048	300347 300760 601012 300529 300773
21	东兴证券	工业——资本品	金融——其他金融	601238 002268 601888 002179 603916	002129 600305 688058 002568 000799

续表

排名	证券公司	最关注的行业	可信度最高的行业	最关注的股票代码	可信度最高的股票代码
22	开源证券	工业——资本品	房地产——房地产	688169 601012 603505 600989 300413	002906 300687 603995 601137 600985
23	光大证券	工业——资本品	可选消费——消费者服务	002607 000651 000625 300136 300725	300357 002821 002353 688099 000902
24	东方证券	工业——资本品	信息技术——电子	000625 601238 600104 002126 002594	300699 600803 603881 000547 002410
25	招商证券	工业——资本品	金融——其他金融	601888 000858 601633 002594 600183	600600 688122 600456 300482 300595
26	中信证券	工业——资本品	金融——其他金融	002594 600066 601633 601888 300750	300014 002906 603338 002833 002324
27	信达证券	工业——资本品	公用事业——公用事业	601058 601666 600188 601233 601088	002240 601168 300073 002129 600989
28	中国银河证券	工业——资本品	金融——银行	002100 600036 000002 002419 603605	300015 603127 002353 603658 300347

续表

排名	证券公司	最关注的行业	可信度最高的行业	最关注的股票代码	可信度最高的股票代码
29	国海证券	工业——资本品	工业——商业服务与用品	601633 300073 002594 300388 600519	603466 300602 002001 300416 300007
30	国元证券	工业——资本品	能源——能源	300316 300792 603605 300014 002624	002607 603259 002508 603338 300911

如 3.5 节中给出的明星分析师数量评价方案所述，本书根据 3.4 节中给出的行业划分方法，按照分析师的风险—经验因子调整的可信度分数对各行业在各年份的可信度表现进行排名，选取各行业排在前五名的分析师为明星分析师。因此，2019～2021 年 3 个年度内 20 个行业共产生明星分析师 100 名。依据 3 年评价期内明星分析师的数量对证券公司进行评价的结果如表 5－6 所示。

可以看出，在 2019 年 1 月 1 日至 2021 年 12 月 31 日的评价期内，以风险—经验因子调整的可信度分数为分析师评价指标时，拥有明星分析师数量排在前五名的证券公司分别是：①安信证券（拥有明星分析师累计 10 位，活动分析师 58 位，评级股票 1 105 只，发布荐股评级累计 5 419 次）；②国盛证券（拥有明星分析师累计 8 位，活动分析师 50 位，评级股票 746 只，发布荐股评级累计 4 614 次）；③广发证券（拥有明星分析师累计 7 位，活动分析师 57 位，评级股票 860 只，发布荐股评级累计 5 261 次）；④海通证券（拥有明星分析师累计 6 位，活动分析师 60 位，评级股票 1 080 只，发布荐股评级累计 4 139 次）；⑤东吴证券（拥有明星分析师累计 6 位，活动分析师 33 位，评级股票 640 只，发布荐股评级累计 4 045 次）。

表 5－6　　3 年期证券公司明星分析师席位排名——风险—经验因子调整的可信度分数

排名	证券公司	分析师数量（人）	评级的股票数量（只）	荐股评级数量（次）	明星分析师数量（位）
1	安信证券	58	1 105	5 419	10
2	国盛证券	50	746	4 614	8
3	广发证券	57	860	5 261	7
4	海通证券	60	1 080	4 139	6
5	东吴证券	33	640	4 045	6
6	民生证券	55	826	3 090	6
7	天风证券	83	1 238	7 237	5
8	中泰证券	59	857	5 073	5
9	光大证券	65	844	4 596	5
10	太平洋证券	57	786	2 979	5
11	国金证券	63	534	2 633	5
12	中信建投证券	51	701	2 063	5
13	中信证券	66	991	6 904	4
14	国泰君安证券	80	1 211	6 174	4
15	东北证券	52	974	3 725	3
16	华西证券	34	706	3 228	3
17	华泰证券	73	837	5 660	2
18	招商证券	67	857	4 568	2
19	国信证券	61	869	4 015	2
20	方正证券	55	698	2 986	2
21	西南证券	46	729	2 854	1
22	长城证券	37	468	2 318	1
23	东兴证券	50	625	1 882	1
24	中国银河证券	32	511	1 412	1
25	粤开证券	13	142	298	1
26	兴业证券	85	1 028	5 202	0

续表

排名	证券公司	分析师数量（人）	评级的股票数量（只）	荐股评级数量（次）	明星分析师数量（位）
27	华创证券	55	612	2 882	0
28	浙商证券	54	555	2 392	0
29	开源证券	27	476	2 294	0
30	中银国际证券	44	406	2 188	0

5.2　5 年期证券公司评价

5 年期的证券公司荐股评级能力评价是基于发布日期于 2017 年 1 月 1 日至 2021 年 12 月 31 日的分析师荐股评级数据做出的，该数据集来源于国泰数据库 CSMAR 数据库。为计算分析师荐股评级的可信度，本书从 Wind 金融数据库收集了相关股票以及大盘指数在 2017 年 1 月 1 日至 2022 年 12 月 31 日的日交易价格数据。

数据显示，在 3 年评价期内，共有来自 69 家证券公司的 2 273 名证券分析师对 3 786 只 A 股股票进行了荐股评级，发布的荐股评级总量为 210 470。其中有 10 家证券公司在 5 年评价期内发布的荐股评级不足 30 条，所以本书选择将其剔除，也就是说，本书在对证券公司在 5 年期内的荐股评级能力进行评价时，只选择其中发布至少 30 条荐股评级的 59 家证券公司进行分析。

本书按照 3.5 节给出的评价方案对证券公司的荐股评级能力进行评价。在评级过程中，本书一方面依据证券公司平均可信度分数、风险因子调整的可信度分数以及风险—经验因子调整的可信度分数对证券公司的表现进行排名，同时给出各个证券公司在评价期内最关注的行业、可信度最高的行业、最关注的 5 只股票及可信度最高的 5 只股票等信息；另一方面，本书根据证券公司在上述各个评价指标下的明星分析师数量来对证券公司的荐股评级能力进行排名，同时给出各证券公司在评价期内的活动分析师数量，评级股票数量以及发布的荐股评级数量。

5.2.1　平均可信度分数

依据证券公司的平均可信度分数对证券公司进行评价的结果如表 5－7 所示。可以看出，在 2017 年 1 月 1 日至 2021 年 12 月 31 日的评价期内，荐股评级能力排在前五名的证券公司分别是：①海通证券（最关注的行业是工业——资本品，可信度最高的行业是工业——商业服务与用品，最关注的股票代码是 000002，可信度最高的股票代码是 600406）；②申港证券（最关注的行业是工业——资本品，可信度最高的行业是可选消费——乘用车及零部件，最关注的股票代码是 603568，可信度最高的股票代码是 002597）；③中航证券（最关注的行业是工业——资本品，可信度最高的行业是工业——商业服务与用品，最关注的股票代码是 603590，可信度最高的股票代码是 603259）；④华安证券（最关注的行业是工业——资本品，可信度最高的行业是可选消费——消费者服务，最关注的股票代码是 600309，可信度最高的股票代码是 002597）；⑤民生证券（最关注的行业是工业——资本品，可信度最高的行业是金融——银行，最关注的股票代码是 300347，可信度最高的股票代码是 002821）。

表 5－7　5 年期证券公司荐股评级可信度评价——平均可信度分数

排名	证券公司	最关注的行业	可信度最高的行业	最关注的股票代码	可信度最高的股票代码
1	海通证券	工业——资本品	工业——商业服务与用品	000002 601318 600028 002648 600803	600406 603259 601799 600985 603338

续表

排名	证券公司	最关注的行业	可信度最高的行业	最关注的股票代码	可信度最高的股票代码
2	申港证券	工业——资本品	可选消费——乘用车及零部件	603568 688019 600426 600309 601888	002597 002080 300750 000887 603659
3	中航证券	工业——资本品	工业——商业服务与用品	603590 601888 601688 600729 300760	603259 600305 002422 601933 002262
4	华安证券	工业——资本品	可选消费——消费者服务	600309 601633 002230 600588 002304	002597 002648 688567 688188 002970
5	民生证券	工业——资本品	金融——银行	300347 603866 300207 002557 601888	002821 605111 600573 300750 688686
6	国金证券	工业——资本品	主要消费——主要用品零售与个人用品	601012 002007 601888 300009 300261	600031 000425 300012 601100 603612
7	国盛证券	工业——资本品	金融——银行	603019 601668 002832 601117 300122	300352 603589 002643 300638 605111
8	国泰君安证券	工业——资本品	金融——银行	600104 601186 601888 601117 600519	002821 600884 600732 603198 688100

续表

排名	证券公司	最关注的行业	可信度最高的行业	最关注的股票代码	可信度最高的股票代码
9	太平洋证券	工业——资本品	信息技术——计算机运用与半导体	601633 600519 000625 600031 300607	000887 002645 603326 603936 000671
10	东吴证券	工业——资本品	金融——其他金融	300316 300450 300124 601633 600031	002475 002008 600019 002028 002009
11	西部证券	工业——资本品	信息技术——计算机运用与半导体	300413 002624 601633 000651 601615	600085 688122 600426 002064 600732
12	东北证券	工业——资本品	通信服务——电信服务与设备	600567 603866 603816 300616 002410	300118 002475 300726 300196 603712
13	安信证券	工业——资本品	主要消费——主要用品零售与个人用品	002594 601238 600066 002405 000661	300777 605111 688002 300322 601168
14	华西证券	工业——资本品	房地产——房地产	000625 601633 600104 603501 000582	002372 002880 002273 002293 600690
15	粤开证券	工业——资本品	可选消费——零售业	300251 603606 601238 002007 002050	603606 002129 002493 300122 300413

续表

排名	证券公司	最关注的行业	可信度最高的行业	最关注的股票代码	可信度最高的股票代码
16	广发证券	工业——资本品	金融——银行	600031 002024 300498 300496 300253	002938 600529 603993 002821 002532
17	华融证券	原材料——原材料	主要消费——主要用品零售与个人用品	002233 600436 000401 600449 600720	600449 600720 600048 603019 002821
18	中泰证券	工业——资本品	金融——其他金融	600196 300122 600276 300244 600309	600487 603666 600477 002975 300911
19	开源证券	工业——资本品	房地产——房地产	688169 601012 603505 600989 002624	002906 300687 603995 601137 600985
20	财通证券	工业——资本品	工业——交通运输	600104 000625 300357 002594 300595	000895 002129 300316 603259 601233
21	爱建证券	工业——资本品	原材料——原材料	601888 000333 601688 002262 600030	000776 300750 600754 601601 000963
22	东方证券	工业——资本品	能源——能源	601238 000625 600104 002126 300408	300699 600085 000813 600604 603881

续表

排名	证券公司	最关注的行业	可信度最高的行业	最关注的股票代码	可信度最高的股票代码
23	东兴证券	工业——资本品	工业——商业服务与用品	002179 601238 002268 600760 601888	002129 601100 688058 300034 601211
24	光大证券	工业——资本品	工业——商业服务与用品	002024 600019 300408 300136 000661	300357 000402 002821 002353 688099
25	华金证券	工业——资本品	信息技术——计算机运用与半导体	601633 000951 601318 002812 601088	002028 300699 300585 002572 600038
26	德邦证券	工业——资本品	能源——能源	300285 688516 002242 601888 688696	688122 000568 600066 300088 601808
27	中信建投证券	工业——资本品	房地产——房地产	300699 600276 600048 300474 002191	000063 300529 601012 300760 603605
28	信达证券	工业——资本品	公用事业——公用事业	600282 000426 600486 603338 600867	002240 300073 002129 600989 300870
29	国联证券	工业——资本品	可选消费——消费者服务	603658 002550 002332 000513 002241	601111 002434 603355 601857 002281
30	国元证券	工业——资本品	公用事业——公用事业	300316 002624 300792 300014 002747	002607 603259 002508 300911 002438

如3.5节中给出的明星分析师数量评价方案所述，本书根据3.4节中给出的行业划分方法，按照分析师的平均可信度分数对各行业在各年份的可信度表现进行排名，选取各行业排在前五名的分析师为明星分析师。因此，2017~2021年5个年度内20个行业共产生明星分析师300名。依据5年评价期内明星分析师的数量对证券公司进行评价的结果如表5-8所示。

可以看出，在2017年1月1日至2021年12月31日的评价期内，以平均可信度分数为分析师评价指标时，拥有明星分析师数量排在前五名的证券公司分别是：①国泰君安证券（拥有明星分析师累计24位，活动分析师110位，评级股票1 487只，发布荐股评级累计9 427次）；②广发证券（拥有明星分析师累计24位，活动分析师74位，评级股票1 198只，发布荐股评级累计8 860次）；③安信证券（拥有明星分析师累计18位，活动分析师83位，评级股票1 675只，发布荐股评级累计9 367次）；④招商证券（拥有明星分析师累计16位，活动分析师90位，评级股票1 214只，发布荐股评级累计8 860次）；⑤中泰证券（拥有明星分析师累计16位，活动分析师88位，评级股票1 184只，发布荐股评级累计8 522次）。

表5-8　5年期证券公司明星分析师席位排名——平均可信度分数

排名	证券公司	分析师数量（人）	评级的股票数量（只）	荐股评级数量（次）	明星分析师数量（位）
1	国泰君安证券	110	1 487	9 427	24
2	广发证券	74	1 198	8 860	24
3	安信证券	83	1 675	9 367	18
4	招商证券	90	1 214	8 860	16
5	中泰证券	88	1 184	8 522	16
6	东吴证券	44	867	6 522	16
7	太平洋证券	74	1 142	4 916	16
8	中信建投证券	75	1 131	5 152	15

续表

排名	证券公司	分析师数量（人）	评级的股票数量（只）	荐股评级数量（次）	明星分析师数量（位）
9	国金证券	91	829	4 616	14
10	海通证券	65	1 150	4 749	13
11	中信证券	84	1 252	10 530	11
12	民生证券	66	969	3 676	10
13	天风证券	102	1 665	11 816	9
14	方正证券	77	1 050	5 465	9
15	华泰证券	94	1 105	9 071	8
16	东北证券	67	1 439	6 414	8
17	国盛证券	53	771	4 925	8
18	西南证券	56	942	4 618	8
19	兴业证券	108	1 546	9 621	7
20	国信证券	76	1 103	6 184	6
21	东方证券	49	588	3 906	6
22	光大证券	83	1 027	6 737	5
23	粤开证券	22	439	987	5
24	东兴证券	61	1 056	3 735	4
25	国联证券	37	527	1 854	4
26	财通证券	22	497	1 842	4
27	长城证券	46	624	3 153	3
28	平安证券	58	544	3 658	2
29	华西证券	34	706	3 228	2
30	上海证券	23	399	1 342	2

5.2.2　风险因子调整的可信度分数

依据证券公司的风险因子调整的可信度分数对证券公司进行评价的结果如表 5－9 所示。可以看出，在 2017 年 1 月 1 日至 2021 年 12 月 31

日的评价期内，荐股评级能力排在前五名的证券公司分别是：①海通证券（最关注的行业是工业资本品，可信度最高的行业是工业——商业服务与用品，最关注的股票代码是000002，可信度最高的股票代码是600406）；②申港证券（最关注的行业是工业——资本品，可信度最高的行业是可选消费——乘用车及零部件，最关注的股票代码是603568，可信度最高的股票代码是002597）；③中航证券（最关注的行业是工业——资本品，可信度最高的行业是工业——商业服务与用品，最关注的股票代码是603590，可信度最高的股票代码是603259）；④华安证券（最关注的行业是工业——资本品，可信度最高的行业是可选消费——消费者服务，最关注的股票代码是600309，可信度最高的股票代码是002597）；⑤民生证券（最关注的行业是工业——资本品，可信度最高的行业是金融——银行，最关注的股票代码是300347，可信度最高的股票代码是002821）。

表5－9　5年期证券公司荐股评级可信度评价——风险因子调整的可信度分数

排名	证券公司	最关注的行业	可信度最高的行业	最关注的股票代码	可信度最高的股票代码
1	海通证券	工业——资本品	工业——商业服务与用品	000002 601318 600028 002648 600803	600406 603259 601799 600985 603338
2	申港证券	工业——资本品	可选消费——乘用车及零部件	603568 688019 600426 600309 601888	002597 002080 300750 000887 603659
3	中航证券	工业——资本品	工业——商业服务与用品	603590 601888 601688 600729 300760	603259 600305 002422 601933 002262

续表

排名	证券公司	最关注的行业	可信度最高的行业	最关注的股票代码	可信度最高的股票代码
4	华安证券	工业——资本品	可选消费——消费者服务	600309 601633 002230 600588 002304	002597 002648 688567 688188 002970
5	民生证券	工业——资本品	金融——银行	300347 603866 300207 002557 601888	002821 605111 600573 300750 688686
6	国金证券	工业——资本品	主要消费——主要用品零售与个人用品	601012 002007 601888 300009 300261	600031 000425 300012 601100 603612
7	国盛证券	工业——资本品	金融——银行	603019 601668 002832 601117 300122	300352 603589 002643 300638 605111
8	国泰君安证券	工业——资本品	金融——银行	600104 601186 601888 601117 600519	002821 600884 600732 603198 688100
9	太平洋证券	工业——资本品	信息技术——计算机运用与半导体	601633 600519 000625 600031 300607	000887 002645 603326 603936 000671
10	东吴证券	工业——资本品	金融——其他金融	300316 300450 300124 601633 600031	002475 002008 600019 002028 002009

续表

排名	证券公司	最关注的行业	可信度最高的行业	最关注的股票代码	可信度最高的股票代码
11	西部证券	工业——资本品	信息技术——计算机运用与半导体	300413 002624 601633 000651 601615	600085 688122 600426 002064 600732
12	东北证券	工业——资本品	通信服务——电信服务与设备	600567 603866 603816 300616 002410	300118 002475 300726 300196 603712
13	安信证券	工业——资本品	主要消费——主要用品零售与个人用品	002594 601238 600066 002405 000661	300777 605111 688002 300322 601168
14	华西证券	工业——资本品	房地产——房地产	000625 601633 600104 603501 000582	002372 002880 002273 002293 600690
15	粤开证券	工业——资本品	可选消费——零售业	300251 603606 601238 002007 002050	603606 002129 002493 300122 300413
16	广发证券	工业——资本品	金融——银行	600031 002024 300498 300496 300253	002938 600529 603993 002821 002532
17	中泰证券	工业——资本品	金融——其他金融	600196 300122 600276 300244 600309	600487 603666 600477 002975 300911

续表

排名	证券公司	最关注的行业	可信度最高的行业	最关注的股票代码	可信度最高的股票代码
18	开源证券	工业——资本品	房地产——房地产	688169 601012 603505 600989 002624	002906 300687 603995 601137 600985
19	财通证券	工业——资本品	工业——交通运输	600104 000625 300357 002594 300595	000895 002129 300316 603259 601233
20	华融证券	原材料——原材料	主要消费——主要用品零售与个人用品	002233 600436 000401 600449 600720	600449 600720 600048 603019 002821
21	东方证券	工业——资本品	能源——能源	601238 000625 600104 002126 300408	300699 600085 000813 600604 603881
22	爱建证券	工业——资本品	原材料——原材料	601888 000333 601688 002262 600030	000776 300750 600754 601601 000963
23	东兴证券	工业——资本品	工业——商业服务与用品	002179 601238 002268 600760 601888	002129 601100 688058 300034 601211
24	光大证券	工业——资本品	工业——商业服务与用品	002024 600019 300408 300136 000661	300357 000402 002821 002353 688099

续表

排名	证券公司	最关注的行业	可信度最高的行业	最关注的股票代码	可信度最高的股票代码
25	华金证券	工业——资本品	信息技术——计算机运用与半导体	601633 000951 601318 002812 601088	002028 300699 300585 002572 600038
26	德邦证券	工业——资本品	能源——能源	300285 688516 002242 601888 688696	688122 000568 600066 300088 601808
27	中信建投证券	工业——资本品	房地产——房地产	300699 600276 600048 300474 002191	000063 300529 601012 300760 603605
28	信达证券	工业——资本品	公用事业——公用事业	600282 000426 600486 603338 600867	002240 300073 002129 600989 300870
29	国联证券	工业——资本品	可选消费——消费者服务	603658 002550 002332 000513 002241	601111 002434 603355 601857 002281
30	国元证券	工业——资本品	公用事业——公用事业	300316 002624 300792 300014 002747	002607 603259 002508 300911 002438

如3.5节中给出的明星分析师数量评价方案所述，本书根据3.4节中给出的行业划分方法，按照分析师的风险因子调整的可信度分数对各行业在各年份的可信度表现进行排名，选取各行业排在前五名的分析师为明星分析师。因此，2017～2021年5个年度内20个行业共产生明星

分析师 300 名。依据 5 年评价期内明星分析师的数量对证券公司进行评价的结果如表 5－10 所示。

可以看出，在 2017 年 1 月 1 日至 2021 年 12 月 31 日的评价期内，以风险因子调整的可信度分数为分析师评价指标时，拥有明星分析师数量排在前五名的证券公司分别是：①国泰君安证券（拥有明星分析师累计 24 位，活动分析师 110 位，评级股票 1 487 只，发布荐股评级累计 9 427 次）；②广发证券（拥有明星分析师累计 24 位，活动分析师 74 位，评级股票 1 198 只，发布荐股评级累计 8 860 次）；③安信证券（拥有明星分析师累计 18 位，活动分析师 83 位，评级股票 1 675 只，发布荐股评级累计 9 367 次）；④招商证券（拥有明星分析师累计 16 位，活动分析师 90 位，评级股票 1 214 只，发布荐股评级累计 8 860 次）；⑤中泰证券（拥有明星分析师累计 16 位，活动分析师 88 位，评级股票 1 184 只，发布荐股评级累计 8 522 次）。

表 5－10　5 年期证券公司明星分析师席位排名——风险因子调整的可信度分数

排名	证券公司	分析师数量（人）	评级的股票数量（只）	荐股评级数量（次）	明星分析师数量（位）
1	国泰君安证券	110	1 487	9 427	24
2	广发证券	74	1 198	8 860	24
3	安信证券	83	1 675	9 367	18
4	招商证券	90	1 214	8 860	16
5	中泰证券	88	1 184	8 522	16
6	东吴证券	44	867	6 522	16
7	太平洋证券	74	1 142	4 916	16
8	中信建投证券	75	1 131	5 152	15
9	国金证券	91	829	4 616	14
10	海通证券	65	1 150	4 749	13
11	中信证券	84	1 252	10 530	11

续表

排名	证券公司	分析师数量（人）	评级的股票数量（只）	荐股评级数量（次）	明星分析师数量（位）
12	民生证券	66	969	3 676	10
13	天风证券	102	1 665	11 816	9
14	方正证券	77	1 050	5 465	9
15	华泰证券	94	1 105	9 071	8
16	东北证券	67	1 439	6 414	8
17	国盛证券	53	771	4 925	8
18	西南证券	56	942	4 618	8
19	兴业证券	108	1 546	9 621	7
20	国信证券	76	1 103	6 184	6
21	东方证券	49	588	3 906	6
22	光大证券	83	1 027	6 737	5
23	粤开证券	22	439	987	5
24	东兴证券	61	1 056	3 735	4
25	国联证券	37	527	1 854	4
26	财通证券	22	497	1 842	4
27	长城证券	46	624	3 153	3
28	平安证券	58	544	3 658	2
29	华西证券	34	706	3 228	2
30	上海证券	23	399	1 342	2

5.2.3 风险—经验因子调整的可信度分数

依据证券公司的风险—经验因子调整的可信度分数对证券公司进行评价的结果如表 5 - 11 所示。可以看出，在 2017 年 1 月 1 日至 2021 年 12 月 31 日的评价期内，荐股评级能力排在前五名的证券公司分别是：①海通证券（最关注的行业是工业——资本品，可信度最高的行业是工业——商业服务与用品，最关注的股票代码是 000002，可信度最高的股票代码是 600406）；②申港证券（最关注的行业是工业——资本品，可信度最高的行业是可选消费——乘用车及零部件，最关注的股票代码是 603568，可信度最高的股票代码是 002597）；③华安证券（最关注的行业是工业——资本品，可信度最高的行业是可选消费——消费者服务，最关注的股票代码是 600309，可信度最高的股票代码是 002597）；④中航证券（最关注的行业是工业——资本品，可信度最高的行业是工业——商业服务与用品，最关注的股票代码是 603590，可信度最高的股票代码是 603259）；⑤民生证券（最关注的行业是工业——资本品，可信度最高的行业是金融——银行，最关注的股票代码是 300347，可信度最高的股票代码是 002821）。

表 5－11　5 年期证券公司荐股评级可信度评价——风险—经验因子调整的可信度分数

排名	证券公司	最关注的行业	可信度最高的行业	最关注的股票代码	可信度最高的股票代码
1	海通证券	工业——资本品	工业——商业服务与用品	000002 601318 600028 002648 600803	600406 603259 601799 600985 603338
2	申港证券	工业——资本品	可选消费——乘用车及零部件	603568 688019 600426 600309 601888	002597 002080 300750 000887 603659
3	华安证券	工业——资本品	可选消费——消费者服务	600309 601633 002230 600588 002304	002597 002648 688567 688188 002970
4	中航证券	工业——资本品	工业——商业服务与用品	603590 601888 601688 600729 300760	603259 600305 002422 601933 002262

续表

排名	证券公司	最关注的行业	可信度最高的行业	最关注的股票代码	可信度最高的股票代码
5	民生证券	工业——资本品	金融——银行	300347 603866 300207 002557 601888	002821 605111 600573 300750 688686
6	国金证券	工业——资本品	主要消费——主要用品零售与个人用品	601012 002007 601888 300009 300261	600031 000425 300012 601100 603612
7	国盛证券	工业——资本品	金融——银行	603019 601668 002832 601117 300122	300352 603589 002643 300638 605111
8	国泰君安证券	工业——资本品	金融——银行	600104 601186 601888 601117 600519	002821 600884 600732 603198 688100
9	太平洋证券	工业——资本品	信息技术——计算机运用与半导体	601633 600519 000625 600031 300607	000887 002645 603326 603936 000671
10	东吴证券	工业——资本品	金融——其他金融	300316 300450 300124 601633 600031	002475 002008 600019 002028 002009
11	西部证券	工业——资本品	信息技术——计算机运用与半导体	300413 002624 601633 000651 601615	600085 688122 600426 002064 600732

续表

排名	证券公司	最关注的行业	可信度最高的行业	最关注的股票代码	可信度最高的股票代码
12	东北证券	工业——资本品	通信服务——电信服务与设备	600567 603866 603816 300616 002410	300118 002475 300726 300196 603712
13	安信证券	工业——资本品	主要消费——主要用品零售与个人用品	002594 601238 600066 002405 000661	300777 605111 688002 300322 601168
14	华西证券	工业——资本品	房地产——房地产	000625 601633 600104 603501 000582	002372 002880 002273 002293 600690
15	粤开证券	工业——资本品	可选消费——零售业	300251 603606 601238 002007 002050	603606 002129 002493 300122 300413
16	广发证券	工业——资本品	金融——银行	600031 002024 300498 300496 300253	002938 600529 603993 002821 002532
17	中泰证券	工业——资本品	金融——其他金融	600196 300122 600276 300244 600309	600487 603666 600477 002975 300911
18	开源证券	工业——资本品	房地产——房地产	688169 601012 603505 600989 002624	002906 300687 603995 601137 600985

续表

排名	证券公司	最关注的行业	可信度最高的行业	最关注的股票代码	可信度最高的股票代码
19	财通证券	工业——资本品	工业——交通运输	600104 000625 300357 002594 300595	000895 002129 300316 603259 601233
20	东方证券	工业——资本品	能源——能源	601238 000625 600104 002126 300408	300699 600085 000813 600604 603881
21	东兴证券	工业——资本品	工业——商业服务与用品	002179 601238 002268 600760 601888	002129 601100 688058 300034 601211
22	光大证券	工业——资本品	工业——商业服务与用品	002024 600019 300408 300136 000661	300357 000402 002821 002353 688099
23	华金证券	工业——资本品	信息技术——计算机运用与半导体	601633 000951 601318 002812 601088	002028 300699 300585 002572 600038
24	中信建投证券	工业——资本品	房地产——房地产	300699 600276 600048 300474 0002191	000063 300529 601012 300760 603605
25	信达证券	工业——资本品	公用事业——公用事业	600282 000426 600486 603338 600867	002240 300073 002129 600989 300870

续表

排名	证券公司	最关注的行业	可信度最高的行业	最关注的股票代码	可信度最高的股票代码
26	德邦证券	工业——资本品	能源——能源	300285 688516 002242 601888 688696	688122 000568 600066 300088 601808
27	国联证券	工业——资本品	可选消费——消费者服务	603658 002550 002332 000513 002241	601111 002434 603355 601857 002281
28	国元证券	工业——资本品	公用事业——公用事业	300316 002624 300792 300014 002747	002607 603259 002508 300911 002438
29	招商证券	工业——资本品	金融——其他金融	601888 000858 000063 600426 600754	688122 600456 300482 002632 603063
30	中信证券	工业——资本品	金融——其他金融	002594 600066 601888 601633 600104	002906 002042 601168 000657 002384

如 3.5 节中给出的明星分析师数量评价方案所述，本书根据 3.4 节中给出的行业划分方法，按照分析师的风险—经验因子调整的可信度分数对各行业在各年份的可信度表现进行排名，选取各行业排在前五名的分析师为明星分析师。因此，2017 ~ 2021 年 5 个年度内 20 个行业共产生明星分析师 300 名。依据 5 年评价期内明星分析师的数量对证券公司进行评价的结果如表 5 - 12 所示。

可以看出，在 2017 年 1 月 1 日至 2021 年 12 月 31 日的评价期内，以风险—经验因子调整的可信度分数为分析师评价指标时，拥有明星分析师数量排在前五名的证券公司分别是：①安信证券（拥有明星分析师累计24位，活动分析师83位，评级股票1 675只，发布荐股评级累计9 367次）；②广发证券（拥有明星分析师累计21位，活动分析师74位，评级股票1 198只，发布荐股评级累计8 860次）；③东吴证券（拥有明星分析师累计21位，活动分析师44位，评级股票867只，发布荐股评级累计6 522次）；④国泰君安证券（拥有明星分析师累计20位，活动分析师110位，评级股票1 487只，发布荐股评级累计9 427次）；⑤中泰证券（拥有明星分析师累计16位，活动分析师88位，评级股票1 184只，发布荐股评级累计8 522次）。

表5－12　5年期证券公司明星分析师席位排名——风险—经验因子调整的可信度分数

排名	证券公司	分析师数量（人）	评级的股票数量（只）	荐股评级数量（次）	明星分析师数量（位）
1	安信证券	83	1 675	9 367	24
2	广发证券	74	1 198	8 860	21
3	东吴证券	44	867	6 522	21
4	国泰君安证券	110	1 487	9 427	20
5	中泰证券	88	1 184	8 522	16
6	中信建投证券	75	1 131	5 152	15
7	国金证券	91	829	4 616	15
8	中信证券	84	1 252	10 530	14
9	招商证券	90	1 214	8 860	13
10	天风证券	102	1 665	11 816	11
11	兴业证券	108	1 546	9 621	10
12	国盛证券	53	771	4 925	10
13	太平洋证券	74	1 142	4 916	10
14	华泰证券	94	1 105	9 071	9

续表

排名	证券公司	分析师数量（人）	评级的股票数量（只）	荐股评级数量（次）	明星分析师数量（位）
15	光大证券	83	1 027	6 737	9
16	东北证券	67	1 439	6 414	8
17	海通证券	65	1 150	4 749	8
18	方正证券	77	1 050	5 465	7
19	西南证券	56	942	4 618	7
20	东兴证券	61	1 056	3 735	7
21	民生证券	66	969	3 676	7
22	东方证券	49	588	3 906	6
23	财通证券	22	497	1 842	6
24	国信证券	76	1 103	6 184	5
25	华西证券	34	706	3 228	3
26	长城证券	46	624	3 153	3
27	信达证券	49	472	2 198	3
28	国联证券	37	527	1 854	3
29	上海证券	23	399	1 342	2
30	粤开证券	22	439	987	2

第 6 章 评价结果分析与启示

本章将针对第 5 章节中给出的证券公司荐股评级能力评价结果进行分析，并基于相关分析结果为投资者提供相应的实践启示。本章首先在 6.1 节中详细介绍样本选择与相关必要数据的准备过程，其次在 6.2 节中从券商活跃度、券商经营状况以及券商的目标个股偏好三个不同的角度对证券公司荐股评级的可信度表现进行分析，最后在 6.3 节中针对分析结果给出相应的实践启示。

6.1 样本选择与数据准备

6.1.1 证券公司选择与划分

在第 6 章中，本书根据可信度分数和明星分析师数量对证券公司的荐股评级能力进行评价。在此，本节根据上述相关评价结果，选取两种类型的证券公司作为本章的分析样本。第一类是“排名前列”的证券公司，它们指的是给定评价期与评价指标类型（平均可信度分数，风险因子调整的可信度分数或者风险—经验因子调整的可信度分数），在基于可信度分数的证券公司评价结果中排名前 25 位，并且在基于明星分析师数量的评价结果中也排名前 25 位的证券公司；第二类是“排名欠佳”的证券公司，它们指的是给定评价期与评价指标类型（平均可信度分数，风险因子调整的可信度分数或者风险—经验因子调整的可信度分数），在基于可信度分数的证券公司评价结果中排名后 25 位，并且同时在基于明星分析师数量的评价结果中也排名后 25 位的证券公司。基于第 5 章的评价结果，最终选取的“排名前列”的证券公司具体如表 6－1 所示。

表 6－1　　　　　　“排名前列”证券公司样本选择

评价指标	评价期	
	3 年评价期（2019～2021 年）	5 年评价期（2017～2021 年）
平均可信度分数	东北证券 东吴证券 中信建投证券 中泰证券 光大证券 国泰君安证券 国盛证券 国金证券 太平洋证券 安信证券 广发证券 开源证券 招商证券 民生证券 海通证券 财通证券	东兴证券 东北证券 东吴证券 东方证券 中信建投证券 中泰证券 光大证券 国泰君安证券 国盛证券 国金证券 太平洋证券 安信证券 广发证券 民生证券 海通证券
风险因子调整的可信度分数	东北证券 东吴证券 东方证券 中信建投证券 中泰证券 光大证券 国泰君安证券 国盛证券 国金证券 太平洋证券 安信证券 广发证券 招商证券 民生证券 海通证券 财通证券	东兴证券 东北证券 东吴证券 东方证券 中信建投证券 中泰证券 光大证券 国泰君安证券 国盛证券 国金证券 太平洋证券 安信证券 广发证券 民生证券 海通证券

续表

评价指标	评价期	
	3 年评价期（2019 ~ 2021 年）	5 年评价期（2017 ~ 2021 年）
风险—经验因子调整的可信度分数	东兴证券 东北证券 东吴证券 东方证券 中信建投证券 中泰证券 光大证券 国泰君安证券 国盛证券 国金证券 太平洋证券 安信证券 广发证券 开源证券 招商证券 民生证券 海通证券	东兴证券 东北证券 东吴证券 东方证券 中信建投证券 中泰证券 光大证券 国泰君安证券 国盛证券 国金证券 太平洋证券 安信证券 广发证券 开源证券 民生证券 海通证券 财通证券

6.1.2 证券公司指标选取

1. 券商活跃度。

本章选取证券公司在评价期内发布荐股评级的分析师数量、评级的目标个股数量、评级的行业数量以及发布的荐股评级数量来刻画证券公司的活跃程度。以上 4 个变量的数值越大，则表明证券公司的活跃程度越高。

2. 券商经营状况。

为了反映证券公司的经营状况，本节从中国证券业协会官网收集各证券公司在评价期内各年度的经营数据①，本章主要提取各证券公司的净资产（net assets）、净利润（net profit）和净资产收益率（return on equity）这 3 个指标。在上述指标的基础上，本章计算各证券公司在评价期

① https://www.sac.net.cn/hysj/zqgsyjpm/.

内各年度的指标的均值作为最终刻画证券公司在评价期内经营状况的指标。

3. 目标个股偏好。

第5章的评价结果显示各证券公司跟踪的目标股票通常存在较大差异，因此有必要对证券公司评价的目标股票的特征进行分析。本章选择目标个股所代表的上市公司的每股盈余（earnings per share）、净资产收益率（return on equity）、资产负债率（debt to asset ratio）和荐股评级关注度（report attention）来刻画被评价股票的特征。

6.2　分析与启示

6.2.1　券商活跃度

6.2.1.1　3年期

当评价期选定为3年且以平均可信度分数为评价指标时，排名前列的证券公司（16家）与排名欠佳的证券公司（16家）的活跃度差异如图6-1所示。其中：图6-1（A）显示排名前列的证券公司所拥有的活跃分析师数量（$Mean = 52.44$）显著高于（$p < 0.001$）排名欠佳的证券公司所拥有的活跃分析师数量（$Mean = 20.44$）；图6-1（B）显示排名前列的证券公司所跟踪评价的股票数量（$Mean = 799.75$）显著高于（$p < 0.001$）排名欠佳的证券公司所跟踪评价的股票数量（$Mean = 233.69$）；图6-1（C）显示排名前列的证券公司所跟踪评价的行业数量（$Mean = 20.56$）高于（$p < 0.001$）排名欠佳的证券公司所跟踪评价的行业数量（$Mean = 16.12$）；图6-1（D）显示排名前列的证券公司所发布的荐股评级数量（$Mean = 3\,843.50$）显著高于（$p < 0.001$）排名欠

佳的证券公司所发布的荐股评级数量（*Mean* = 855.50）。

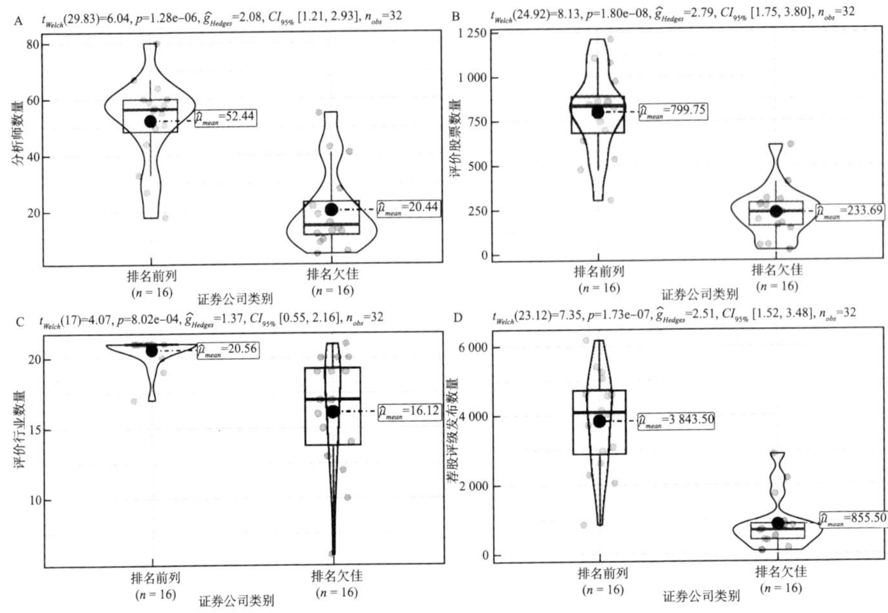

图 6-1　3 年期证券公司活跃度对比——平均可信度分数

当评价期选定为 3 年且以风险因子调整的可信度分数为评价指标时，排名前列的证券公司（16 家）与排名欠佳的证券公司（16 家）的活跃度差异如图 6-2 所示。其中：图 6-2（A）显示排名前列的证券公司所拥有的活跃分析师数量（*Mean* = 53.38）显著高于（$p < 0.001$）排名欠佳的证券公司所拥有的活跃分析师数量（*Mean* = 20.44）；图 6-2（B）显示排名前列的证券公司所跟踪评价的股票数量（*Mean* = 796.81）显著高于（$p < 0.001$）排名欠佳的证券公司所跟踪评价的股票数量（*Mean* = 233.69）；图 6-2（C）显示排名前列的证券公司所跟踪评价的行业数量（*Mean* = 20.62）高于（$p < 0.001$）排名欠佳的证券公司所跟踪评价的行业数量（*Mean* = 16.12）；图 6-2（D）显示排名前列的证券公司所发布的荐股评级数量（*Mean* = 3 835.56）显著高于（$p < 0.001$）排名欠佳的证券公司所发布的荐股评级数量（*Mean* = 855.50）。

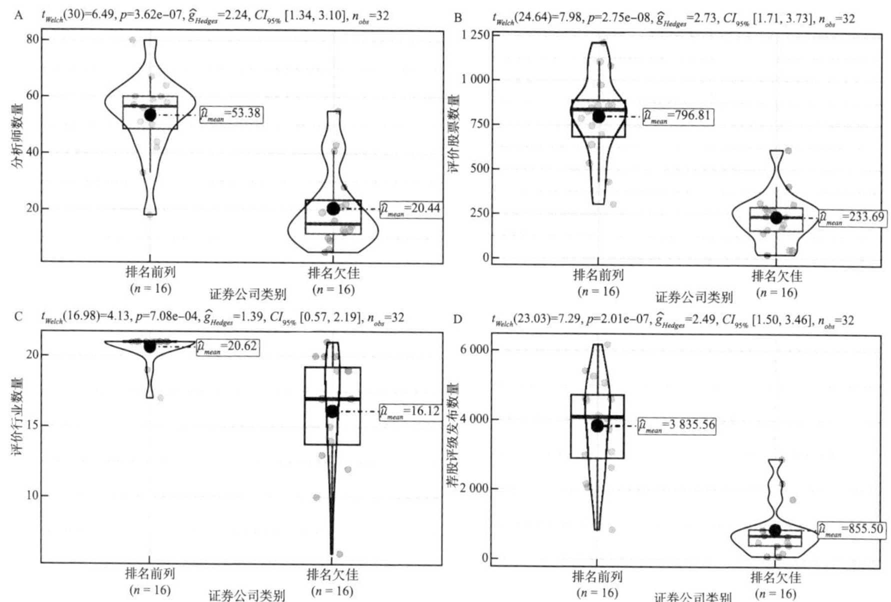

图6-2　3年期证券公司活跃度对比——风险因子调整的可信度分数

当评价期选定为3年且以风险—经验因子调整的可信度分数为评价指标时，排名前列的证券公司（17家）与排名欠佳的证券公司（16家）的活跃度差异如图6-3所示。其中：图6-3（A）显示排名前列的证券公司所拥有的活跃分析师数量（*Mean* = 53.71）显著高于（$p < 0.001$）排名欠佳的证券公司所拥有的活跃分析师数量（*Mean* = 21.38）；图6-3（B）显示排名前列的证券公司所跟踪评价的股票数量（*Mean* = 796.82）显著高于（$p < 0.001$）排名欠佳的证券公司所跟踪评价的股票数量（*Mean* = 261.56）；图6-3（C）显示排名前列的证券公司所跟踪评价的行业数量（*Mean* = 20.82）高于（$p < 0.001$）排名欠佳的证券公司所跟踪评价的行业数量（*Mean* = 16.06）；图6-3（D）显示排名前列的证券公司所发布的荐股评级数量（*Mean* = 3 806.18）显著高于（$p < 0.001$）排名欠佳的证券公司所发布的荐股评级数量（*Mean* = 990.00）。

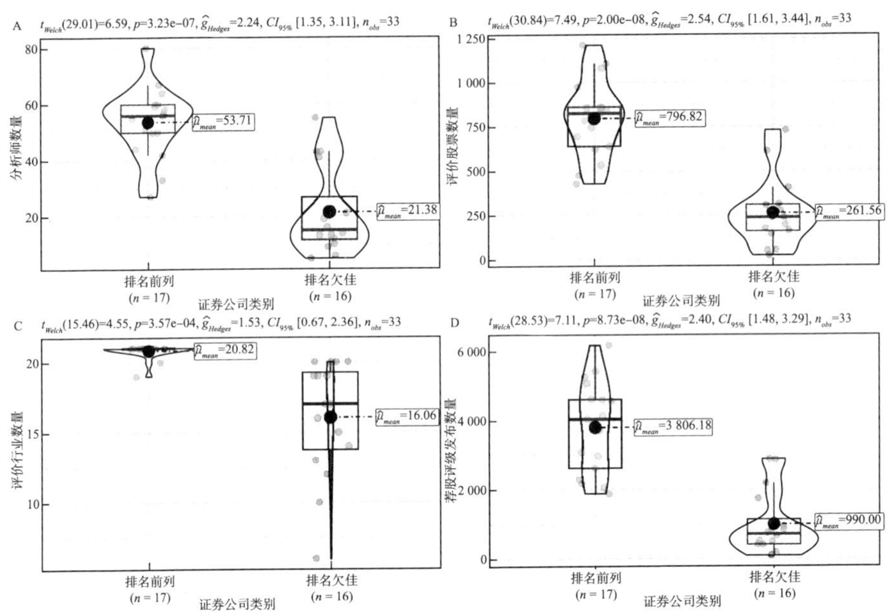

图 6－3　3 年期证券公司活跃度对比——风险—经验因子调整的可信度分数

6.2.1.2　5 年期

当评价期选定为 5 年且以平均可信度分数为评价指标时，排名前列的证券公司（15 家）与排名欠佳的证券公司（14 家）的活跃度差异如图 6－4 所示。其中：图 6－4（A）显示排名前列的证券公司所拥有的活跃分析师数量（*Mean* = 70.60）显著高于（$p < 0.001$）排名欠佳的证券公司所拥有的活跃分析师数量（*Mean* = 16.43）；图 6－4（B）显示排名前列的证券公司所跟踪评价的股票数量（*Mean* = 1 100.27）显著高于（$p < 0.001$）排名欠佳的证券公司所跟踪评价的股票数量（*Mean* = 236.93）；图 6－4（C）显示排名前列的证券公司所跟踪评价的行业数量（*Mean* = 21.00）高于（$p = 0.0011$）排名欠佳的证券公司所跟踪评价的行业数量（*Mean* = 16.29）；图 6－4（D）显示排名前列的证券公司所发布的荐股评级数量（*Mean* = 6 099.40）显著高于（$p < 0.001$）排名欠

佳的证券公司所发布的荐股评级数量（*Mean* = 863.07）。

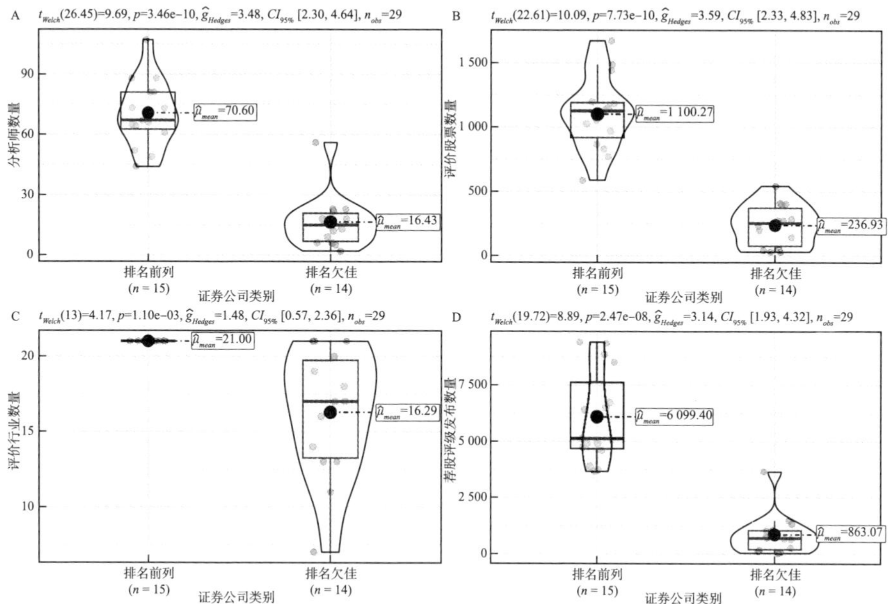

图 6－4　5 年期证券公司活跃度对比——平均可信度分数

当评价期选定为 5 年且以风险因子调整的可信度分数为评价指标时，排名前列的证券公司（15 家）与排名欠佳的证券公司（14 家）的活跃度差异如图 6－5 所示。其中：图 6－5（A）显示排名前列的证券公司所拥有的活跃分析师数量（*Mean* = 70.60）显著高于（$p < 0.001$）排名欠佳的证券公司所拥有的活跃分析师数量（*Mean* = 20.21）；图 6－5（B）显示排名前列的证券公司所跟踪评价的股票数量（*Mean* = 1 100.27）显著高于（$p < 0.001$）排名欠佳的证券公司所跟踪评价的股票数量（*Mean* = 282.57）；图 6－5（C）显示排名前列的证券公司所跟踪评价的行业数量（*Mean* = 21.00）显著高于（$p = 0.00241$）排名欠佳的证券公司所跟踪评价的行业数量（*Mean* = 16.57）；图 6－5（D）显示排名前列的证券公司所发布的荐股评级数量（*Mean* = 6 099.40）显著高于（$p < 0.001$）排名欠佳的证券公司所发布的荐股评级数量（*Mean* = 1 110.64）。

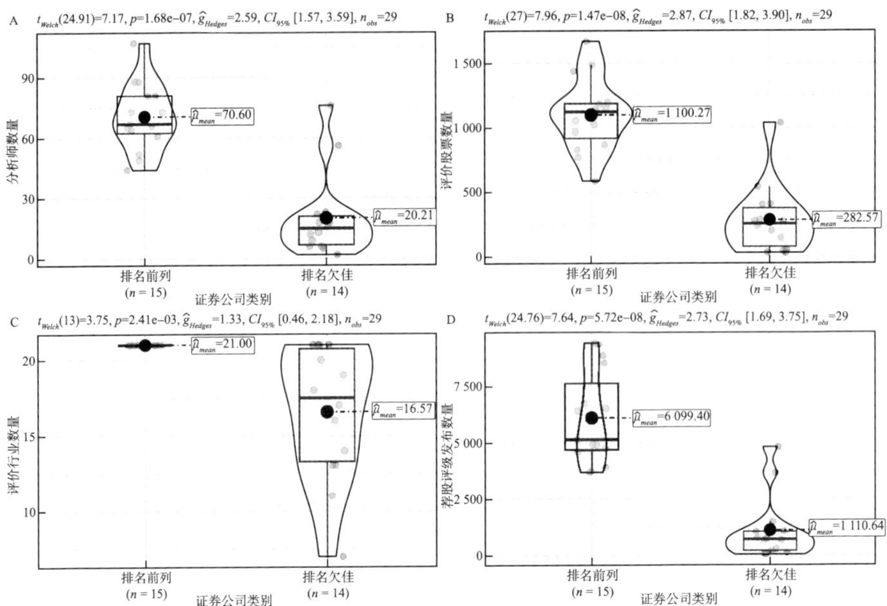

图 6－5　5 年期证券公司活跃度对比——风险因子调整的可信度分数

当评价期选定为 5 年且以风险—经验因子调整的可信度分数为评价指标时，排名前列的证券公司（17 家）与排名欠佳的证券公司（16 家）的活跃度差异如图 6－6 所示。其中：图 6－6（A）显示排名前列的证券公司所拥有的活跃分析师数量（*Mean* = 65.12）显著高于（$p < 0.001$）排名欠佳的证券公司所拥有的活跃分析师数量（*Mean* = 19.50）；图 6－6（B）显示排名前列的证券公司所跟踪评价的股票数量（*Mean* = 1 028.53）显著高于（$p < 0.001$）排名欠佳的证券公司所跟踪评价的股票数量（*Mean* = 273.38）；图 6－6（C）显示排名前列的证券公司所跟踪评价的行业数量（*Mean* = 20.76）显著高于（$p = 0.00117$）排名欠佳的证券公司所跟踪评价的行业数量（*Mean* = 16.00）；图 6－6（D）显示排名前列的证券公司所发布的荐股评级数量（*Mean* = 5 626.24）显著高于（$p < 0.001$）排名欠佳的证券公司所发布的荐股评级数量（*Mean* = 1 057.56）。

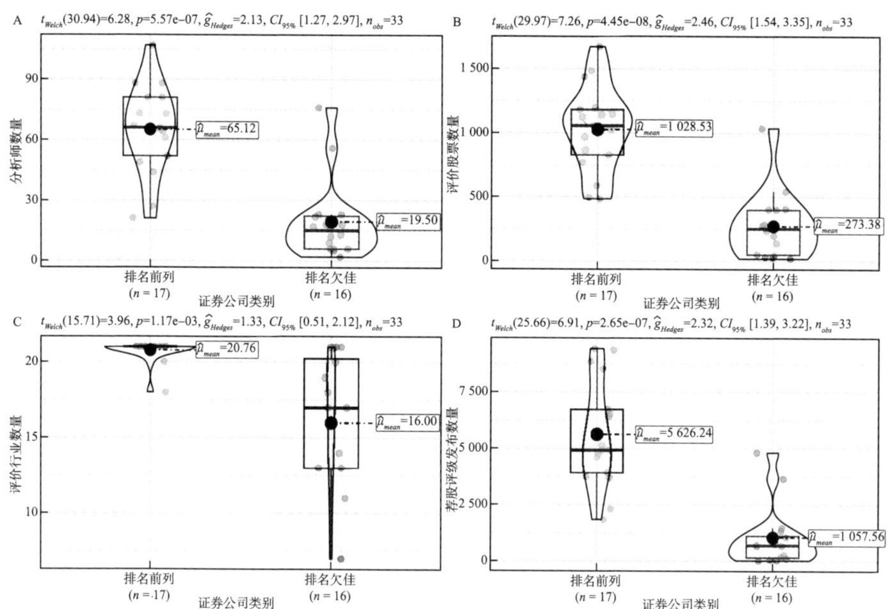

图 6－6　5 年期证券公司活跃度对比——风险—经验因子调整的可信度分数

上述实验结果主要验证了排名前列的证券公司与排名欠佳的证券公司在券商活跃程度方面的差异，可以看到，无论采用何种评价期、评价指标以及券商活跃度量指标，排名前列的证券公司的活跃度总是显著地高于排名欠佳的证券公司。因此，投资者在利用证券分析师发布的荐股评级辅助投资决策时，应该更加关注活跃程度相对较高的证券公司。

6.2.2　券商经营状况

6.2.2.1　3 年期

当评价期选定为 3 年且以平均可信度分数为评价指标时，排名前列的证券公司（16 家）与排名欠佳的证券公司（16 家）的经营状况差异如图 6－7 所示。其中：图 6－7（A）显示排名前列的证券公司所拥有的净资产（*Mean* = 490 亿元）显著高于（$p = 0.00409$）排名欠佳的证券公司所拥有的净资产（*Mean* = 122 亿元）；图 6 - 7（B）显示排名前列的证券公司的净利润（*Mean* = 41.8 亿元）显著高于（p = 0.00541）排名欠佳的证券公司的净利润（*Mean* = 7.317338 亿元）；图 6 - 7（C）显示排名前列的证券公司的净资产收益率（*Mean* = 0.07）高于（p = 0.06）排名欠佳的证券公司的净资产收益率（*Mean* = 0.04）。

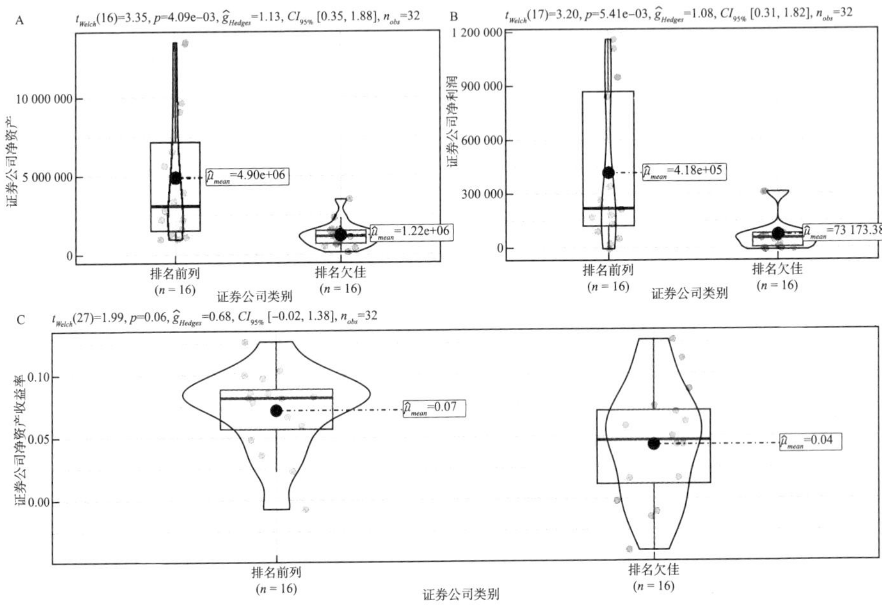

图 6 - 7　3 年期证券公司经营状况对比——平均可信度分数

当评价期选定为 3 年且以风险因子调整的可信度分数为评价指标时，排名前列的证券公司（16 家）与排名欠佳的证券公司（16 家）的经营状况差异如图 6 - 8 所示。其中：图 6 - 8（A）显示排名前列的证券公司所拥有的净资产（*Mean* = 519 亿元）显著高于（p = 0.0019）排名欠佳的证券公司所拥有的净资产（*Mean* = 122 亿元）；图 6 - 8（B）显示排名前列的证券公司的净利润（*Mean* = 45.6 亿元）显著高于（p = 0.00309）排名欠佳的证券公司的净利润（*Mean* = 7.317338 亿元）；图 6 - 8（C）显示排名前列的证券公司的净资产收益率（*Mean* = 0.07）

高于（$p=0.05$）排名欠佳的证券公司的净资产收益率（$Mean=0.04$）。

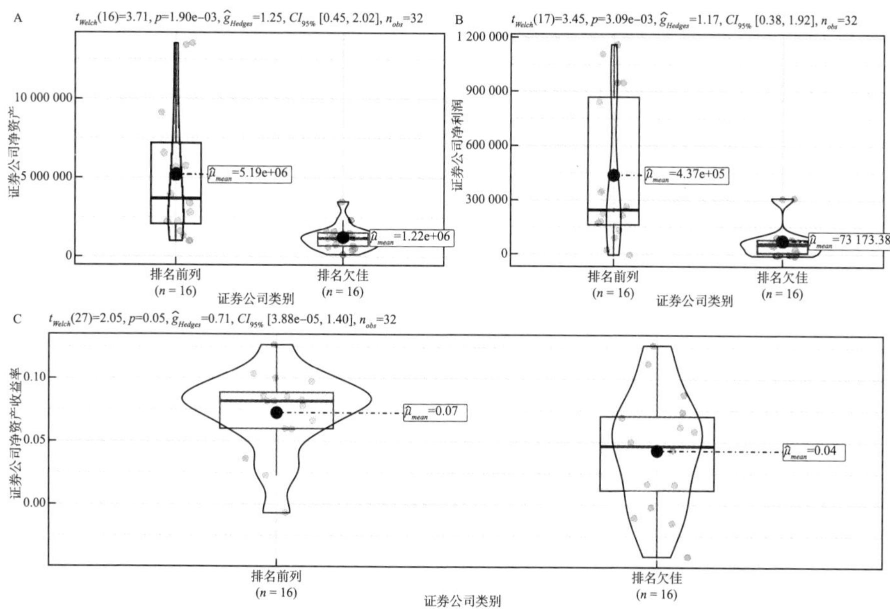

图 6－8　3 年期证券公司经营状况对比——风险因子调整的可信度分数

当评价期选定为 3 年且以风险—经验因子调整的可信度分数为评价指标时，排名前列的证券公司（17 家）与排名欠佳的证券公司（16 家）的经营状况差异如图 6－9 所示。其中：图 6－9（A）显示排名前列的证券公司所拥有的净资产（$Mean=496$ 亿元）显著高于（$p=0.00252$）排名欠佳的证券公司所拥有的净资产（$Mean=129$ 亿元）；图 6－9（B）显示排名前列的证券公司的净利润（$Mean=41.0$ 亿元）显著高于（$p=0.00436$）排名欠佳的证券公司的净利润（$Mean=7.561877$ 亿元）；图 6－9（C）显示排名前列的证券公司的净资产收益率（$Mean=0.07$）显著高于（$p=0.07$）排名欠佳的证券公司的净资产收益率（$Mean=0.04$）。

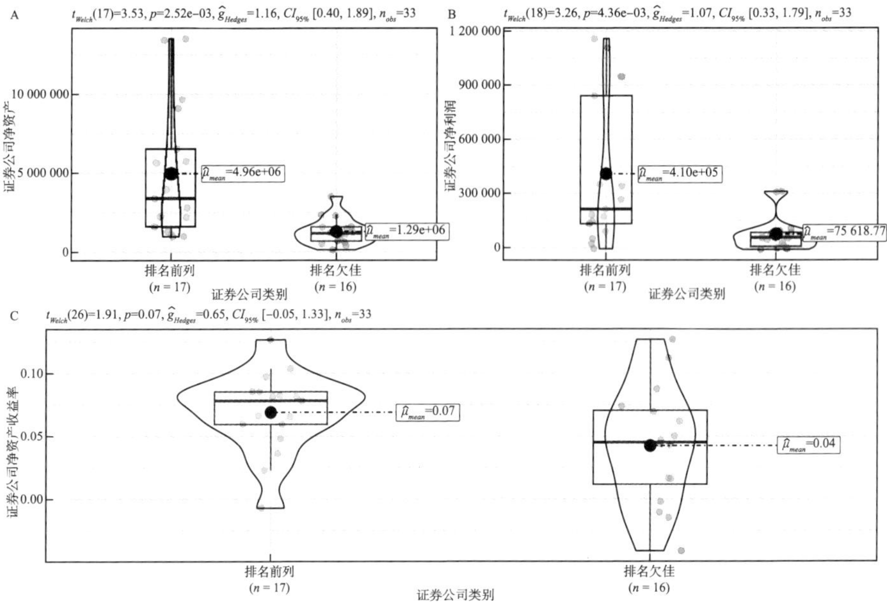

图 6-9　3 年期证券公司经营状况对比——风险—经验因子调整的可信度分数

6.2.2.2　5 年期

当评价期选定为 5 年且以平均可信度分数为评价指标时，排名前列的证券公司（15 家）与排名欠佳的证券公司（14 家）的经营状况差异如图 6-10 所示。其中：图 6-10（A）显示排名前列的证券公司所拥有的净资产（*Mean* = 460 亿元）显著高于（*p* = 0.00323）排名欠佳的证券公司所拥有的净资产（*Mean* = 97.6 亿元）；图 6-10（B）显示排名前列的证券公司的净利润（*Mean* = 32.8 亿元）显著高于（*p* = 0.00778）排名欠佳的证券公司的净利润（*Mean* = 5.253045 亿元）；图 6-10（C）显示排名前列的证券公司的净资产收益率（*Mean* = 0.06）高于（*p* = 0.07）排名欠佳的证券公司的净资产收益率（*Mean* = 0.03）。

当评价期选定为 5 年且以风险因子调整的可信度分数为评价指标时，排名前列的证券公司（15 家）与排名欠佳的证券公司（14 家）的经营状况差异如图 6-11 所示。其中：图 6-11（A）显示排名前列的证券公司所拥有的净资产（*Mean* = 460 亿元）显著高于（*p* = 0.00323）排名欠

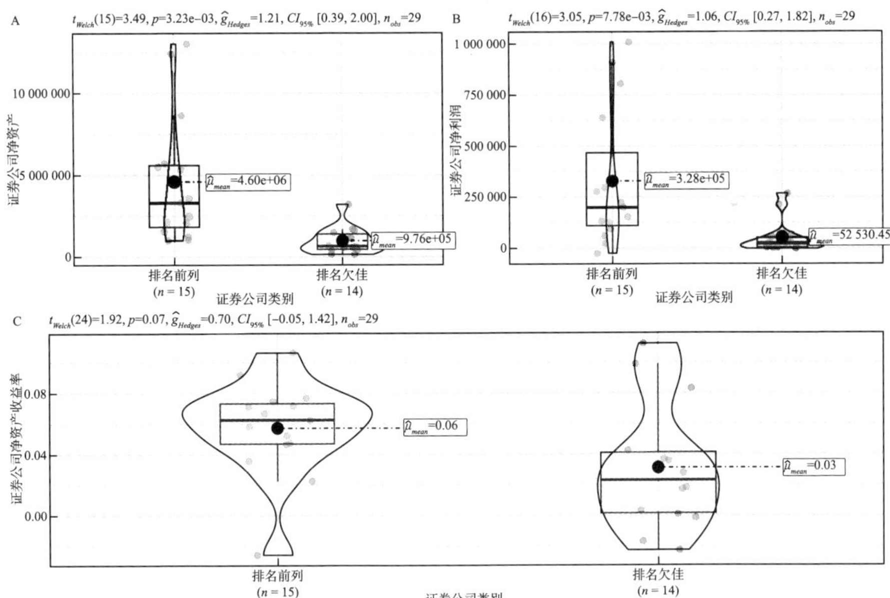

图 6－10　5 年期证券公司经营状况对比——平均可信度分数

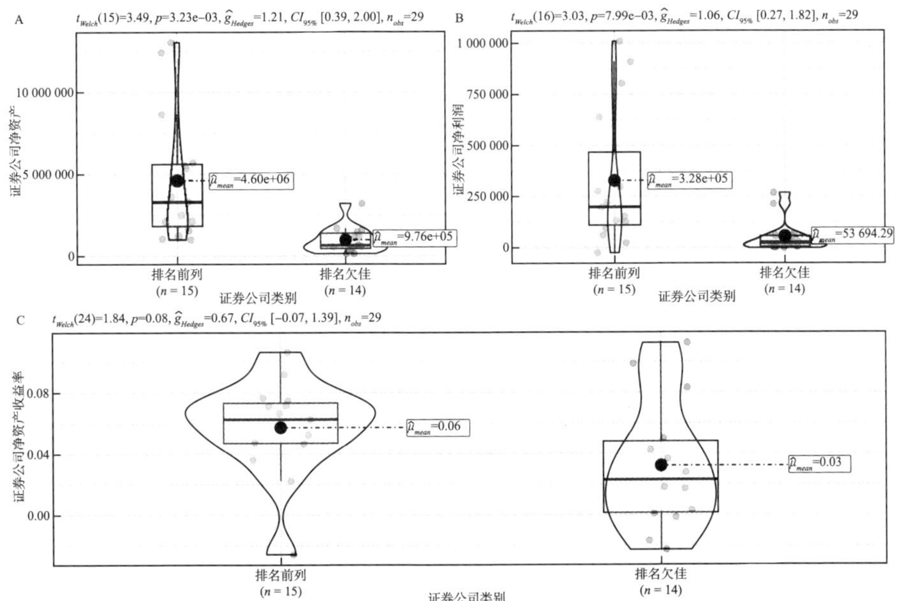

图 6－11　5 年期证券公司经营状况对比——风险因子调整的可信度分数

佳的证券公司所拥有净资产（*Mean* = 97.6 亿元）；图 6 - 11（B）显示排名前列的证券公司的净利润（*Mean* = 32.8 亿元）显著高于（*p* = 0.00799）排名欠佳的证券公司的净利润（*Mean* = 5.369429 亿元）；图 6 - 11（C）显示排名前列的证券公司的净资产收益率（*Mean* = 0.06）高于（*p* = 0.08）排名欠佳的证券公司的净资产收益率（*Mean* = 0.03）。

当评价期选定为 5 年且以风险—经验因子调整的可信度分数为评价指标时，排名前列的证券公司（17 家）与排名欠佳的证券公司（16 家）的经营状况差异如图 6 - 12 所示。其中：图 6 - 12（A）显示排名前列的证券公司所拥有的净资产（*Mean* = 423 亿元）显著高于（*p* = 0.00324）排名欠佳的证券公司所拥有的净资产（*Mean* = 99.7 亿元）；图 6 - 12（B）显示排名前列的证券公司的净利润（*Mean* = 30.12 亿元）显著高于（*p* = 0.00657）排名欠佳的证券公司的净利润（*Mean* = 5.093605 亿元）；图 6 - 12（C）显示排名前列的证券公司的净资产收益率（*Mean* = 0.06）显著高于（*p* = 0.04）排名欠佳的证券公司的净资产收益率（*Mean* = 0.03）。

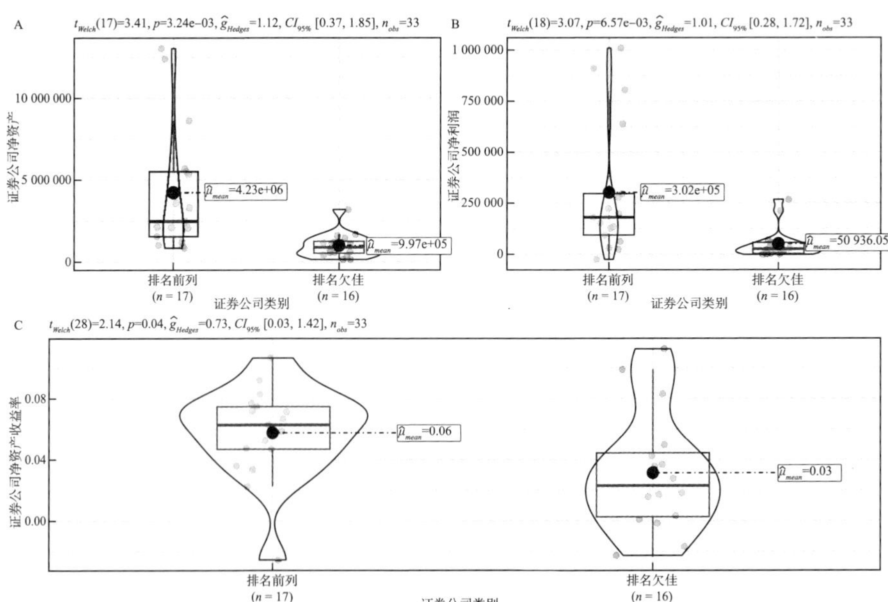

图 6 - 12　5 年期证券公司经营状况对比——风险—经验因子调整的可信度分数

上述实验结果验证了排名前列的证券公司与排名欠佳的证券公司在经营状况方面的差异，可以看到，无论采用何种评价期、评价指标以及证券公司经营状况的度量指标，排名前列的证券公司的经营状况在大多数情况下都显著高于排名欠佳的证券公司。因此，投资者在利用证券分析师发布的荐股评级辅助投资决策时，应该更加关注经营状况相对良好的证券公司。

6.2.3　目标个股偏好

6.2.3.1　3 年期

当评价期选定为 3 年且以平均可信度分数为评价指标时，排名前列的证券公司（16 家）与排名欠佳的证券公司（16 家）对目标个股的偏好差异如图 6－13 所示。其中：图 6－13（A）显示排名前列的证券公司所跟踪评价的上市公司的每股盈余（$Mean=1.43$）要低于（$p=0.11$）排名欠佳的证券公司所跟踪评价的上市公司的每股盈余（$Mean=1.83$）；图 6－13（B）显示排名前列的证券公司所跟踪评价的上市公司的净资产收益率（$Mean=13\%$）与排名欠佳的证券公司所跟踪评价的上市公司的净资产收益率（$Mean=13\%$）相差不大（$p=0.76$）；图 6－13（C）显示排名前列的证券公司所跟踪评价的上市公司的资产负债率（$Mean=43\%$）高于（$p=0.67$）排名欠佳的证券公司所跟踪评价的上市公司的资产负债率（$Mean=42\%$）；图 6－13（D）显示排名前列的证券公司所跟踪评价的上市公司的荐股评级关注度（$Mean=55.55$）显著低于（$p=0.03$）排名欠佳的证券公司所跟踪评价的上市公司的荐股评级关注度（$Mean=62.64$）。

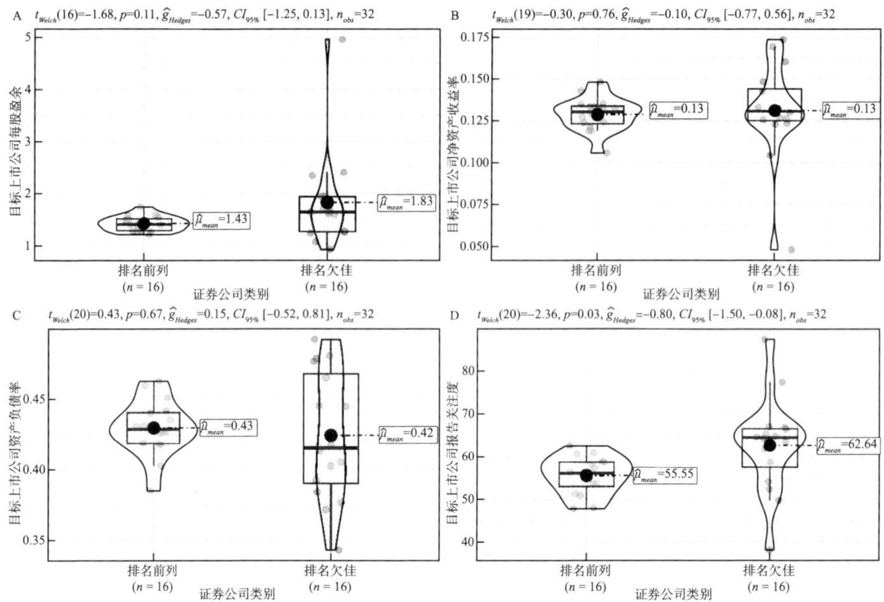

图 6-13　3 年期证券公司目标个股偏好对比——平均可信度分数

当评价期选定为 3 年且以风险因子调整的可信度分数为评价指标时，排名前列的证券公司（16 家）与排名欠佳的证券公司（16 家）对目标个股的偏好差异如图 6-14 所示。其中：图 6-14（A）显示排名前列的证券公司所跟踪评价的上市公司的每股盈余（*Mean* = 1.41）显著低于（p = 0.09）排名欠佳的证券公司所跟踪评价的上市公司的每股盈余（*Mean* = 1.83）；图 6-14（B）显示排名前列的证券公司所跟踪评价的上市公司的净资产收益率（*Mean* = 13%）与排名欠佳的证券公司所跟踪评价的上市公司的净资产收益率（*Mean* = 13%）相差不大（p = 0.65）；图 6-14（C）显示排名前列的证券公司所跟踪评价的上市公司的资产负债率（*Mean* = 43%）显著高于（p = 0.51）排名欠佳的证券公司所跟踪评价的上市公司的资产负债率（*Mean* = 42%）；图 6-14（D）显示排名前列的证券公司所跟踪评价的上市公司的荐股评级关注度（*Mean* = 55.82）显著低于（p = 0.04）排名欠佳的证券公司所跟踪评价的上市公司的荐股评级关注度（*Mean* = 62.64）。

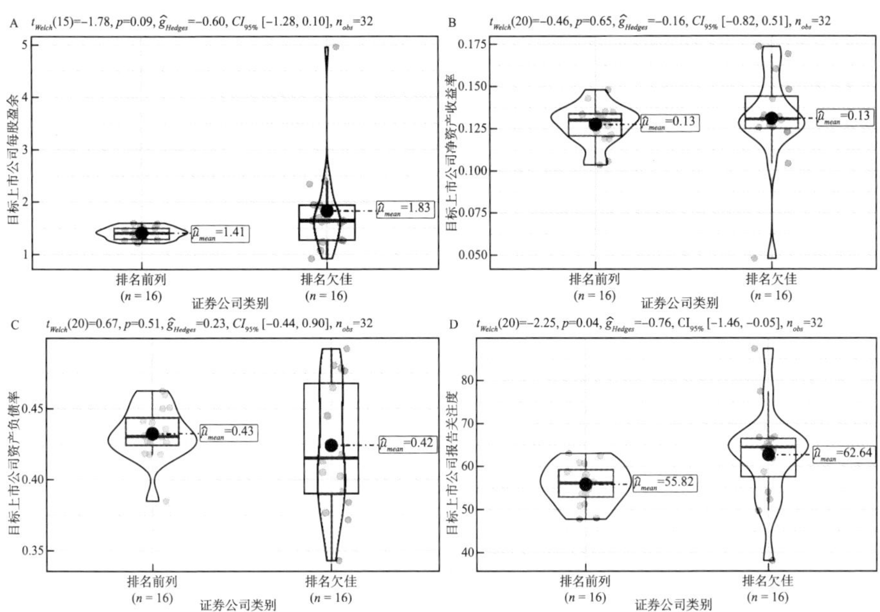

图 6－14　3 年期证券公司目标个股偏好对比——风险因子调整的可信度分数

当评价期选定为 3 年且以风险—经验因子调整的可信度分数为评价指标时，排名前列的证券公司（17 家）与排名欠佳的证券公司（16 家）对目标个股的偏好差异如图 6－15 所示。其中：图 6－15（A）显示排名前列的证券公司所跟踪评价的上市公司的每股盈余（*Mean*＝1.43）显著低于（*p*＝0.09）排名欠佳的证券公司所跟踪评价的上市公司的每股盈余（*Mean*＝1.85）；图 6－15（B）显示排名前列的证券公司所跟踪评价的上市公司的净资产收益率（*Mean*＝13%）与排名欠佳的证券公司所跟踪评价的上市公司的净资产收益率（*Mean*＝13%）相差不大（*p*＝0.55）；图 6－15（C）显示排名前列的证券公司所跟踪评价的上市公司的资产负债率（*Mean*＝43%）与排名欠佳的证券公司所跟踪评价的上市公司的资产负债率（*Mean*＝43%）相差不大（*p*＝0.67）；图 6－15（D）显示排名前列的证券公司所跟踪评价的上市公司的荐股评级关注度（*Mean*＝55.71）要低于（*p*＝0.02）排名欠佳的证券公司所跟踪评价的上市公司的荐股评级关注度（*Mean*＝63.03）。

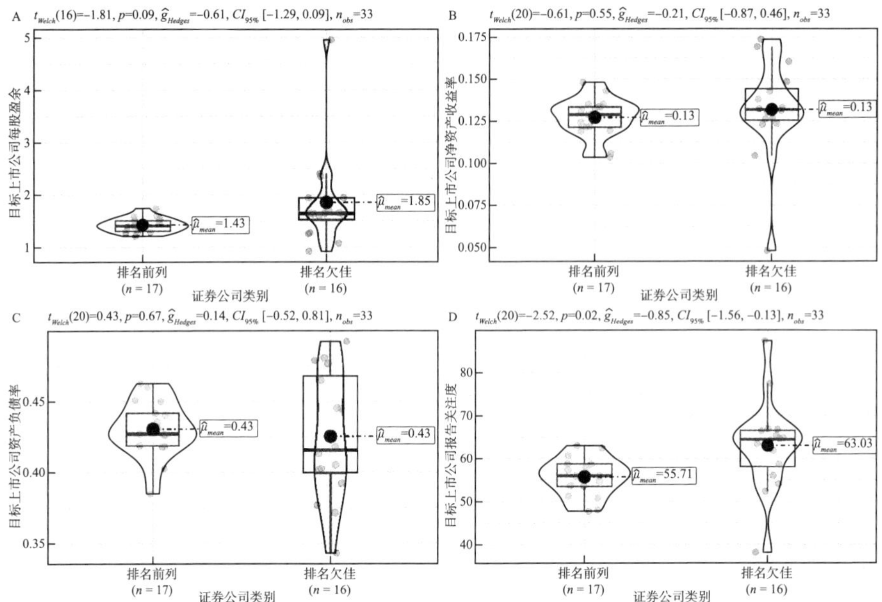

图 6-15　3 年期证券公司目标个股偏好对比——风险—经验因子调整的可信度分数

6.2.3.2　5 年期

当评价期选定为 5 年且以平均可信度分数为评价指标时，排名前列的证券公司（15 家）与排名欠佳的证券公司（14 家）对目标个股的偏好差异如图 6-16 所示。其中：图 6-16（A）显示排名前列的证券公司所跟踪评价的上市公司的每股盈余（*Mean* = 1.24）显著低于（p = 0.11）排名欠佳的证券公司所跟踪评价的上市公司的每股盈余（*Mean* = 1.60）；图 6-16（B）显示排名前列的证券公司所跟踪评价的上市公司的净资产收益率（*Mean* = 12%）低于（p = 0.30）排名欠佳的证券公司所跟踪评价的上市公司的净资产收益率（*Mean* = 13%）；图 6-16（C）显示排名前列的证券公司所跟踪评价的上市公司的资产负债率（*Mean* = 44%）稍高于（p = 0.43）排名欠佳的证券公司所跟踪评价的上市公司的资产负债率（*Mean* = 43%）；图 6-16（D）显示排名前列的证券公司所跟踪评价的上市公司的荐股评级关注度（*Mean* = 50.68）显著低于（p = 0.02）

排名欠佳的证券公司所跟踪评价的上市公司的荐股评级关注度（*Mean* = 59.36）。

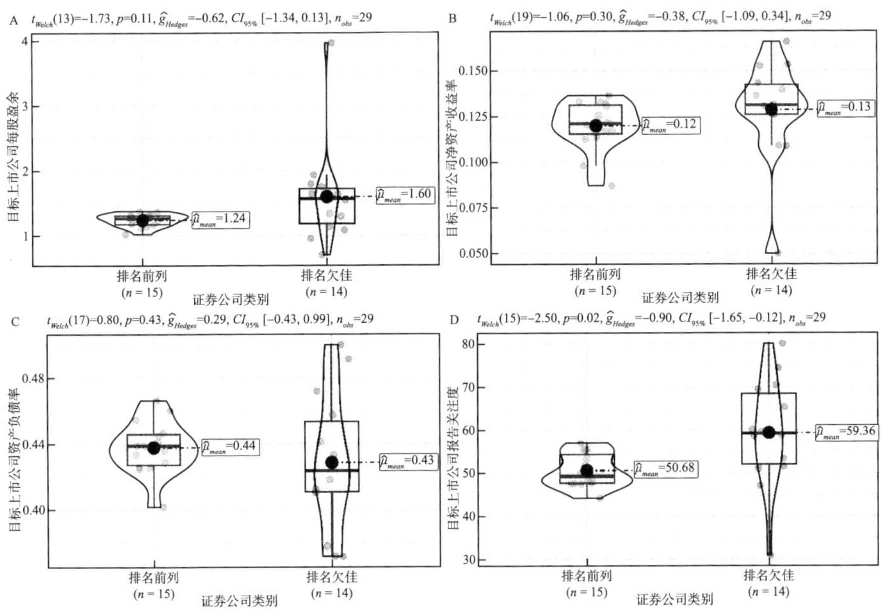

图 6－16　5 年期证券公司目标个股偏好对比——平均可信度分数

当评价期选定为 5 年且以风险因子调整的可信度分数为评价指标时，排名前列的证券公司（15 家）与排名欠佳的证券公司（14 家）对目标个股的偏好差异如图 6－17 所示。其中：图 6－17（A）显示排名前列的证券公司所跟踪评价的上市公司的每股盈余（*Mean* = 1.24）显著低于（p = 0.09）排名欠佳的证券公司所跟踪评价的上市公司的每股盈余（*Mean* = 1.61）；图 6－17（B）显示排名前列的证券公司所跟踪评价的上市公司的净资产收益率（*Mean* = 12%）低于（p = 0.31）排名欠佳的证券公司所跟踪评价的上市公司的净资产收益率（*Mean* = 13%）；图 6－17（C）显示排名前列的证券公司所跟踪评价的上市公司的资产负债率（*Mean* = 44%）低于（p = 0.59）排名欠佳的证券公司所跟踪评价的上市公司的资产负债率（*Mean* = 43%）；图 6－17（D）显示排名前列的证券公司所跟踪评价的上市公司的荐股评级关注度（*Mean* = 50.59）低于（$p = 0.02$）排名欠佳的证券公司所跟踪评价的上市公司的荐股评级关注度（*Mean* = 59.44）。

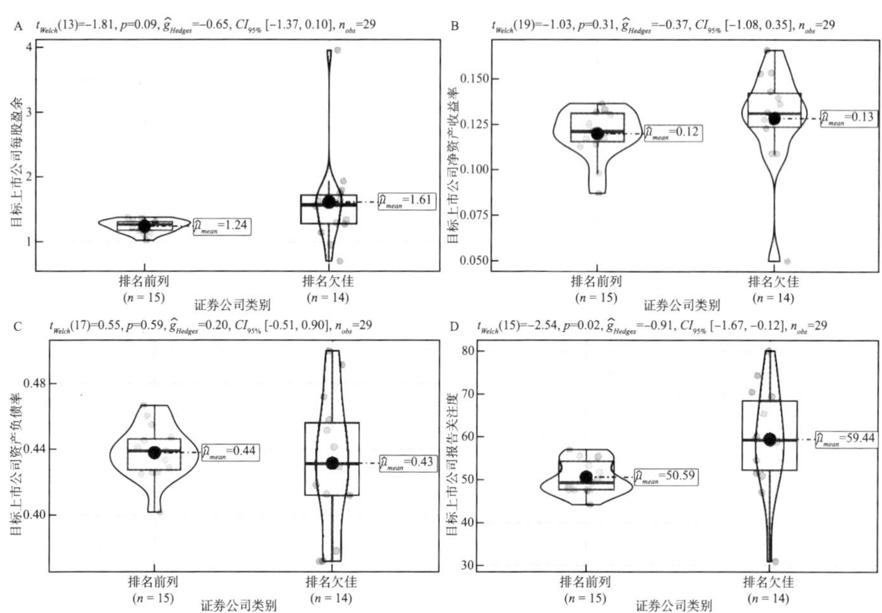

图6－17　5年期证券公司目标个股偏好对比——风险因子调整的可信度分数

当评价期选定为5年且以风险—经验因子调整的可信度分数为评价指标时，排名前列的证券公司（17家）与排名欠佳的证券公司（16家）对目标个股的偏好差异如图6－18所示。其中：图6－18（A）显示排名前列的证券公司所跟踪评价的上市公司的每股盈余（*Mean* = 1.26）显著低于（$p = 0.11$）排名欠佳的证券公司所跟踪评价的上市公司的每股盈余（*Mean* = 1.57）；图6－18（B）显示排名前列的证券公司所跟踪评价的上市公司的净资产收益率（*Mean* = 12%）低于（$p = 0.23$）排名欠佳的证券公司所跟踪评价的上市公司的净资产收益率（*Mean* = 13%）；图6－18（C）显示排名前列的证券公司所跟踪评价的上市公司的资产负债率（*Mean* = 43%）与排名欠佳的证券公司所跟踪评价的上市公司的资产负债率（*Mean* = 43%）相差不大（$p = 0.47$）；图 6 – 18（D）显示排名前列的证券公司所跟踪评价的上市公司的荐股评级关注度（*Mean* = 51.20）显著低于（$p = 0.05$）排名欠佳的证券公司所跟踪评价的上市公司的荐股评级关注度（*Mean* = 58.04）。

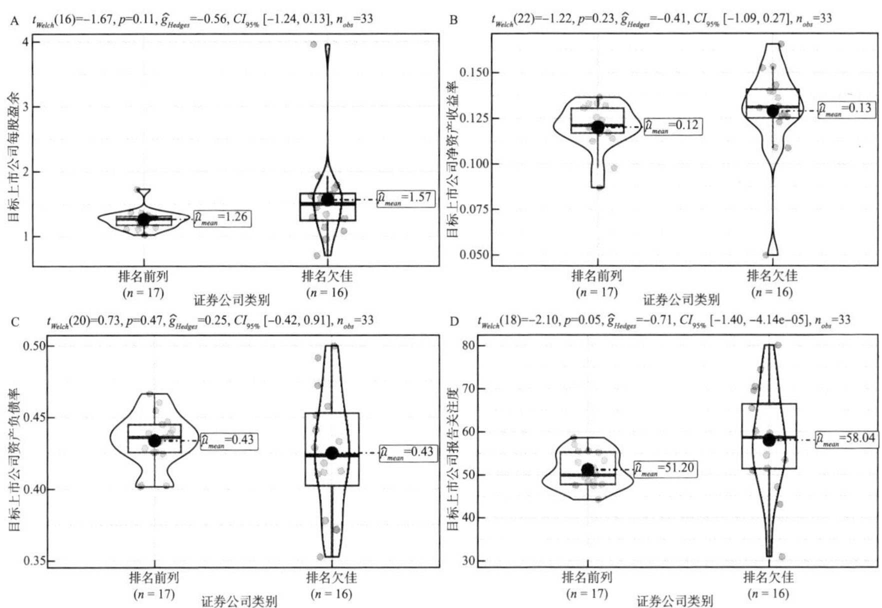

图 6 – 18　5 年期证券公司目标个股偏好对比——风险—经验因子调整的可信度分数

上述实验结果验证了排名前列的证券公司与排名欠佳的证券公司在目标个股偏好方面的差异。可以看到，无论采用何种评价期和评价指标，与排名前列的证券公司相比，排名欠佳的证券公司在大多数情况下更倾向于跟踪评价每股盈余较高、净资产收益率较高、资产负债率偏低以及分析师荐股评级关注度较高的上市公司。也就是说，排名欠佳的证券公司往往偏好跟踪评价经营状况良好且热门的上市公司。因此，投资者在利用证券分析师发布的荐股评级辅助投资决策时，如果证券公司偏好跟踪评价经营状况良好且热门的上市公司，应考虑证券公司存在羊群行为的可能性，从而谨慎采用其所发布的荐股评级。

6.3 研究总结

在证券分析师发布荐股评级良莠不齐的现状下，投资者极易受到错误信息的误导而遭受损失，健全分析师荐股评级客观评价体系是理论研究和实践应用中亟须解决的重要问题。为此，本书构建了可信度来标准化度量分析师荐股评级的信息价值，并以此为基础构建了针对中国证券分析师与证券公司的荐股评级能力的评价体系与评价方法。本书以2017~2021年中国证券分析师针对沪深A股上市公司股票发布的荐股评级为主要实验数据，根据构建的评价指标体系与评价方法，分别从3年评价期（2019~2021年）与5年评价期（2017~2021年）两个评价窗口对证券分析师和证券公司的荐股评级能力进行了客观、可验证的评价。进一步地，本书还对相关评价结果进行分析并总结了相应的实践启示。

对于投资者来说，本书针对分析师与证券公司荐股表现的评价结果有助于提高投资者在利用分析师荐股评级进行投资决策时的信息甄别能力，有利于辅助投资者进行科学决策，提高证券市场信息传递效率；对于分析师行业来说，相关研究成果可以激励分析师提高荐股评级信息质量，促进行业自净、行业自律，创造更为优质的行业竞争环境，有效提高行业公信力；对于国家监管部门来说，相关研究成果既可以为其制定行业监管规则提供更科学的理论依据，也可以应用在其数据监察系统中，有效监管、规范和约束分析师的荐股评级行为。

参考文献

[1] Bradley D, Clarke J, Lee S, et al. Are analysts' recommendations informative? Intraday evidence on the impact of time stamp delays [J]. The Journal of Finance, 2014, 69 (2): 645 - 673.

[2] Fang L H, Yasuda A. Are stars' opinions worth more? The relation between analyst reputation and recommendation values [J]. Journal of Financial Services Research, 2014, 46 (3): 235 - 269.

[3] Jegadeesh N, Kim J, Krische S D, et al. Analyzing the analysts: When do recommendations add value? [J]. The Journal of Finance, 2004, 59 (3): 1083 - 1124.

[4] Barber B M, Lehavy R, Trueman B. Ratings changes, ratings levels, and the predictive value of analysts' recommendations [J]. Financial Management, 2010, 39 (2): 533 - 553.

[5] 罗衎，王春峰，房振明．股票卖方分析师报告是信息还是噱头？基于市场微观结构理论视角 [J]. 预测，2017，36 (004)：56 - 62.

[6] 王宇熹，洪剑峭，肖峻．顶级券商的明星分析师荐股评级更有价值么？——基于券商声誉、分析师声誉的实证研究 [J]. 管理工程学报，2012，26 (03)：197 - 206.

[7] 李丽青．《新财富》评选的最佳分析师可信吗？——基于盈利预测准确度和预测修正市场反应的经验证据 [J]. 投资研究，2012，031 (007)：54 - 64.

[8] 郭艳红，蒋帅，陈艳萍．分析师评级预测价值的市态差异——

来自 2005 - 2016 年中国股票市场数据实证 [J]. 管理评论，2019，31 (8)：14 - 25.

[9] 上海证券交易所官网. 上海证券交易所发布的统计年鉴 2022 卷 [EB/OL]. 2022，http：//www. sse. com. cn/aboutus/publication/yearly/.

[10] 中国证券投资者保护基金有限责任公司. 2019 年度全国股票市场投资者状况调查报告 [EB/OL]. 2020 - 03 - 28，http：//finance. sipf. com. cn/finance/app/zhuanTi/dcbg/20200327 - pc - index.

[11] 方军雄. 我国上市公司信息披露透明度与证券分析师预测 [J]. 金融研究，2007，000 (06)：136 - 148.

[12] 白晓宇. 上市公司信息披露政策对分析师预测的多重影响研究 [J]. 金融研究，2009，000 (04)：92 - 112.

[13] 中国证券投资者保护基金有限责任公司. 2020 年 12 月统计月报 [EB/OL]. 2021 - 02 - 09，http：//www. sipf. com. cn/zjjk/tjsj/tjyb/2021/02/13398. shtml.

后　记

证券分析师研究报告一直在金融领域中扮演着至关重要的角色。这些报告不仅提供了对特定公司、行业和市场的深入洞察，还为投资者和决策者提供了宝贵的信息和见解。但不同的分析师和证券公司的研究报告质量并不一致，如何对分析师研究报告进行客观、量化的评价，一直是包括投资者在内的众多市场参与者关注的重点。

本书致力于通过客观量化分析师荐股评级的实际信息价值来实现对证券分析师以及证券公司的荐股评级能力的科学评价，应用可信度指标对分析师荐股评级的信息价值进行量化，并在此基础上，实现对证券分析师以及证券公司荐股评级能力的评级。通过本书，我们希望读者能够更深入地了解中国证券分析师和证券公司，从而提升其在投资和金融决策方面的能力和洞察力。愿本书成为您探索金融世界、拓展投资视野的有益指南。

需要指明的是，本书针对相关实体的评价结果均基于国泰安 CSMAR 数据库中搜集到的分析师荐股评级数据，对其精确性、完整性不做保证，相关评价结果仅供参考。

由于编者水平有限，本书难免有不足之处，恳请广大读者批评指正。

感谢国家自然科学基金（项目号 71974031）对本书的资助和支持，感谢课题组成员崔嘉仪、凌珑、王嘉雯在本书撰写过程中提供的无私帮助！

作者

2024 年 1 月